Verwaltung ans Netz!

Neue Medien halten Einzug
in die öffentlichen Verwaltungen

Springer
*Berlin
Heidelberg
New York
Barcelona
Hongkong
London
Mailand
Paris
Tokio*

Außerdem erschienen:

A. Picot, S. Doeblin (Hrsg.) **eCompanies** – gründen, wachsen, ernten
ISBN 3-540-67726-7 2001. IX, 160 S.

Arnold Picot · Hans-Peter Quadt
Herausgeber

Verwaltung ans Netz!

Neue Medien halten Einzug
in die öffentlichen Verwaltungen

Mit 78 Abbildungen

Springer

Prof. Dr. Dr. h.c. Arnold Picot
Universität München
Institut für Organisation
Ludwigstraße 28
D-80638 München

Dr. Hans-Peter Quadt
Deutsche Telekom AG
Zentralbereich Innovationsmanagement
Friedrich-Ebert-Allee 140
D-53113 Bonn

ISBN 3-540-41740-0 Springer-Verlag Berlin Heidelberg New York

Die Deutsche Bibliothek - CIP-Einheitsaufnahme
Verwaltung ans Netz! Neue Medien halten Einzug in die öffentlichen Verwaltungen / Hrsg.: Arnold Picot; Hans-Peter Quadt. - Berlin; Heidelberg; New York; Barcelona; Hongkong; London; Mailand; Paris; Tokio: Springer, 2001
ISBN 3-540-41740-0

Dieses Werk ist urheberrechtlich geschützt. Die dadurch begründeten Rechte, insbesondere die der Übersetzung, des Nachdrucks, des Vortrags, der Entnahme von Abbildungen und Tabellen, der Funksendung, der Mikroverfilmung oder der Vervielfältigung auf anderen Wegen und der Speicherung in Datenverarbeitungsanlagen, bleiben, auch bei nur auszugsweiser Verwertung, vorbehalten. Eine Vervielfältigung dieses Werkes oder von Teilen dieses Werkes ist auch im Einzelfall nur in den Grenzen der gesetzlichen Bestimmungen des Urheberrechtsgesetzes der Bundesrepublik Deutschland vom 9. September 1965 in der jeweils geltenden Fassung zulässig. Sie ist grundsätzlich vergütungspflichtig. Zuwiderhandlungen unterliegen den Strafbestimmungen des Urheberrechtsgesetzes.

Springer-Verlag Berlin Heidelberg New York
ein Unternehmen der BertelsmannSpringer Science+Business Media GmbH

http://www.springer.de

© Springer-Verlag Berlin Heidelberg 2001

Die Wiedergabe von Gebrauchsnamen, Handelsnamen, Warenbezeichnungen usw. in diesem Werk berechtigt auch ohne besondere Kennzeichnung nicht zu der Annahme, dass solche Namen im Sinne der Warenzeichen- und Markenschutz-Gesetzgebung als frei zu betrachten wären und daher von jedermann benutzt werden dürften.

Einband: Erich Kirchner, Heidelberg

SPIN 108740-0   42/2202-5 4 3 2 1 0 - Gedruckt auf säurefreiem Papier

Vorwort

Bürgernah, kundenfreundlich, transparent, sparsam - so wünschen sich die Bürger und die Wirtschaft die öffentlichen Verwaltungen in Städten, Ländern, im Bund und auch in Europa.

Die moderne Informations- und Telekommunikationstechnik stellt, vor allem mit Internet, Intranet und World Wide Web, Mittel zur Verfügung, die das Ziel einer effizienten "Online-Verwaltung" realisierbar werden lassen. Seit einiger Zeit werden deshalb umfangreiche Projekte zum Einsatz neuer Medien in der Verwaltung durchgeführt. Die Erleichterung der Kommunikation zwischen dem Bürger und den "Behörden" im Sinne des "gläsernen" Rathauses steht dabei ebenso im Blickpunkt wie die Beschleunigung der Verwaltungsvorgänge aus Sicht von Unternehmen oder die "Digitalisierung" der Beschaffungsprozesse der öffentlichen Hand.

Die Einführung und der Einsatz neuer Technologien ist hierfür zwar eine wichtige Voraussetzung; die eigentliche Herausforderung besteht jedoch in der Umstellung der komplexen Verwaltungsprozesse und in der Heranführung der Mitarbeiter in den Verwaltungen an die neuen Techniken und Abläufe.

Der zweitägige Kongress **"Verwaltung ans Netz! - Neue Medien halten Einzug in die öffentlichen Verwaltungen"** des MÜNCHNER KREISES hat sich eingehend mit dieser Thematik beschäftigt. Deutsche und ausländische Experten haben, auch an Hand von Praxisbeispielen, Anforderungen und Potenziale einer modernen mediengestützten Verwaltung aus verschiedenen Blickwinkeln – u.a. Unternehmer, Arbeitsvermittler, Steuerzahler – eingehend diskutiert. Dabei ging es um Fragen wie die Rechtsverbindlichkeit elektronischer Geschäftsvorgänge wie auch um organisatorische Fragen wie das Outsourcing von Verwaltungsaufgaben. Die Ergebnisse und Referate der aufschlussreichen Beiträge und Diskussionen sind in dem vorliegendem Tagungsband dokumentiert.

Allen Referenten und Diskussionsteilnehmern sei für ihre interessanten Beiträge ganz herzlich gedankt. Desweiteren dankt der Vorstand des MÜNCHNER KREISES den Mitgliedern des Programmausschusses, dem neben den Herausgebern noch die Herren Bielefeld, Brandstetter, Doeblin, Gargya, Kindt, Sikora, Stöhr, Thielmann und Uckert angehörten, für ihre hervorragende Vorbereitung des Kongresses, der Geschäftsstelle Frau Gruber und Frau Schatz-Steinberger für die wie immer sehr gut gelungene Organisation der Fachkonferenz sowie Frau Jenuwein für die Zusammenstellung, Formatierung und endgültige Fertigstellung des Tagungsbandes.

München im September 2000

Inhalt / Contents

1 **Begrüßung und Einführung** 1
Prof. Dr. Dr. h.c. Arnold Picot, Universität München

2 **Der Anspruch an eine moderne, bürgernahe Verwaltung** 5
Staatssekretärin Brigitte Zypries, Bundesministerium des Innern, Berlin

3 **Die öffentliche Verwaltung als Vorreiter auf Deutschlands Weg in die Informationsgesellschaft** 13
Hans-Olaf Henkel, Präsident des Bundesverbandes der Deutschen Industrie e.V., Berlin

4 **Virtuelle Medien als Chance für die Stadt der Zukunft – Strategische Herausforderung für kommunale Führungskräfte** 21
Dr. Marga Pröhl, Bertelsmann-Stiftung, Gütersloh

5 **Versicherungswirtschaft und Verwaltung** 31
Dr. Bernd Höddinghaus, R+V Versicherung, Wiesbaden

6 **Was erwarten die Bürger von der Finanzverwaltung?** 45
Hans-Joachim Vanscheidt, Bund der Steuerzahler, Wiesbaden

7	**Telematikprojekt Landkreis Cham – Die Datenautobahn zum Bürger** Theo Zellner, Landrat, Landkreis Cham	61
8	**Die Arbeitsmarktbörse der Bundesanstalt für Arbeit (BA) im Internet** Udo Karlsberg, Bundesanstalt für Arbeit, Nürnberg	67
9	**Anwendungen aus dem Rheinland-Pfalz-Netz (rlp-Netz)** Staatssekretär Dr. Ernst Theilen, Ministerium des Innern Rheinland-Pfalz, Mainz	71
10	**Anwendungen aus „Bayern Online"** Staatssekretär Hermann Regensburger, Bayerisches Staatsministerium des Innern, München	83
11	**Anwendungen im Informationsverbund Berlin-Bonn (IVBB)** Dr. Dr. Gerhard van der Giet, Deutscher Bundestag, Berlin	91
12	**Media@Komm** **Rechtsverbindliche Online-Transaktionen als wirtschaftliche Herausforderung – Das Beispiel Bremer Online Service** Prof. Dr. Herbert Kubicek, Universität Bremen	99
13	**Media@Komm** **Projekt der Städte Esslingen am Neckar und Ostfildern** Andreas Kraft, Stadt Esslingen	117

14 Media@Komm
Projekt Region Nürnberg 125
Dr. Ralf Ehrhardt, Curiavant Internet GmbH, Nürnberg

15 Bürgernähe und Verwaltungseffizienz - Praxiserprobte Lösungen für die Öffentliche Hand 135
Dr. Rolf Kunkel, Siemens Business Service, München

16 Elektronische Signatur in der öffentlichen Verwaltung – Notwendige Anpassungen im öffentlichen Recht 153
Prof. Dr. Alexander Roßnagel, Universität GH Kassel

17 Empowerment by people - Sehnsüchte und Hoffnungen der Bürger im Informationszeitalter 169
Franz-Reinhard Habbel, Deutscher Städte- und Gemeindebund, Berlin

18 Outsourcing in der Verwaltung 177
Coenraad van der Poel, EzGov Europe BV, Amsterdam

19 E-government: Rethinking Government 185
Bart Steukers, IBM, Brüssel

20 Schlusswort 197
Prof. Dr. Dr. h.c. Arnold Picot, Universität München

21 Anhang 199
Liste der Autoren und Diskussionsleiter 199
Programmausschuss 203

1 Begrüßung und Einführung

Prof. Dr. Dr. h.c. Arnold Picot
Universität München

Namens des Münchner Kreises heiße ich Sie ganz herzlich zu unserem heutigen und morgigen Kongress „Verwaltung ans Netz! – Neue Medien halten Einzug in den öffentlichen Verwaltungen" willkommen. Ich freue mich, dass so viele Teilnehmerinnen und Teilnehmer aus Politik, Verwaltung, Wirtschaft und Wissenschaft den Weg zu uns gefunden haben.

Gestatten Sie mir anfangs einige kurze einführende Bemerkungen zu dem heutigen Themenkreis. Wirtschaft und Gesellschaft sind, wie wir alle wissen, eng mit der öffentlichen Verwaltung auf allen Ebenen, auf Bundesebene, Landesebene, auf kommunaler Ebene, aber auch zunehmend auf europäischer Ebene verwoben. In Deutschland beträgt die Staatsquote deutlich mehr als 40% des Bruttosozialprodukts. Öffentliche Leistungserstellung, egal ob bei der Wahrnehmung hoheitlicher Aufgaben oder bei der Erbringung von Dienstleistungen, besteht, wenn man einmal ganz genau hinschaut, zum weitaus größten Teil aus Informations- und Kommunikationsaktivitäten. Vor diesem Hintergrund muss der staatliche Bereich in ganz besonderer Weise alle Entwicklungen aufgreifen, die sein informations- und kommunikationsbezogenes Agieren verbessern können. Informations- und Kommunikationstechniken, vor allen Dingen natürlich die Internettechnologien, bieten hier wirklich ungeahnte Möglichkeiten. Der öffentliche Sektor muss sich daher genauso in Richtung E-Kommunikation, E-Verwaltung, E-Government entwickeln wie sich etwa der private Sektor in Richtung E-Mail, E-Commerce oder auch E-Business bewegt, natürlich stets in einer sinnvollen Kombination mit der physischen bzw. der Offline-Welt. Überall im staatlichen Bereich bestehen sehr große Chancen, moderne, vor allen Dingen internetbasierte Informations-, Kommunikations- und Organisationslösungen konsequent einzusetzen. Beispiele sind

- Ausschreibungen und Beschaffung von Vorleistungen im privaten Sektor. Das ist eine sehr wichtige Thematik, da der öffentliche Sektor gerade vom privaten Sektor viele Vorleistungen bezieht.
- Bereitstellung von Informationen an Bürger und Unternehmen. Beide – sowohl Bürger als auch Unternehmen – sind in hohem Maße auf Informationen aus dem öffentlichen Bereich angewiesen.

- Erbringung von Dienstleistungen für Bürger und Unternehmen (wie wir alle wissen, erbringt die öffentliche Seite eine große Anzahl von Dienstleistungen etwa in Bildung und Erziehung, öffentlicher Sicherheit usw.)
- Abwicklung von Steuerzahlungen, Abwicklung von Sozialabgaben und Transferleistungen
- Optimierung der Prozesse innerhalb und zwischen den Verwaltungen
- Beteiligung der Bürger an der Meinungs- und Willensbildung im Gemeinwesen selbst, Stichwort: E-Democracy.

Aus solchen Ansätzen resultieren nicht nur große Chancen für eine effizientere und effektivere Verwendung öffentlicher Ressourcen, sondern vor allem auch für die Beschleunigung, Vereinfachung und qualitative Verbesserung der Beziehungen zwischen Bürgern bzw. Unternehmen und dem Staat. Zudem sollte der öffentliche Bereich als innovativer Anwender auch eine Vorreiterrolle bei der Nutzung und Ausbreitung neuer Anwendungen spielen, um aufgrund seiner Verflechtung mit der Wirtschaft die Wirtschaft selbst in diese Richtung zu treiben. Das ist in Deutschland vielleicht nicht immer der Fall. Notwendig sind eine Reihe von Voraussetzungen, an deren Verwirklichung gegenwärtig auch hierzulande intensiv gearbeitet wird. Hierzu gehören:

- nachhaltige politische Initiativen, politische Unterstützung sowie ausreichende finanzielle Mittel
- Ausprobieren und Weiterentwickeln von realistischen Visionen für neue Informations-, Interaktions- sowie Kommunikationsformen zwischen Bürger, Unternehmen und Staat
- Anpassung des Rechtssystems, um rechtsverbindliches Verwaltungshandeln etwa auch online zu ermöglichen
- Organisatorische Umstrukturierungen, Weiterqualifizierung und Anreize für die Verwaltung, um sich in Richtung E-Administration, E-Government oder E-Democracy zu bewegen
- neue Formen der Arbeitsteilung zwischen Verwaltung und Wirtschaft einschließlich Public Private Partnerships.

Wo steht nun Deutschland? Wo steht Europa in dieser Entwicklung? Die Financial Times Deutschland zitierte im Juli eine KPMG-Studie, aus der hervorgeht, dass das Vereinigte Königreich, Finnland, Dänemark und auch Österreich auf dem Gebiet der E-Administration in Europa führend seien, Deutschland dagegen ein Nachzügler sei. Außerhalb Europas gelten die USA, Chile und Australien beispielsweise als besonders aktiv und fortschrittlich. Ein anschauliches Beispiel hierfür sind Steuererklärungen. Bis Ende dieses Jahres erwartet die britische Regierung beispielsweise, dass 20% aller Steuererklärungen digital eingehen. Bis 2005 sollen es an die 100% sein. Auch in den USA, wo bald ca. 60% der

1 Begrüßung und Einführung

Haushalte über einen Internetanschluss verfügen, dürfte der größte Teil der Steuererklärungen vielleicht schon im nächsten Jahr über das Internet abgewickelt werden. Wo stehen wir hierzulande? Nach der erwähnten Studie sehen sich die deutschen Behörden beim E-Government mehrheitlich selbst als Nachzügler, da beispielsweise noch immer nicht alle Behörden oder Behördenbereiche über E-Mail ansprechbar sind. Andererseits aber erfahren wir auch von erheblichen Anstrengungen in Kommunen, Länderverwaltungen und beim Bund sowie von innovativen Webauftritten und IuK-gestützten Verwaltungsprozessen mit vorbildlicher Auslegung, z.B. im Bauwesen und anderen Bereichen. Es gibt also eine Reihe von wichtigen und vielversprechenden Ansatzpunkten.

Zweifellos ist die fortschrittliche Internetanwendung in der Verwaltung ein wichtiges Element für die Qualität der Lebensverhältnisse, aber auch für die Wettbewerbsfähigkeit der Wirtschaft im Sinne von Effizienz, Schnelligkeit und Ausbreitung von E-Business.

Der Münchner Kreis greift mit seiner heutigen Veranstaltung diesen großen und wichtigen Themenkreis auf und nimmt mit Hilfe der Referentinnen und Referenten eine Positionsbestimmung sowie eine Perspektivenbildung vor. Unter Federführung von Herrn Dr. Hans-Peter Quadt von der Deutschen Telekom AG hat eine von Vorstand und Forschungsausschuss des Münchner Kreises begleitete Programmkommission eine wie mir scheint spannende Tagung vorbereitet. Durch qualifizierte Fachbeiträge und Diskussionen möchte der Münchner Kreis über bereits realisierte Neuerungen informieren und Anstoß geben zur rascheren und zugleich nachhaltigen Modernisierung der Verwaltung im Zeitalter von Informationsgesellschaft und Internet.

Ich freue mich ganz besonders, dass zu der heutigen Eröffnungssitzung Frau Staatssekretärin Zypries vom Bundesministerium des Inneren zu uns gekommen ist, um den Eröffnungsvortrag zu halten. Frau Zypries fördert dieses Thema in ihrem Ressort in ganz besonderer Weise. Das ist sehr wichtig, da das Innenministerium das federführende Ministerium für Verwaltungsorganisation im gesamten Bundesgebiet ist.

Anschließend wird Herr Hans-Olaf Henkel, den ich ebenfalls sehr herzlich begrüße, Präsident des BDI, die Sicht der deutschen Industrie auf dieses Feld der Verwaltungsmodernisierung unter dem Einfluss der Informations- und Kommunikationstechnologien vorstellen, ehe dann nach der Pause Frau Dr. Marga Pröhl, Bertelsmann Stiftung, aus dem umfangreichen Fundus ihrer Projekterfahrungen auf diesem Feld berichtet. Ich glaube, wir hätten uns keine spannendere und kompetentere Gestaltung des Auftakts für diesen Kongress wünschen können.

2 Der Anspruch an eine moderne, bürgernahe Verwaltung

Staatssekretärin Brigitte Zypries
Bundesministerium des Innern

Der Münchner Kreis hat den Titel dieses Kongresses „Verwaltung ans Netz" mit einem Ausrufezeichen versehen. Ich beziehe dieses Ausrufezeichen als nachdrückliche und – wie Sie noch merken werden - berechtigte Aufforderung auch an die Bundesregierung. Denn nachdem in den neunziger Jahren weitgehend versäumt wurde, den Weg der Verwaltung in die Informationsgesellschaft politisch zu gestalten, haben wir nun einiges nach- und aufzuholen.

Verwaltung in einer demokratischen Gesellschaft hat zwei wesentliche Aufgaben: Sie hat das, was der Gesetzgeber ihr vorgibt, nach Recht und Gesetz zu vollziehen und sie hat dies für und mit den Bürgerinnen und Bürgern zu tun und nicht gegen sie. Darauf haben die Bürger einen Anspruch. Modernität und Bürgernähe gehören zusammen.

Dies ist eine der wesentlichen Erkenntnisse, die dem Programm „Moderner Staat - Moderne Verwaltung" zugrunde liegt, das die Bundesregierung am 1. Dezember 1999 beschlossen hat. Das Programm will ein kooperatives Verhältnis zwischen Staat, Wirtschaft und Gesellschaft fördern. Die moderne Verwaltung wird transparent und effizient sein, sie wird mehr leisten und weniger kosten. Umgesetzt wird dieses Programm durch insgesamt 38 Projekte aus der gesamten Bundesverwaltung. Die Projekte werde ich heute nicht ansprechen – Sie können sich über deren Fortschritte auf der eigens für dieses Programm eingerichteten Homepage www.staat-modern.de informieren.

Viele der 38 Modernisierungsprojekte sind ohne Informations- und Kommunikationstechnik nicht denkbar. Die Möglichkeiten der Technik sind nicht nur treibende Kräfte der wirtschaftlichen und gesellschaftlichen Entwicklung, sondern zunehmend auch die entscheidenden Hebel zur grundlegenden Modernisierung von Staats- und Verwaltungsstrukturen.

Der Einsatz von Informationstechnik in der öffentlichen Verwaltung hat in den vergangenen Jahren einen völlig veränderten Charakter bekommen. Ziel des Computereinsatzes ist heute nicht mehr in erster Linie kurzfristige Steigerung von Effizienz, sondern mehr die mittel- und langfristige Veränderung der Abläufe und Strukturen.

So wie Electronic Commerce Abläufe und Strukturen im Bankwesen, im Handel, in der Versicherungswirtschaft und in vielen anderen Wirtschaftszweigen verändert, so wird Electronic Government strukturverändernd für die öffentliche Verwaltung sein. Die bürokratischen Strukturen haben ja bekanntlich ein recht großes Beharrungsvermögen. Es gibt deshalb meines Erachtens kaum ein besseres Mittel zur Veränderung der Strukturen als der Einsatz der Informationstechnik. Sie kann hinreichend starke Impulse geben, um die Verwaltungen vom Gang des Gewohnten abzubringen.

Die Veränderung von Verwaltungsstrukturen dürfen wir aber nicht nur als mehr oder weniger erwünschte Nebenwirkung der eGovernment-Projekte in Kauf nehmen. Wir müssen vielmehr die eGovernment-Strategie gezielt darauf ausrichten, strukturelle Veränderungen in den Behörden zu erreichen.

Die notwendigen Veränderungen werden wir konsequent an den berechtigten Anforderungen der Bürgerinnen und Bürger orientieren. Sie wollen staatliche Dienstleistungen schneller und unkomplizierter in Anspruch nehmen, sie wollen mehr Transparenz der öffentlichen Verwaltung und mehr Teilhabe an den betreffenden Angelegenheiten. Darauf muss sich die Verwaltung ausrichten und dafür werden wir Informationstechnik einsetzen.

Zwei Drittel der Deutschen wollen notwendige Dienstleistungen nach Möglichkeit im Internet in Anspruch nehmen. Private Unternehmen stellen sich hierauf ein und entwickeln eBusiness-Strategien, deren Kern die Bereitstellung von Dienstleistungen über das Internet ist. Darüber hinaus wurden Informationstechnologie-Unternehmen selbst Treiber des wirtschaftlichen Wachstums. Das Internet schafft neue Geschäftsmodelle, bei denen die traditionellen Filialen durch „Virtuelle Einkaufsfenster" ersetzt werden, um dadurch Auswahl und Service für ihre Kunden zu steigern. Zwischen 1995 und 1998 erwirtschaftete die I und K-Branche acht Prozent des Bruttosozialproduktes der USA und trug durchschnittlich 35 Prozent zum realen Wirtschaftswachstum des Landes bei. Bis 2006 wird nahezu die Hälfte der amerikanischen Arbeitnehmer von Unternehmen beschäftigt werden, die entweder Produzenten oder aber intensive Nutzer von I und K –Produkten und -Dienstleistungen sind. Verglichen hierzu betrug 1999 der Umsatz in Deutschland 206 Mrd. DM bei einem Wachstum von 7,8 Prozent und rund 1,7 Mio. Beschäftigten. Zu den drei klassischen Produktionsfaktoren „Arbeit, Boden und Kapital" kommt so gleichbedeutend der Faktor „Information" hinzu.

Ein solch grundlegender Wandel kann nur von Staat und Wirtschaft gemeinsam bewältigt werden. Ein besonders erfolgreiches Modell für die dann auch erforderliche Zusammenarbeit ist die Initiative "Deutschland 21 – Aufbruch ins Informationszeitalter". Inzwischen haben sich weit über 100 Unternehmen aus dem Bereich moderner Informationstechnik mit der Bundesregierung zusammen getan, um den Übergang Deutschlands in die Informationsgesellschaft gemeinsam zu gestalten und Deutschlands internationale Wettbewerbsfähigkeit zu verbessern. In der Initiative Deutschland 21 habe ich gelernt, dass wir jetzt mit mehr Tempo an die Arbeit gehen müssen. In der New Economy gilt eine andere Zeitrechnung. Heute dauern Eintragungen ins Handelsregister oftmals mehrere Monate. Für neugegründete Startups und ihre Wettbewerbssituation können diese Monate Jahre bedeuten.

In einzelnen Bereichen, wie zum Beispiel der IT-Sicherheit, muss der Staat die Vorreiterrolle übernehmen, in anderen Feldern weist die Wirtschaft den Weg. Im Rahmen und mit der D21-Initiative hat eine Vielzahl von Einzelinitiativen und Projekten begonnen: z.B. die frühzeitige Förderung von Kindern und Jugendlichen im Umgang mit den neuen Medien, Förderung des Zugangs zu neuen Medien und innovativer Arbeitsplätze. Die Deutsche Telekom wird alle Schulen mit einem Internet-Anschluss ausstatten und auch die Green Card wurde bei einer Arbeitssitzung „erfunden". Seit dem 1. August 2000 hat Deutschland bereits mehr als 1400 Greencards vergeben – mit schneller und unbürokratischer Verfahrensabwicklung.

Eine Vorreiterrolle muss der Staat auch übernehmen, indem er seine Verwaltung an das Internet-Zeitalter heranführt und eine eGovernment-Strategie entwickelt.

Andere Staaten haben bereits eine dem eBusiness entsprechende Strategie für ihre öffentliche Verwaltung entwickelt: Finnland hat Anfang 2000 ein Gesetz beschlossen, das die staatlichen Behörden verpflichtet, bis Ende 2001 alle Dienstleistungen online anzubieten. Großbritannien hat im April 2000 ein Programm „eGovernment" vorgelegt, das eine entsprechende Verpflichtung bis 2005 vorsieht. Im Juni haben Präsident Clinton und Vizepräsident Gore das Projekt „firstgov" vorgestellt, ein Portal, das auf die online-Angebote der US-Bundesverwaltung verweisen soll. Österreich hat ein landesweites Informations- und Verweisungssystem aufgebaut, das Bürgerinformationen zu 55 Lebenssachverhalten enthält: zum Beispiel Arbeit, Eheschließung, Umzug. In einer späteren Projektphase soll es möglich sein, Anträge online zu stellen. Derzeit bietet das Bürgerinformationssystem in vielen Fällen bereits den Einstieg, wenn Bürger bestimmte Anliegen verfolgen und nicht genau wissen, wohin sie sich wenden sollen. Es kann in vielen Fällen bereits per Internet-Link zu den Webseiten der zuständigen Behörde führen.

Ich halte den in diesen Ländern eingeschlagenen Weg für richtig und der internationale Vergleich bietet uns auch Anregungen für die nächsten Schritte in Deutschland. Einen - kleinen - ersten Schritt haben wir getan: Das Bundesinnenministerium bietet über die Web-Adresse www.staat-modern.de. seit Juli den elektronischen Zugang zu sämtlichen Bundesbehörden an. Sie können über das Internet sowohl die Internetadressen als auch die Anschriften, Telefon- und Faxnummern und E-Mail-Adressen erhalten. Auch die entsprechenden Informationen zu den Ländern und kommunalen Spitzenverbänden können abgerufen werden. Über die Adressen kann man direkt zum jeweiligen Internet-Angebot der Behörden gelangen. Mit diesem Verzeichnis werden erstmals systematisch aufbereitet alle Informationen zu Adressen der Bundes- und Landesbehörden im Internet angeboten.

Auch für erste echte Online-Dienstleistungen findet man dort den entsprechenden Link - zum Beispiel zum Statistik-Shop des Statistischen Bundesamtes oder zu Arbeitsamt*Online*.

Dieses Internet-Angebot ist auf sehr große Resonanz gestoßen. Bereits in der ersten Woche im Netz haben sich die Zugriffszahlen auf die Website verfünffacht.

Wir werden dieses Angebot in den nächsten Monaten in ein Portal der Bundesverwaltung überführen, das erweiterte Such- und Recherchemöglichkeiten bieten wird und langfristig als Plattform des eGovernments auf Bundesebene ausgebaut werden wird.

Ein solches Portal hat eine Reihe von Vorzügen. Zentral können Dienstleistungen und Informationen der gesamten Bundesverwaltung auf einem einheitlichen technischen Standard angeboten werden. Das macht es für den Bürger einfacher und spart der Verwaltung Kosten. Mit Hilfe einer Suchmaschine kann das entsprechende Thema gefunden werden, auch wenn man nicht weiß, welches Ministerium oder welche Bundesbehörde zuständig ist. Mit einem Portal können wir Informationen zusammenführen, die ansonsten über die gesamte Bundesverwaltung verstreut sind.

Das Verwaltungsportal ist, wenn Sie so wollen, das digitale Tor zur Verwaltung. Aber eben nur das Tor. Eine moderne und bürgernahe Verwaltung wird die Möglichkeiten der Informations- und Kommunikationstechnik erst dann wirklich genutzt haben, wenn sie auch ihre hinter diesem Eingang liegenden Verwaltungsabläufe grundlegend verändert. Es darf nicht sein, dass eine Verwaltung den Vorgang zwar per e-mail bekommt, diesen dann aber ausgedruckt und wie gehabt bearbeitet. Dies spart weder Zeit noch Kosten und stellt weder die Bürger noch die Beschäftigten zufrieden. Ziel muss deshalb die papierlose Bearbeitung sein. Hierzu haben wir im Bundesverwaltungsamt erste Erfolge erzielt. Mit mehr als 2.200 Beschäftigten und über 100 Verwaltungsaufgaben ist das Bundesverwaltungsamt als nachgeordnete Behörde des Innenministeriums der zentrale Dienstleister des Bundes. Bei der Bearbeitung der Rückzahlung von BaföG-Darlehen - hierbei handelt es sich um 12.000 bis 15.000 Rückzahlungsbescheide monatlich - ist die Vision vom „papierlosen Büro" bereits Wirklichkeit geworden. Das BVA wendet das System FAVORIT (Flexibles Archivierungs- und Vorgangsbearbeitungssystem im IT-gestützten Geschäfts-gang) an: Die gesamte Abteilung für diesen Bereich ist auf elektronische Vor-gangsbearbeitung umgestellt. Da die meisten Anträge und Schreiben der BaföG-Empfänger noch in Papierform eingehen, werden diese eingescannt und dann elektronisch weiterverarbeitet. Dies betrifft die Sachbearbeitung, die interne Überprüfung sowie die elektronische Archivierung. Ein Ausdruck des Bescheides erfolgt erst wieder kurz bevor er verschickt wird. So ist es dem BVA gelungen, die Verwaltungskosten für die interne Bearbeitung um die Hälfte zu reduzieren.

Leistungen der Bundesverwaltung betreffen als Adressat die Bürgerinnen und Bürger, die Privatwirtschaft und auch die Verwaltungsebenen von Ländern und Kommunen. Vor allem die Dienstleistungen, die vom Bund über Länder und Kommunen zu den Bürgern erbracht werden, könnten sich bei der Verwirklichung eines Portals für sämtliche Verwaltungsdienstleistungen als Sollbruchstelle erweisen. Dies liegt an der Eigenständigkeit von Bund, Ländern und Kommunen aufgrund unseres föderalen Staatsaufbaus und der kommunalen Selbstverwaltung. Es wird nämlich nicht möglich sein, diese zum Teil ja verfassungsrechtlich festgeschriebenen Vorgaben via Internet zu überspielen. Andererseits wird von einem neuen Dienstleistungsangebot der Verwaltungen im Internet zu Recht erwartet, dass es keine Rücksicht auf bestehende Zuständigkeiten nimmt. Meines Erachtens muss die Lösung darin bestehen, dass alle staatlichen Ebenen für ihren Zuständigkeitsbereich die entsprechenden Verwaltungsdienstleistungen um ein zusätzliches online-Angebot erweitern und zugleich gewährleisten, dass dort, wo es nötig ist, die entsprechende Durchlässigkeit zwischen den Verwaltungsebenen mit Links hergestellt wird.

Hierzu ein Beispiel: In der Bundesdruckerei werden täglich bis zu 60.000 Personalausweise und Reisepässe sowie 30 000 Führerscheine gedruckt. Durch das digitales Antragsverfahren DIGANT sind bereits heute die technischen Möglichkeiten vorhanden, um die Ausweise und Führerscheine in der Bundesdruckerei digital herzustellen. Woran es bisher fehlt, ist die IT-gestützte Verbindung zu den Landkreisen für Führerscheine sowie zu den Gemeinden für Personalausweise und Reisepässe und von dort zu den Bürgerinnen und Bürgern. Um darzustellen, dass und wie gut die Vernetzung funktioniert, hat die Bundesdruckerei im Falle der Führerscheine ein Pilotverfahren mit dem Landkreis Berchtesgadener Land sowie mit der Stadt Siegburg für Personalausweise und Reisepässe gestartet. Neben der Kostenersparnis zeigen die Pilotverfahren, dass die Bürgerinnen und Bürger ihre Ausweise eine Woche früher bekommen können.

Electronic Government bietet auch die Chance, Verwaltung transparenter zu machen. Transparent dann, wenn in die Workflow-Systeme gleichsam ein digitales Fenster nach außen eingebaut wird, durch das die Bürgerinnen und Bürger den Stand ihrer Antragsbearbeitung verfolgen können. Sie kennen das Prinzip vielleicht von den großen Kurierdiensten, bei denen sie die aufgegebenen Sendungen verfolgen können. Auf Bundesebene bietet sich dies zum Beispiel bei der öffentlichen Beschaffung oder bei Dauerkontakten mit der Verwaltung an, wie etwa bei den zahlreichen Förder- oder Zuwendungsmaßnahmen des Bundes.

Eine solche Verwaltung der Zukunft kann nur gemeinsam mit den Beschäftigten und nicht gegen sie aufgebaut werden. Umfragen haben ergeben, dass hierbei von einer hohen Motivation und Bereitschaft der Beschäftigten zur Umsetzung von Electronic Government ausgegangen werden kann. Dieses Kapital müssen wir erhalten und vermehren. Die Beschäftigten in der öffentlichen Verwaltung müssen das Potenzial der Informationstechnik kennen und gleichzeitig einschätzen können, wie sich die eigenen Arbeitsvorgänge mit diesem Potenzial besser gestalten lassen. Voraussetzung hierfür ist, dass ihnen die Fähigkeiten vermittelt werden, die sie brauchen, um verantwortungsbewusst mit der Technik umzugehen. Gefordert sind damit systematische Ausbildungsprogramme. Denn technische Kompetenz und Verantwortungsbewusstsein sind die Voraussetzungen dafür, dass die Mitarbeiter gern in einer Verwaltung arbeiten, die sich auf dem neusten Stand der Informationstechnik befindet. Modernität und Bürgernähe erschöpft sich nicht darin, dass Verwaltung die Möglichkeiten der Informations- und Kommunikationstechnik als Dienstleister nutzt. Staat und Verwaltung müssen ihr Handeln auch so ausrichten, dass es der Bedeutung des Internets für den demokratischen Prozess gerecht wird.

Dialog, Kommunikation und Kooperation sind hierfür Voraussetzung. Als demokratische Institutionen sind Politik und Staat verpflichtet, ihre Entscheidungen transparent zu machen. Mehr Transparenz bedeutet in erster Linie mehr Information. „Informiertheit" ist eine wesentliche Voraussetzung für die Bereitschaft der Bürgerinnen und Bürger, sich politisch zu engagieren. Entscheidungsprozesse sind heute so komplex, dass sie von den Bürgern nicht verstanden und auch nicht akzeptiert werden, wenn sie zuvor nicht ausreichend informiert wurden. Die Bundesregierung ist dabei, die rechtlichen Voraussetzungen für den freien Zugang zu Verwaltungsinformationen zu schaffen und sie wird die Möglichkeiten des Internets nutzen, um diesen Zugang für die Bürger zu erleichtern. Ein Projekt des Programms „Moderner Staat – Moderne Verwaltung" ist ein Informationsfreiheitsgesetz, das Bürgerinnen und Bürgern einen gesetzlichen Anspruch auf den Zugang von Daten gibt. Es gibt dann einen Zugang zu Behördendaten, die es beispielsweise Bürgerinitiativen erleichtern, ihr Engagement zu vertiefen oder sich untereinander abzustimmen. Entscheidungsprozesse werden durch den Zugang zu solchen Informationen transparenter und Hintergründe können beleuchtet werden.

Die verbesserte Teilhabe an politischen Prozessen setzt auch konkrete Mitwirkungsmöglichkeiten voraus. Wir haben gute Erfahrungen damit gemacht, Gesetzesvorhaben schon in recht frühen Stadien als Referentenentwürfe über das Internet einer breiteren Öffentlichkeit zugänglich zu machen. Ein Beispiel ist das Informations- und Kommunikationsdienstegesetz, bei dem moderierte „Chats" und die Kommentierung durch e-mails dafür sorgten, dass die Einstellung ins Netz nicht eine informationelle Einbahnstraße blieb, sondern die Möglichkeit bestand, einzeln oder organisiert Stellung zu dem geplanten Gesetzesvorhaben zu nehmen. Dadurch konnten schon im Entwurfsstadium vielfältige Anregungen eingearbeitet werden oder wenigstens den Referenten in den Ministerien zur Kenntnis gelangen. Am 16. August hat das Bundeskabinett das Einstellen von Gesetzentwürfen ins Internet als eine von mehreren Informationsmöglichkeiten ausdrücklich benannt.

Diese zusätzlichen Möglichkeiten für Informationen sind gut, aber es dürfen keine überzogenen Erwartungen an das Internet gestellt werden. Denn eine größere Transparenz von politischen und Verwaltungsentscheidungen, wie sie sich mit Hilfe des Internets herstellen lässt, ist kein Patentrezept, um Politikverdrossenheit zu beseitigen. Aber es ist eine wichtige begleitende Maßnahme, um durch bürgerorientierte Politik bürgerschaftliches Engagement zu fördern. Gerade junge Menschen, denen politisches Desinteresse vorgeworfen wird, die aber den intuitiven Umgang mit den modernen Medien beherrschen, ließen sich auf diesem Weg vielleicht eher für die Belange der Politik - und damit auch für ihre eigenen Belange – gewinnen. Dies betrifft auch die Möglichkeit, über das Internet zu wählen. Hierzu gibt es bereits Beispiele aus dem universitären Bereich. Auf Bundesebene wird es 2002 erste Pilotversuche geben.

E-voting und alle übrigen Transaktionen im Internet sind nur möglich, wenn sie sicher sind. Wenn wir die Risiken im Blick haben, können wir die Chancen der Informationstechnik nutzen. Ohne diese Sicherheit werden die Menschen den neuen technischen Möglichkeiten nicht vertrauen und sie auch nicht nutzen.

Voraussetzung für die Vertrauenswürdigkeit oder Online-Transaktionen ist die digitale Signatur. Die Bundesregierung hat am 16. August den Gesetzentwurf über Rahmenbedingungen für elektronische Signaturen beschlossen, der nach der Beratung und Verabschiedung durch den Bundestag am 1. Januar 2001 in Kraft treten soll. Der Entwurf löst das bisherige Signaturgesetz ab und regelt die erforderliche Sicherheitsinfrastruktur für elektronische Signaturen im Einklang mit der inzwischen ergangenen EU-Richtlinie. Digitale Signaturen sollen die gleiche Rechtswirkung entfalten wie eine handschriftliche Unterschrift. Die dazu notwendigen gesetzlichen Regelungen im bürgerlichen Recht sind Gegenstand des Entwurfes eines Gesetzes zur Anpassung der Formvorschriften des Privatrechts an den modernen Rechtsgeschäftsverkehr, der von der Bundesregierung gesondert, jedoch zeitnah zum Signaturgesetz in den Bundestag eingebracht werden wird. Entsprechende Änderungen der Formvorschriften des öffentlichen Rechts werden vom Bundesministerium des Innern vorbereitet. In der Bundesverwaltung werden wir noch in diesem Jahr mit der Einführung der digitalen Signatur beginnen.

Das Loveletter-Virus hat uns Anfang Mai vor Augen geführt, dass auch die öffentliche Verwaltung vor Attacken aus dem Internet nicht gefeit ist. Schon als Reaktion auf die Attacken gegen kommerzielle Webserver hatte die Bundesregierung unter der Leitung des Bundesinnenministeriums im Februar die Task Force "Sicheres Internet" gebildet. Sie arbeitet daran, den vorbeugenden Schutz gegen Internet-Attacken und die Reaktionsfähigkeit bei konkreten Gefährdungen zu verbessern. Das Bundesamt für Sicherheit in der Informationstechnik wird diese Maßnahmen weiter ausbauen und zum Beispiel sicherheitsrelevante Informationen sammeln, aufbereiten und weitergeben. Hierzu gehört ein Katalog präventiver Sicherheitsmaßnahmen, die internationale und nationale Zusammenarbeit mit vergleichbaren Einrichtungen sowie der Kontakt zu Software- und Hardware-Herstellern mit dem Ziel, Mängel schnell zu beseitigen – übrigens auch im Rahmen von D21.

Der Staat muss möglichst alle Bürgerinnen und Bürger auf dem Weg in die Informationsgesellschaft mitnehmen. Er muss auf diejenigen Rücksicht nehmen, denen die Geschwindigkeit, mit der sich die Informationsgesellschaft gegenwärtig entwickelt, zu hoch ist. Zwar ist zwischen Februar und August 2000 die Zahl der Netznutzer in Deutschland von 15,9 auf 18 Millionen Menschen gestiegen. 40 % davon sind Frauen, im Vergleich zu 35 % im Vorjahr. Die größte Steigerungsrate ist bei den über 40-jährigen zu verzeichnen – eine Gruppe, die sich dem Internet bisher eher verhalten genähert hat. Die Bundesregierung muss dennoch ihren Beitrag leisten, um eine digitale Spaltung in Deutschland zu verhindern. „Falling through the net" wurde zum Beispiel in den USA zunächst nicht als vordringliches Problem erkannt. Trotz erheblichem Anstieg der Internet-Nutzer und der Prognose, dass ihre Zahl bis 2003 auf 30 Millionen steigt, wird prognostiziert, dass 21 Millionen Menschen in Deutschlands Haushalten auch in naher Zukunft von der Nutzung des Internets ausgeschlossen sein werden. Im Übrigen wird es auch viele Internet-Nutzer geben, die Behördenangelegenheiten, gerade bei sensiblen Themen, lieber persönlich erledigen wollen. Die öffentliche Verwaltung wird ihre Dienstleistungen daher auch weiterhin in der klassischen Form mit dem unmittelbaren Kontakt zum Bürger anbieten. Weil das so ist, müssen wir Strategien entwickeln, wie die unterschiedlichen Zugänge zur Verwaltung sinnvoll und produktiv miteinander verknüpft werden können. Internetangebote, Bürgerbüros und auch neue Kommunikationskanäle wie Call-Center müssen geeignet zusammenwirken.

Die Verwirklichung von Electronic Government ist kein Selbstläufer. Die Bundesregierung muss, wie ich erläutert habe, einige Rahmenbedingungen für eGovernment noch schaffen. Jede Behördenleiterin und jeder Behördenleiter muss ihre oder seine Behörde auf das Internet ausrichten und überlegen, wie Verwaltungsdienstleistungen online erbracht werden können.

Bei Gesprächen mit Verantwortlichen in der Bundesverwaltung spüre ich, dass die Bereitschaft dazu groß ist, dass entsprechende Projekte bereits begonnen haben oder unmittelbar bevorstehen. Und auch für die Bundesregierung kann ich sagen, dass wir unsere eGovernment-Projekte in den nächsten Wochen und Monaten noch erheblich intensivieren werden, so dass wir dann auch dem Münchner Kreis vermelden können: Verwaltung ist am Netz - Ausrufezeichen.

3 Die öffentliche Verwaltung als Vorreiter auf Deutschlands Weg in die Informationsgesellschaft

Hans-Olaf Henkel

Bundesverbands der Deutschen Industrie (BDI)

Die heutige Veranstaltung gibt mir die Gelegenheit, folgende drei Thesen zu vertreten:

These 1:

Die Wettbewerbsfähigkeit der deutschen Wirtschaft hängt immer stärker von der Erzeugung und Nutzung der modernen Informations- und Telekommunikationstechniken ab.

These 2:

Die modernen IuK-Techniken können nur dann erfolgreich erzeugt und genutzt werden, wenn die Gesellschaft multimediale Kompetenz erwirbt. Dabei hilft ein Staat, der virtuell fit ist.

These 3:

E-Government bedeutet nicht nur die Digitalisierung staatlicher Dienstleistungen, sondern auch einen funktional schlanken Staat.

These 1: *Die Wettbewerbsfähigkeit der deutschen Wirtschaft hängt immer stärker von der Erzeugung und Nutzung der modernen Informations- und Telekommunikationstechniken ab.*

Die modernen Techniken sind eine entscheidende Triebkraft für Wirtschaftswachstum und Beschäftigung. Ist ein Land beim technologischen Fortschritt, insbesondere im elektronischen Bereich, im Rückstand, bedeutet dies mehr als individuelle Wachstumseinbußen. Es bedeutet, dass ein Land seine Wachstumschancen insgesamt beeinträchtigt.

Volkswirtschaftlich günstig ist ein langanhaltendes Wirtschaftswachstum durch steigende Produktivität. In diesem Fall können mehr Güter und Dienstleistungen produziert werden - und das Ganze inflationsfrei. Dieses Szenario wird in jüngster Vergangenheit am Beispiel der USA unter dem Schlagwort „Neue Ökonomie" diskutiert.

Neue Ökonomie bedeutet Digitalisierung und vernetzte Zusammenarbeit. Beides ist nur mit modernen Informations- und Kommunikationstechniken denkbar. Durch die Digitalisierung und Vernetzung werden Entscheidungs- und Rationalisierungsprozesse in den Unternehmen beschleunigt. Physische Leistungsprozesse verlagern sich immer stärker in den virtuellen Raum. Produkte sind zunehmend digital abbildbar.

In der Folge verringern sich Raum-, Lager- und oft auch Transportbedarfe. Produktionszyklen werden kürzer. Plante man 1990 für die serienreife Entwicklung eines Autos noch sechs Jahre ein, braucht man dank moderner Informations- und Kommunikationstechniken dafür nur noch zwei Jahre. Ähnliches gilt für Produkte der Gebrauchselektronik und für andere Konsumgüter.

Die Produktivität nimmt durch die Digitalisierung und Vernetzung zu, gleich, ob es sich dabei um einen virtuellen Diensteanbieter oder einen traditionellen Güterproduzenten handelt. Und der Produktivitätszuwachs funktioniert, bis das Netzwerk entlang der Wertschöpfungskette seinen endgültigen Umfang erreicht hat oder es keine technologischen Neuerungen mehr gibt.

Beides ist in absehbarer Zeit nicht zu erwarten. Noch sind nicht alle Möglichkeiten einer effizienteren digitalisierten Arbeitsteilung ausgeschöpft. Noch können wir jedes Jahr explosionsartige Leistungssteigerungen bei der technischen Entwicklung beobachten. Stichwort: Nanotechnologie – ultradünne funktionale Schichten, die viele Bereiche wie die Medizin, Optik oder die Sensorik revolutionieren werden.

Nutzt eine Volkswirtschaft die modernen Informations- und Kommunikationstechniken nur unzureichend, gibt es nicht nur individuelle und nationale Wachstumseinbußen. Es gibt auch eine globale Dimension fehlender E-Readiness.

Es entstehen immer mehr weltumspannende Netzwerklösungen für die gemeinsame Konstruktion, Produktion und Logistik zwischen Zulieferern und Abnehmern. Die Freiheitsgrade für die Standortwahl steigen für alle ökonomischen Akteure. Ein Land, das dieses Potenzial an internationaler Arbeitsteilung vernachlässigt, wird den Wachstumsprozess in seiner Region behindern und gegenüber konkurrierenden Ländern an Wettbewerbsfähigkeit einbüßen.

Die Digitalisierung und Vernetzung der Wertschöpfungsketten schaffen vielfältige neue unternehmerische Chancen. Und der Preis dafür ist mit den Kosten für elektronische Informationsverarbeitung und Kommunikation in den letzten Jahren in bis dahin nicht vorstellbarem Ausmaß gefallen.

3 Die öffentliche Verwaltung als Vorreiter

Nun einige Daten für diese Entwicklung: Experten schätzen, dass in Deutschland

- in den kommenden Jahren durch das Internet die gesamtwirtschaftliche Produktivität und das Produktionspotenzial um 5 % steigen werden. Zum Vergleich: Die Produktion des Produzierenden Gewerbes expandierte seit 1996 im Mittel um 2,5 %.

- bis zum Jahre 2010 sich das Volumen der Märkte für Automation und neue Werkstoffe, Information und Kommunikation, Verkehr und logistische Dienstleistungen mehr als verdoppeln wird. Damit könnte ihr Anteil an der gesamten Wertschöpfung von heute knapp 10 % auf 15 % zulegen.

- in vier Jahren der E-Commerce-Umsatz ein Volumen von 792 Mrd. DM haben wird. Heute sind es rund 3,6 Mrd. DM.

- in der Neuen Ökonomie bis 2005 eine Million neue und überwiegend hochqualifizierte Arbeitsplätze entstehen.

Die Zahlen sind beeindruckend. Das Problem ist allerdings, dass vieles, das der Internetwirtschaft zugeschrieben wird, sich in der Praxis erst noch entwickeln muss. Und da gibt es noch zahlreiche Stolpersteine. Ein markantes Beispiel:

Trotz der in unserem Land vorhandenen Kompetenz liegen wir im weltweiten Vergleich nicht an der Spitze, wenn es um die Durchdringung unserer Gesellschaft mit PCs oder Internet-Anschlüssen geht. Unser Rückstand zu den USA und Skandinavien beträgt etwa drei bis vier Jahre. So verfügten 1999 gut 30 % der Deutschen über einen PC. In den USA waren es dagegen deutlich über 60 %. Das ist bedenklich: Erst die Austattung mit PCs ermöglicht den Zugang zum Internet. Wir investieren gerade einmal 5,3 % des Bruttoinlandsprodukts in neue IT-Techniken, das ist weniger als der Durchschnitt Westeuropas. In den USA sind es 7,3 %.

Ähnliches könnte ich zu Telearbeitsplätzen ausführen. Oder ich könnte den Fachkräftemangel in der IT-Branche und auf der Anwenderseite ansprechen. Insgesamt fehlen 150.000 Experten. Das bremst die Wachstumsdynamik branchenübergreifend ab. Und das zeugt davon, dass in den vergangenen Jahren am Bedarf der zukunftsträchtigen Berufsfelder vorbeiqualifiziert wurde.

Kurzum: Im Vergleich zu der führenden Online-Nation USA steckt die Praxis netzbasierter Abläufe in Deutschland immer noch in den Kinderschuhen. Tatsache ist auch: Wo es in den USA 1970 50 Jobs gab, sind es heute 80. In Westdeutschland wurden in derselben Zeit aus 50 Jobs gerade einmal 52. Zwei Drittel der neuen US-Arbeitsplätze sind überdurchschnittlich gut bezahlt und den neuen Wachstumsbranchen zu verdanken. Warum tut sich Deutschland nur so schwer?

Meine Antwort darauf nenne ich:

These 2: *Die modernen IuK-Techniken können nur dann erfolgreich erzeugt und genutzt werden, wenn die Gesellschaft multimediale Kompetenz erwirbt. Dabei hilft ein Staat, der virtuell fit ist.*

Moderne Informations- und Telekommunikationstechniken lassen sich nur dann erfolgreich erzeugen und nutzen, wenn die Gesellschaft insgesamt multimediale Kompetenz erwirbt - auch durch einen „Staat am Netz".

Gesellschaft in der volkswirtschaftlichen Gesamtrechnung ist die Summe aus Unternehmen, privaten Haushalten und Staat. Die Unternehmensseite agiert bereits erfolgreich im Umfeld aus neuen technischen Entwicklungen und Globalisierung. Nun muss die Schwäche der privaten Nutzung moderner IuK-Techniken überwunden werden. Und Verwaltung und Regierung müssen auf den „elektronischen Prüfstand".

Meine Damen und Herren, bei Ihrem fachlichen Hintergrund ist Ihnen bewusst, dass im intensiven Wettbewerb um die internationalen Märkte Unternehmen technologisch nicht stehen bleiben dürfen. Und Sie wissen, wie bedeutend die neuen Informations- und Telekommunikationstechniken für neue Arbeitsplätze, für die Aus- und Weiterbildung oder für einen schlanken und bürgerfreundlichen Staat sind, um nur einige Beispiele zu nennen.

Wie sieht in Deutschland aber die gesellschaftliche Akzeptanz technisch revolutionärer Entwicklungen aus? Wie wird auf Handlungszwänge reagiert?

Typisch für Deutschland ist die Konsenslösung. Besitzstände werden betont. Die Orientierung ist defensiv. Es wird nicht nach Chancen geschaut. Dieser Ansatz passt nicht in eine Zeit des globalen Standortwettbewerbs und grenzüberschreitender Unternehmenszusammenschlüsse. Es gibt einen starken Druck zur Veränderung, wie Dinge in Deutschland gemacht werden: Und zwar weg von Konsenszwängen und hin zu mehr individueller Risikobereitschaft. Die Innovationsrate einer Volkswirtschaft hängt wesentlich von der Bereitschaft des Einzelnen ab, Risiken zu übernehmen. Um eine solche Bereitschaft zu wecken, müssen Anstöße gegeben werden. Das fängt in den Schulen an. Nach einer erst kürzlich veröffentlichten Studie von Booz, Allen & Hamilton investierten die USA im vergangenen Jahr etwa 30-mal so viel in die Internet-Ausrüstung der Schulen wie Deutschland. Wir sprechen hier von rund 6,5 Mrd. US$.

Die Schulen elektronisch auszurüsten reicht allein nicht aus. Der kompetente Umgang mit den neuen Medien muss vermittelt werden. Noch immer mangelt es an geeigneten Lehrplänen für den Unterricht, noch immer mangelt es an der erforderlichen Qualifizierung der Lehrer. Dabei müssen wir wenigstens für morgen die Menschen ausbilden, die uns heute so dringend in der IT-Industrie und anderen Branchen fehlen. Das erfordert ein radikales Umdenken in der Bildungspolitik und nahezu allen Bildungsinstitutionen.

3 Die öffentliche Verwaltung als Vorreiter

Das Leitbild für jede Qualifizierung in der Ära der Wissensgesellschaft muss die Idee des „life-long learning" sein, zu Hause und am Arbeitsplatz.

Die Informationsgesellschaft lässt sich aber nur verwirklichen, wenn die Gesellschaft dieses Modell annimmt und einübt. In diesem Zusammenhang spielt eine große Rolle, ob und in welchem Ausmaß die Wirtschaftspolitik die digitalen Dienste wahrnimmt und berücksichtigt.

Dazu darf der Staat erstens das gesellschaftliche E-Learning nicht durch diskriminierende Abgaben oder neue Steuern abwürgen. Es ist wirtschaftspolitischer Unfug, wenn wir darüber diskutieren müssen, ob der Internetzugang in den Unternehmen für den Mitarbeiter als geldwerter Vorteil zu versteuern ist. Und es ist wirtschaftspolitischer Unfug, wenn derzeit diskutiert wird, Rundfunkgebühren für internetfähige PCs zu erheben. Der so genannte „Surf-Erlass" scheint inzwischen vom Tisch. Der Streit über die Rundfunkgebühren in seiner vollen Wucht steht uns noch ins Haus, wenn das Moratorium für die Gebührenfreistellung internetfähiger PCs ausläuft. Auch ist der Kampf um die Deregulierung der Telekommunikations-Ortsnetze noch nicht beendet. Der billige Pauschalzugangstarif für die Internet-Nutzung (flat-rate) wird erst dann für die prognostizierten 400.000 neuen Jobs sorgen, wenn es kein Fast-Monopol auf der „letzten Meile" mehr gibt.

Der Staat muss zweitens durch ein „Regieren und Verwalten am Netz" Anstöße geben und Bewusstsein schaffen. Er muss mit wegweisenden Projekten, den so genannten Leitanwendungen vorne mitmarschieren. Das heißt zunächst einmal, staatliche Funktionen zu digitalisieren und an den Schnittstellen effizient mit den Bedürfnissen der Bürger, also der Unternehmen und privaten Haushalte, zu verknüpfen.

E-Government bedeutet somit mehr als eine Homepage im Internet. E-Government bedeutet einen Personalausweis mit digitaler Signatur wie in Finnland, mit dem rechtsverbindlich unterschrieben werden kann. E-Government bedeutet Online-Routinen für Antragsstellung und Antragsabwicklung, bedeutet den Wegfall von Laufwegen und Mehrfacherfassungen, den Einsatz von Geldkarten und Scannern. Es besteht ein gewaltiges Potenzial für weniger Aufwand und Bürokratie, für mehr Effizienz und Bürgernähe. Kommunen sind beispielsweise wegen ihres engen Kontakts zu Gewerbe, Vereinen und Freizeiteinrichtungen der ideale Partner, um die Online-Kompetenz der Menschen im Land zu erhöhen. Ob Anwohnerparkschein oder Baugenehmigung – der Bürger wird das virtuelle Rathaus annehmen, wenn er dessen Servicequalität erkennt.

Die Erwartungshaltung der deutschen Bürger ist groß: Das Allensbach-Institut hat ermittelt, dass etwa die Hälfte der Deutschen gern das Internet nutzen würden, um sich Behördengänge zu ersparen. Gerade an der Schnittstelle zur Wirtschaft sind die Möglichkeiten für neue Anwendungen und damit für Zeit- und Kostenersparnisse groß. Ich denke an Genehmigungsverfahren oder Beschaffungsvorgänge. Es geht nicht nur um Effizienzgewinne, sondern auch um die

Transparenz, die entsteht, wenn Unternehmer direkten Zugang zu den zuständigen Stellen bekommen und den Stand der Bearbeitung kennen.

Staat, Verwaltung und öffentliche Dienstleister nehmen diese Herausforderung augenscheinlich an. Der EU-Ministerrat hat im Juni den Aktionsplan eEurope 2002 verabschiedet. Danach sollen die Mitgliedstaaten bis 2003 die wichtigsten öffentlichen Dienste elektronisch zugänglich machen. Die Bundesregierung hat dieses Ziel zudem in ihrem Aktionsprogramm „Innovation und Arbeitsplätze in der Informationsgesellschaft des 21. Jahrhunderts" festgeschrieben und fördert die Zielerreichung mit Multimedia-Wettbewerben für das beste Konzept zu virtuellen Rathäusern.

Eine Studie von Pricewaterhouse Coopers zeigt jedoch, dass noch eine deutliche Lücke zwischen den Erwartungen an E-Government und dem tatsächlichen Vorgehen beim Aufbau einer Online-Behördenlandschaft besteht. Von bundesweit rund 10.000 Rathäusern sind zwar schon 2.500 im Internet und die Zahl soll bis 2003 auf 6.000 steigen. Die meisten der Rathäuser bieten aber keine interaktiven Verwaltungsdienste an, sondern sind nur „Schaufenster".

Auch fällt im öffentlichen Dienst das Umdenken schwer. Die Aufgaben können nicht eins zu eins ins Netz gestellt werden. Die Verwaltungen müssen lernen, vom Nutzer her zu denken. Kundenorientierung ist plötzlich gefragt. Hoheitliches Handeln muss überdacht werden.

These 3: *E-Government bedeutet nicht nur die Digitalisierung staatlicher Dienstleistungen, sondern auch einen funktional schlanken Staat.*

Dahinter steht die Überlegung, dass die modernen Techniken Abläufe transparent machen und es damit erlauben, staatliche Funktionen kritisch zu überprüfen. Mit These 2 habe ich den Status-Quo staatlicher Aufgaben nicht grundsätzlich in Frage gestellt. Der Übergang zur Informationsgesellschaft bietet jetzt aber auch die Chance, sich wieder auf die originären Aufgaben des Staates zu besinnen.

Durch die neuen Medien wird es auf allen Ebenen möglich, Bürger schnell und unmittelbar über das Handeln von Parlamenten, Regierungen und Verwaltungen zu informieren. Was spricht denn dagegen, Gesetzesentwürfe, Verordnungen, Richtlinien oder Verwaltungsvorschriften über das Internet frühzeitig bekannt zu machen und zu diskutieren? Nichts!

Nach Angaben des Bundeswirtschaftsministeriums müssen etwa 3700 Gesetze internetfähig gemacht werden. Welch eine Chance, alte Zöpfe abzuschneiden!

Zwar müssen auch in der digitalen Wirtschaft Fragen wie Verbraucherschutz oder eine effektive Steuererhebung geregelt sein. Am Ende der Entwicklung könnte

3 Die öffentliche Verwaltung als Vorreiter

aber eine ganz neue Art von Regierung und Verwaltung stehen: dezentraler, transparenter und serviceorientiert.

Ein Staat, der weniger hoheitlich handelt und stärker moderiert. Ein Staat, der sich auf seine originären Aufgaben zurückzieht. Das heißt beispielsweise, dass der Staat nicht länger privatwirtschaftlich tätig ist. Wir haben heute ca. 100.000 Unternehmen in der Hand der Länder und Kommunen. 50.000 sind Kandidaten für Privatisierung. Viele davon machen dem deutschen Mittelstand unfaire, da staatlich geförderte Konkurrenz. Privatisieren wir sie!

Ein schlanker Staat heißt auch, dem Ideenreichtum und der Handlungskraft der Bürger wieder stärker zu vertrauen. Universitäten sollten die Freiheit erhalten, sich die Studenten selbst auszusuchen. Was meinen Sie, was allein diese Entscheidung für die Qualität an unseren Schulen tun könnte! Schnell würde sich herumsprechen, welche Schulen ihre Abgänger nicht mehr an Universitäten unterbringen können. Ein weiteres Beispiel wäre die Sozialpolitik, die dem Bürger den Umfang seiner Absicherung aufzwingt. Ich glaube nicht, dass bei einer freien Entscheidung die Absicherung der Versicherten gefährdet wäre.

Die Informationsgesellschaft muss sich in einer globalisierten Welt nach dem Wettbewerbsprinzip organisieren. D.h. wir brauchen einen Zugewinn an individueller Freiheit. Wenn in unserem Umfeld Wandel die einzige feste Größe ist, versagen kollektive Vorgaben. Oder kennen Sie eine Vision, die auf dem kleinsten gemeinsamen Nenner beruht?

Das bedeutet nicht zwangsläufig die gesellschaftliche Ausgrenzung von Menschen ohne Internetzugang. Gemeint ist die so genannte „digitale Spaltung". Ich negiere diese Gefahr nicht. Sie besteht. Die neuen Techniken haben jedoch auch ein großes Integrationspotenzial. Ich denke an gezielte Nutzungsprogramme wie die Einrichtung und den Betrieb von Online-Communities für Jugendliche oder Alleinerziehende. Dem Ideenreichtum sind da keine Grenzen gesetzt.

Es geht nicht allein um E-Business, sondern um E-Culture, um die Anwendung moderner IuK-Techniken in allen Bereichen der Gesellschaft. Es geht um die Bereitschaft, Veränderungen zu akzeptieren und sie zu nutzen. Damit wird zugleich auch, wie ich eingangs geschildert habe, eine entscheidende Triebkraft für volkswirtschaftliches Wachstum freigesetzt.

E-Government muss als Chance genutzt werden, um Verkrustungen aufzubrechen und alte Denkmuster zu verlassen. Erst dann wird es uns gelingen, nicht nur formal, sondern auch organisch zur Informationsgesellschaft heranzuwachsen.

Diese Botschaft müssen wir durch bessere Aufklärung wirtschaftspolitischer Zusammenhänge auch den übrigen gesellschaftlichen Gruppen und den Verantwortlichen in der Regierung nahe bringen.

4 Virtuelle Medien als Chance für die Stadt der Zukunft - Strategische Herausforderung für kommunale Führungskräfte

Dr. Marga Pröhl

Bertelsmann Stiftung, Bereich Staat und Verwaltung

Informations- und Kommunikationstechnologien: Eine Herausforderung für die Kommunen

Die Kommune ist der Ort, an dem globale Veränderungen am ehesten und unmittelbarsten gespürt werden. Dies gilt auch und insbesondere für die revolutionären Umbrüche im Bereich der Informations- und Kommunikationstechnologien. Die Bertelsmann Stiftung plädiert seit Jahren für ein umfassendes und langfristig angelegtes Management kommunaler Belange. Eine Verwaltungsmodernisierung unter rein technisch-organisatorischen Vorzeichen und Effektivitätskriterien, auch der als „politisch korrekt" erkannte Wandel von einer Ordnungsbehörde zu einem kundenorientierten Dienstleister, reichen nicht aus, um kommunale Gemeinwesen auf die Herausforderungen des neuen Jahrtausends vorzubereiten. Um die Prozesse in der Kommunalpolitik selber zu reformieren und die lokale Demokratie zu stärken, rückt der lokale Verwaltungschef als Moderator und Strategiegestalter noch stärker in den Mittelpunkt. Ihm obliegt es, ein kommunales Leitbild zu entwickeln und in Zusammenarbeit mit allen kommunalen Akteuren an dessen Umsetzung und Evaluation zu arbeiten. Er ist hierbei Initiator und Betreiber von organisatorischem Wandel und kulturellen Umbrüchen.

Im Kontext dieser veränderten und erweiterten Aufgaben der kommunalen Verwaltungsführung gewinnen die neuen Medien eine besondere Relevanz. Weit mehr als lediglich ein technisches Hilfsmittel zur Beschleunigung administrativer Vorgänge bietet die Informationstechnologie bisher ungeahnte Möglichkeiten auf dem Gebiet von online-basierten Services und neue Formen der partizipatorischen Bürgerbeteiligung (E-Democracy). Diese gestalterischen Aufgaben in ein strategisches Gesamtkonzept für die Stadt der Zukunft einzubeziehen, ist eine der zentralen Herausforderungen für lokale Entscheidungsträger.

Was aber ist derzeit die faktische Rolle, die die kommunalen Führungskräfte in dieser gegenwärtigen Umbruchphase ausfüllen? Wie gehen sie mit den Chancen und Herausforderungen der Informationsrevolution um? Gesicherte empirische

Erkenntnisse zu diesen Fragen zu ermitteln, ist das Ziel einer repräsentativen Telefonbefragung der Oberbürgermeister und Verwaltungschefs der größeren Städte ab 50.000 Einwohnern in Deutschland, die das PSEPHOS Institut gemeinsam mit der Michel Medienforschung und Beratung im Auftrag der Bertelsmann Stiftung durchführt und in deren Rahmen von Mitte August bis Anfang September 2000 bereits 115 ausführliche Interviews durchgeführt wurden.

Stand der Umsetzung des virtuellen Rathauses in Deutschland

Die Studie bestätigt, dass sich in der deutschen kommunalen Landschaft auf dem Weg zum virtuellen Rathaus durchaus schon einiges in Bewegung ist. So verfügen alle großen deutschen Städte über eine eigene Internetadresse und eine Webpage und können per E-Mail von der Bevölkerung erreicht werden. In drei Viertel der befragten Städte haben einzelne Verwaltungsmitarbeiter eigene E-Mailadressen. In ebenso vielen Städten kann auch der Oberbürgermeister von seinen Bürgern per elektronischer Post erreicht werden.

Dort wird nicht nur dem Einsatz der neuen Informations- und Kommunikationstechnologien für Umbau und Modernisierung der Verwaltung eine „sehr große" Bedeutung beigemessen.

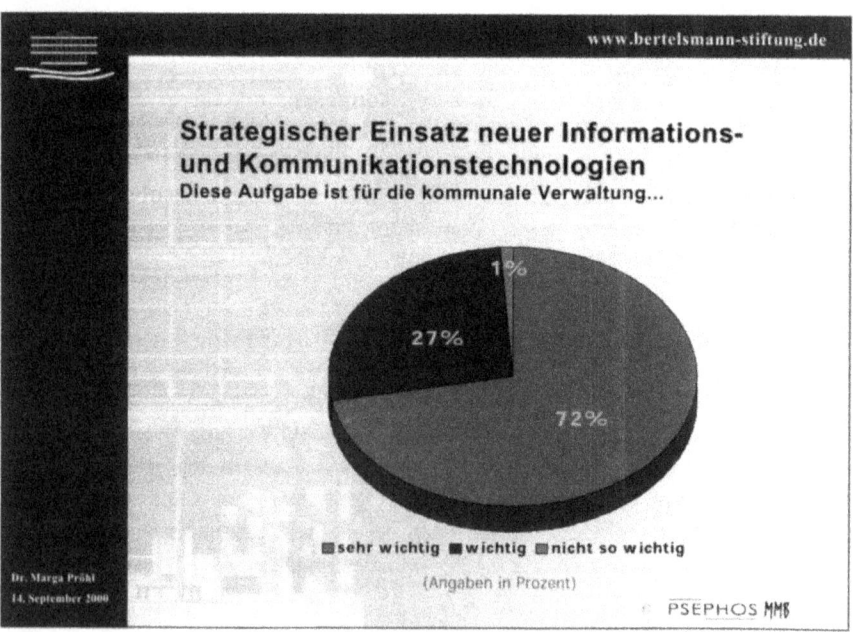

Bild 1: Strategischer Einsatz neuer Informations- und Kommunikationstechnologien

4 Virtuelle Medien als Chance für die Stadt der Zukunft

Aus 71 Prozent der Städte wird berichtet, dass die Umsetzung des virtuellen Rathauses derzeit in Angriff genommen wird, 27 Prozent planen dies, und die übrigen ziehen entsprechende Maßnahmen in Erwägung.

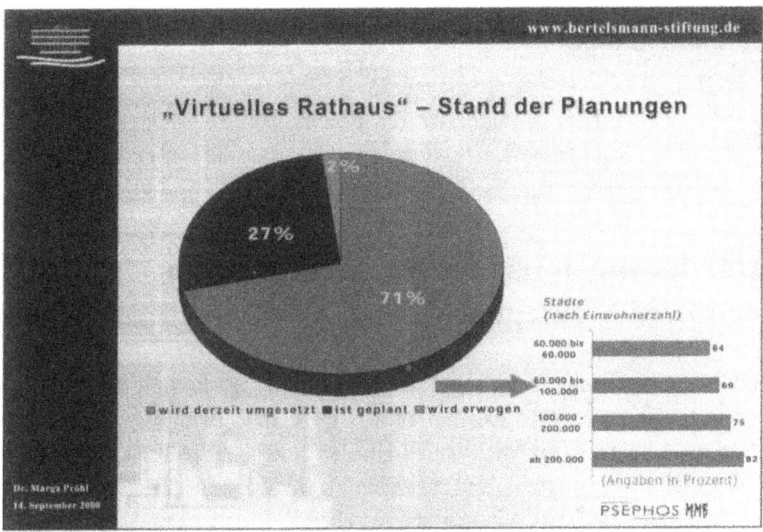

Bild 2: "Virtuelles Rathaus" - Stand der Planung

Sehr groß ist dabei der Optimismus der befragten Verwaltungschefs, bereits in drei Jahren den größten Teil des Weges zum virtuellen Rathaus zurückgelegt zu haben. Rund 70 Prozent wollen bis dahin mindestens zwei Drittel ihres Ziel erreicht haben.

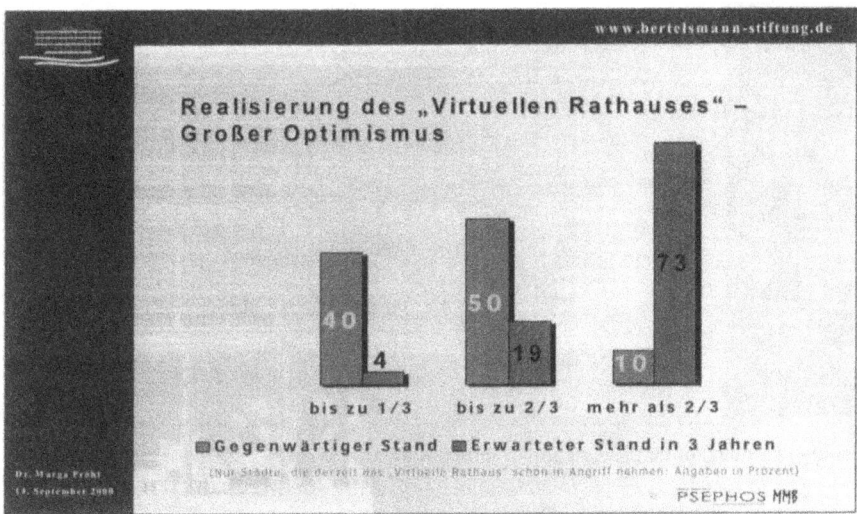

Bild 3: Realisierung des "Virtuellen Rathauses" - Großer Optimismus

Die Zuversicht der kommunalen Entscheider speist sich offenbar auch aus dem derzeitigen Stand der Planungen und der Umsetzungen. So ist beispielsweise im innerbehördlichen Geschäftsverkehr die Elektronisierung bereits zu 95 Prozent realisiert.

Über zwei Drittel der befragten (Ober-)Bürgermeister und Verwaltungschefs geben an, dass sich ihre internen IT-Projekte bereits in der Umsetzungsphase befinden. Deutlich erkennbar ist dabei der Trend, dass größere Städte schneller an die Umsetzung der entwickelten Konzepte gehen.

Herausforderungen bei der Realisierung von E-Government Strategien

Wenn es nur um Fragen der technischen Infrastruktur ginge könnte das virtuelle Rathaus schon heute verbreitete Realität sein. Von den Verwaltungschefs selbst werden hierin am wenigsten die wichtigsten Hürden gesehen, die einer Umsetzung online-basierter Dienstleistungen und vermehrter demokratischer Teilhabe per Mausklick gegenwärtig faktisch entgegenstehen. Juristische Unklarheiten, finanzielle Engpässe und gesamtgesellschaftliche Probleme, wie die Gefahr der digitalen Spaltung, die mangelnde Medienkompetenz der breiten Bevölkerung bzw. ihre technische Ausstattung, führen den „Sorgenkatalog" an.

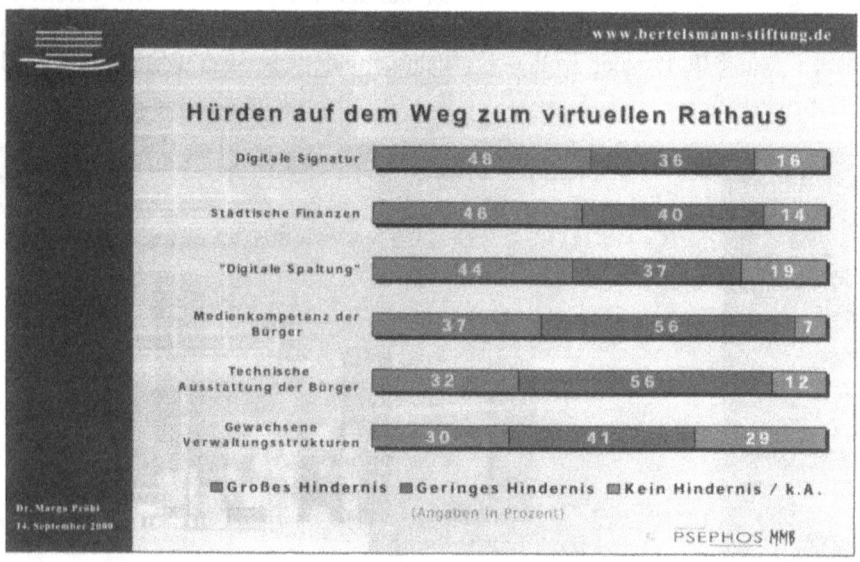

Bild 4: Hürden auf dem Weg zum virtuellen Rathaus

4 Virtuelle Medien als Chance für die Stadt der Zukunft

Dass bei einem derartig tiefgreifenden Umbau der kommunalen Verwaltung zum virtuellen Rathaus auch das Aufbrechen von gewachsenen Verwaltungsstrukturen eine große Kraftanstrengung darstellen wird, sehen die kommunalen Verantwortlichen eher als ein nachrangiges Hindernis an - im Unterschied zu namhaften Experten, die diesem Problem eine weitaus größere Bedeutung beimessen.

Auch wenn 56 Prozent der Verwaltungschefs die mangelnde Medienkompetenz und technische Ausstattung der Bevölkerung als eine eher geringe grundsätzliche Hürde auf dem Weg zum virtuellen Rathaus sehen, so konstatieren sie doch erheblichen „Nachrüstbedarf" insbesondere bei der Betreuung und Anleitung der Bürger für eine aktive Nutzung der Online-Angebote der Kommune.

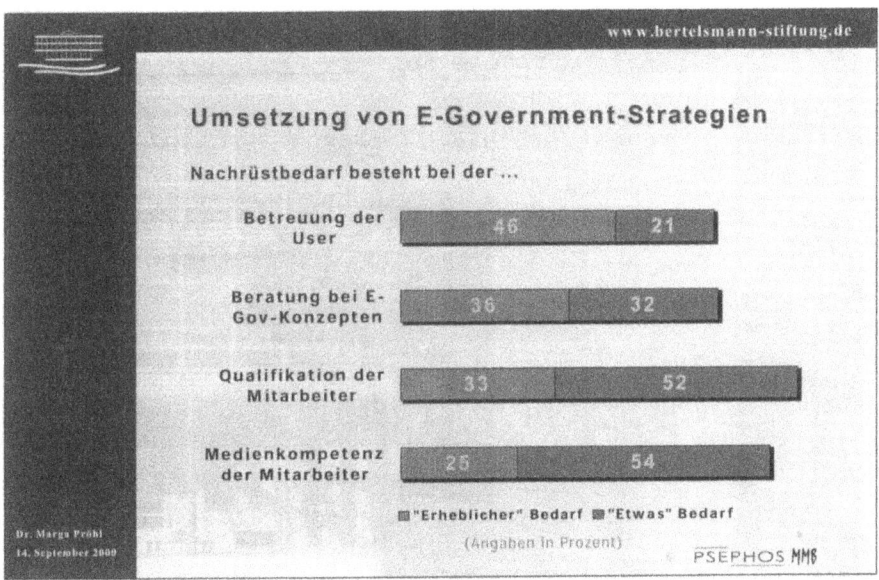

Bild 5: Umsetzung von E-Government-Strategien

Auffällig erscheint die geringe Bereitschaft zu einem systematischen Vergleich und Benchmarking kommunaler E-Government-Strategien in den größeren Städten: Nur für rund die Hälfte der befragten Verwaltungschefs steht dies außer Frage. Zwar wollen über 80 Prozent der Befragten die Erfahrungen anderer Städte bei eigenen Planungen berücksichtigen, erstaunlicher Weise aber will nur ein Viertel internationale best practices oder Erfahrungen aus Wirtschaft und E-Business als Orientierungshilfen heranziehen.

Qualifizierung von Fach- und Führungskräften

Die Anforderungen, die der Einsatz der neuen Informations- und Kommunikationstechnologien für das virtuelle Rathaus an die Qualifizierung von Führungskräften und Mitarbeitern der kommunalen Verwaltungen stellt, begreifen die Verwaltungschefs nicht primär als Problem der technischen Kompetenz. Wesentlich bedeutsamer erscheint ihnen die Weiterbildung im Bereich der "weichen Kompetenzen", vor allem der Kunden- und Serviceorientierung aber auch der kommunikativen Fähigkeiten und der Teamfähigkeit. Als nahezu marginal wird hingegen der Qualifizierungsbedarf im Bereich des reinen Computerfachwissens erachtet.

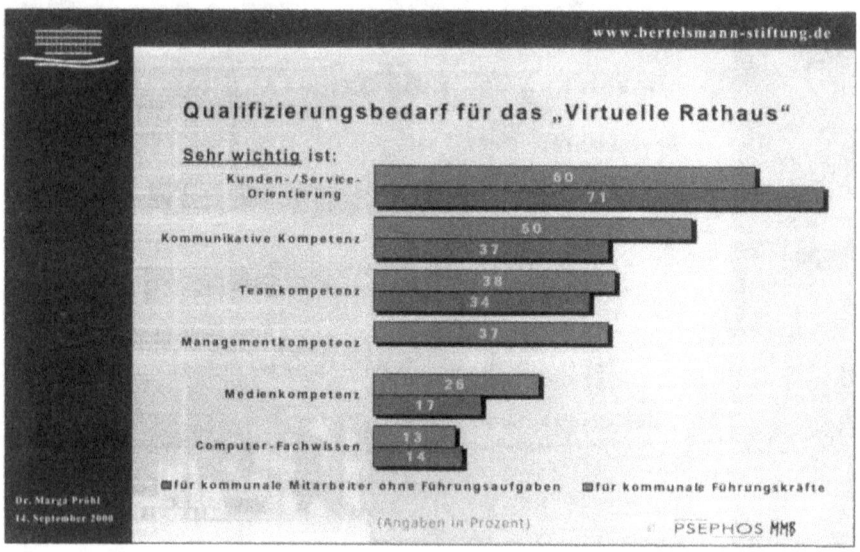

Bild 6: Qualifizierungsbedarf für das "Virtuelle Rathaus"

Es zeugt von einer klaren Vorstellung der kommunalen Verantwortlichen von den Aufgabenstellungen, die eine Realisierung des virtuellen Rathauses mit sich bringt, dass sie es nicht als erstrebenswert ansehen, die Verwaltungsmitarbeiter oder Führungskräfte nun zu Hard- und Softwarespezialisten ausbilden zu lassen. Hierfür nimmt man dann eher externe Beratungsdienstleistungen in Anspruch, sei es für den gesamten Prozess der Umsetzung von E-Government Projekten (28 %) oder nur für spezielle Fragestellungen (45%) wie eben im IT-Bereich.

Die Umsetzung von E-Government Konzepten - eine Chefsache?

Die grundlegende strategische Bedeutung der Entwicklung von Electronic Government scheint, gerade auch in den größeren deutschen Städten, bei aller Einsicht in den Veränderungs- und Qualifizierungsbedarf noch nicht den entsprechenden Niederschlag in der organisatorischen Verankerung dieses höchst komplexen und anspruchsvollen Prozesses gefunden zu haben.

Begleitend zu der telefonischen Befragung der Führungskräfte aus bundesdeutschen Kommunen mit über 50.000 Einwohnern, führten das PSEPHOS-Institut und MMB zehn ausführliche Intensivinterviews mit namhaften Experten aus Wissenschaft und Praxis zu Stand und Perspektiven der Umsetzung des virtuellen Rathauses in bundesdeutschen Verwaltungen durch.

In mehr als der Hälfte der Städte wird die Arbeitsgruppe von einem Dezernenten geleitet – und in einem Sechstel der Städte wurde zur Umsetzung keine spezielle Arbeitsgruppe gebildet; hier werden einzelne Aufgaben von den jeweils zuständigen Fachbereichen übernommen.

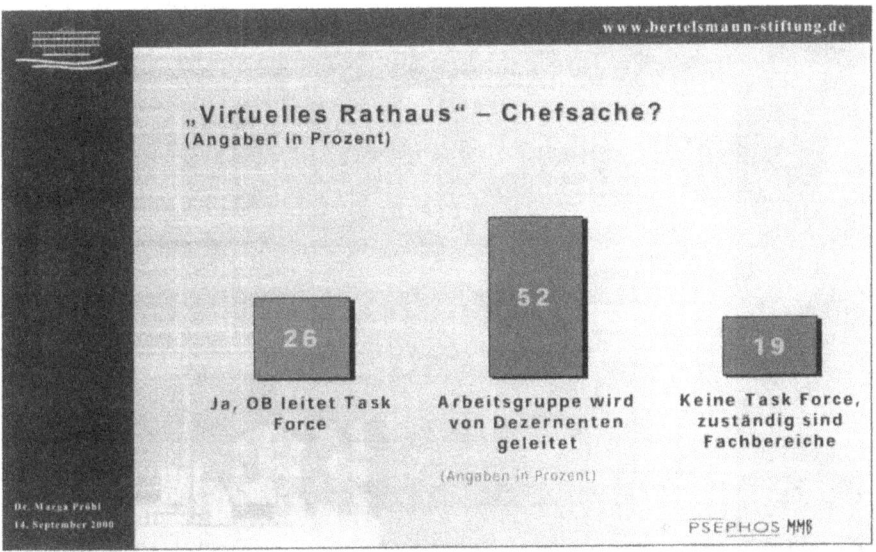

Bild 7: "Virtuelles Rathaus" - Chefsache?

Die Erhebung des virtuellen Rathauses zu einem strategischen, von den kommunalen Führungskräften persönlich betreuten, verantworteten und vorangetriebenen Gesamtkonzept dürfte der Verwirklichung dieser Vision eine wesentliche höhere Durchschlagskraft geben. Indiz hierfür mag auch sein, dass in den Städten, in denen die kommunale Führung das virtuelle Rathaus zur Chefsache erklärt hat, die Erwartungen, dieses Vorhaben in nächster Zeit (fast) vollständig realisieren zu können, ein ganzes Stück optimistischer sind als anderenorts.

Auf diese Weise ließe sich der Rückhalt für das virtuelle Rathaus bei der Bevölkerung verstärken. Voll und ganz auf diesem Weg getragen fühlen sich die Stadtoberhäupter derzeit in erster Linie von Wirtschaftsverbänden, Kammern und Unternehmen vor Ort (zu über zwei Drittel), während sie sich der vollen Unterstützung seitens der Bevölkerung nur zu einem Drittel sicher sind. Die Wechselwirkung von neuem Angebot (kommunaler Dienstleistung und Kommunikation) und zukunftsgerichteter Nachfrage und Mitwirkung der Bürger könnte jedoch dem schwierigen Prozess zusätzliche Dynamik verleihen. Hier ist das strategische Gestaltungsvermögen der politisch Verantwortlichen besonders gefragt.

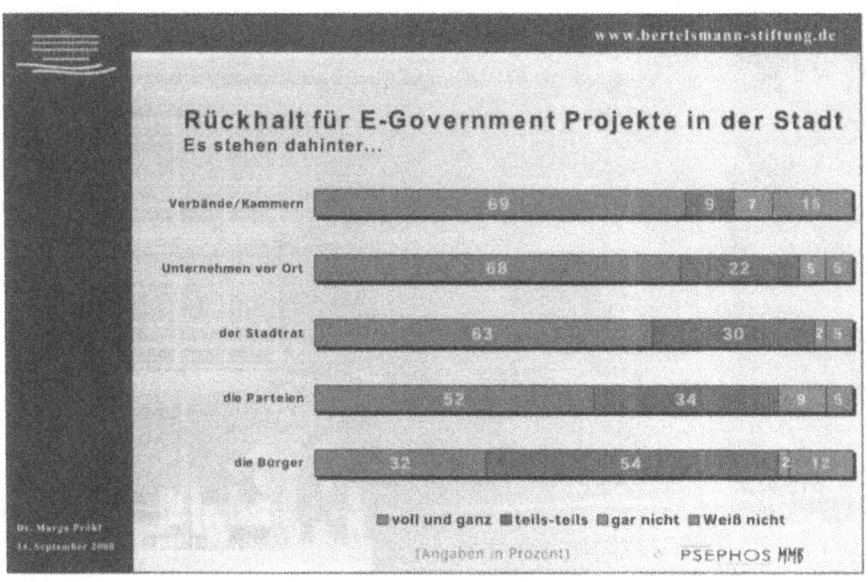

Bild 8: Rückhalt für E-Government Projekte

Schlußfolgerungen

Die neuen Medien bieten vielfältige Möglichkeiten, in Bezug auf kommunale Dienstleistungen sowie bei der demokratischen Teilhabe eine qualitative Verbesserung zu erzielen. Die Verwaltungschefs haben dies als eine maßgebliche strategische Herausforderung für ihre Kommunen erkannt und in den vergangenen Jahren die dafür notwendige Basisinfrastruktur geschaffen. Nunmehr allerdings besteht erheblicher Beratungsbedarf in Hinblick auf die übergeordneten und umfassenden Fragestellungen von E-Government-Konzepten. Hinzu kommt der hohe Qualifizierungsbedarf der Verwaltungsmitarbeiter, um die anstehenden Reformen und Umgestaltungen in den Verwaltungen adäquat begleiten zu können. Hier reagieren kommunale Entscheider ambivalent: Sie erkennen die Bedeutung des Themas und der diesbezüglich notwendigen Weiterbildung, sind jedoch unsicher bei der Finanzierung dieser Maßnahmen.

Die Tatsache, dass sich kommunale Führungskräfte des Rückhalts weiter Teile der Bevölkerung nicht sicher sind, beinhaltet zugleich eine große gestalterische Chance. Wenn Kommunalpolitiker sich in konstruktiver und integrativer Weise dieses Themas annehmen, mit allen relevanten lokalen Akteuren ein gemeinsames Leitbild einer vernetzten Kommune entwickeln und eine möglichst breit getragene Umsetzungsstrategie vorantreiben, dann könnten finanzielle Restriktionen im Bereich der Qualifizierung und der Beratung eine untergeordnete Rolle spielen. Hier bietet sich für innovationsorientierte Verwaltungen die Möglichkeit, neue Formen von Private-Public-Partnership zur Anwendung zu bringen und somit einen Beitrag zur Sicherung der Standortqualität zu leisten.

Mit diesen Anwendungsbereichen könnten die neuen Medien als Katalysator für ein kommunales Management und einer erweiterten Partizipation auf lokaler Ebene dienen. Bei der Bewältigung der genannten Wandlungsprozesse sind die kommunalen Führungskräfte Schlüsselpersonen, um Lernprozesse in der Verwaltung und darüber hinaus im Dialog mit Wirtschaft und den Bürgern zu initiieren und zu stärken. Der Themenkomplex E-Government erschöpft sich somit nicht in verwaltungsorganisatorischen Prozessen oder technischer "Aufrüstung", sondern bedingt letztlich eine neue Verhältnisbestimmung von Politik, Verwaltung und Bürgerschaft.

Weitere Informationen finden Sie unter folgenden Internetadressen:

www.bertelsmann-stiftung.de

www.cities-of-tomorrow.net

Weiterführende Literatur zum Thema:

Bertelsmann Stiftung (Hrsg.): Computer für die Stadt der Zukunft. Der strategische Einsatz von Informationstechnologie in der Kommune. Internationale Recherchen und Fallbeispiele. 1998.

5 Versicherungswirtschaft und Verwaltung

Dr. Bernd Höddinghaus
R+V Versicherung, Wiesbaden

Meine Damen und Herren, ich habe die große Herausforderung, als erster Redner nach der Mittagspause Ihre besondere Aufmerksamkeit zu erzielen. Ich hoffe, daß mir dies gelingt, obwohl das Thema Versicherung im Vordergrund steht und diese Branche in der Öffentlichkeit nicht unbedingt das Image hat, besonders spannend zu sein. Ich bin in der Branche inzwischen 21 Jahre tätig und empfinde, daß es spannende 21 Jahre waren. Warum waren diese spannend? Dazu zwei Highlights:

Wenn ich mich richtig erinnere, hatten wir schon 1985 eine 1:1 Ausstattung - damals noch dumme Terminals - bei der operativen Sachbearbeitung. Die Betriebsorganisatoren machten sich noch wenige Jahre zuvor Gedanken über eine 1:2 Ausstattung. Die Realität überholte diese Überlegungen aber schnell. Letztendlich hatte die Branche 1985 eine 1:1 Ausstattung, und das war vergleichsweise früh.

Der zweite Punkt, den ich an dieser Stelle erwähnen möchte, ist, daß wir schon 1978 in meinem früheren Unternehmen tragbare Terminals für den Außendienst zum Einsatz gebracht haben. Das waren zwar keine PCs, sondern druckende Terminals, die via Akustikkoppler an den Großrechner angebunden wurden und wenig eigene Intelligenz hatten. Mit dieser geringen Rechnerleistung haben wir schon 1978 angefangen, den Außendienst mit Informationen über die Kunden zu versorgen, wie z.B. Vertragsdaten und Schadendaten. Im Vordergrund stand allerdings das Angebotswesen. Es ist schon mehrfach angeklungen: Wie ist die Akzeptanz von technischen Innovationen? Auch vor zwanzig Jahren war diese sehr unterschiedlich: Bis vor etwa zwölf Jahren waren diese druckenden Außendienstterminals im Einsatz, die dann durch PCs ausgetauscht wurden. Die alten Terminals wurden eingesammelt. Mancher Außendienstmitarbeiter hat sein Gerät unter dem Schlafzimmerbett hervorgezogen, noch mit einer Originalbanderole verpackt. Andere aber, haben das Gerät zum Verkauf und zur Beratung intensiv genutzt.

An diesen Vorbemerkung ist zu erkennen, daß der Einsatz der Informationstechnologie bei den Versicherungsunternehmen nicht nur Rationalisierungsaspekte hatte. Diese standen zwar bis vor fünf Jahren entscheidend im Vordergrund, aber die Bedeutung der Informationstechnologie hat sich für die Versicherungsunternehmen inzwischen erheblich geändert. Die IT ist für die Gestaltung der Zukunft für Versicherungsunternehmen entscheidend. Ich nenne nur das Stichwort „Data-Warehouse". Das heißt, die Masse der Daten, die wir über Kunden, Verträge, Schäden usw. haben, sind notwendig, um neue Versicherungstarife in der Zukunft kalkulieren zu können.

Aber es zeichnet sich infolge der Entwicklung der IT eine neue Herausforderung an die Versicherungsunternehmen ab. Bis heute ist charakteristisch, daß sich die IT-Unterstützung im wesentlichen auf das Unternehmen inklusive des Außendienstes begrenzt, egal ob es ein angestellter oder freier, selbständiger Außendienst ist. Wir sind dabei, diese Grenzen zu sprengen. Da sind wir bei dem Thema: Die Anbindung der Versicherungswirtschaft an die Unternehmen der öffentlichen Hand.

Dazu werde ich Ihnen erst schildern, welche Teilnehmer am Markt aus Sicht eines Versicherers eine wichtige Rolle spielen. Dann werde ich etwas über die R+V Versicherungsgruppe sagen; ich möchte Ihnen das Unternehmen, bei dem ich arbeite, kurz vorstellen. In der Folge beschreibe ich Ihnen wesentliche Geschäftsvorfälle, wie wir sie mit Unternehmen oder Einrichtungen der öffentlichen Verwaltung haben. Abschließend werde ich zwei konkrete Geschäftsvorfälle herausgreifen:

- Ein Beispiel aus dem Bereich der Kraftfahrtversicherung. Die Herausforderung ist hier das große Mengenvolumen.

- Und ein Beispiel aus der privaten Krankenversicherung. Auch hier bestehen gemeinsame Geschäftsprozesse mit Einrichtungen der öffentlichen Verwaltung.

Zum Abschluß möchte ich noch Anmerkungen anfügen und Anregungen geben, wo ich in der näheren Zukunft Schwerpunkte zur gemeinsamen Arbeit sehe.

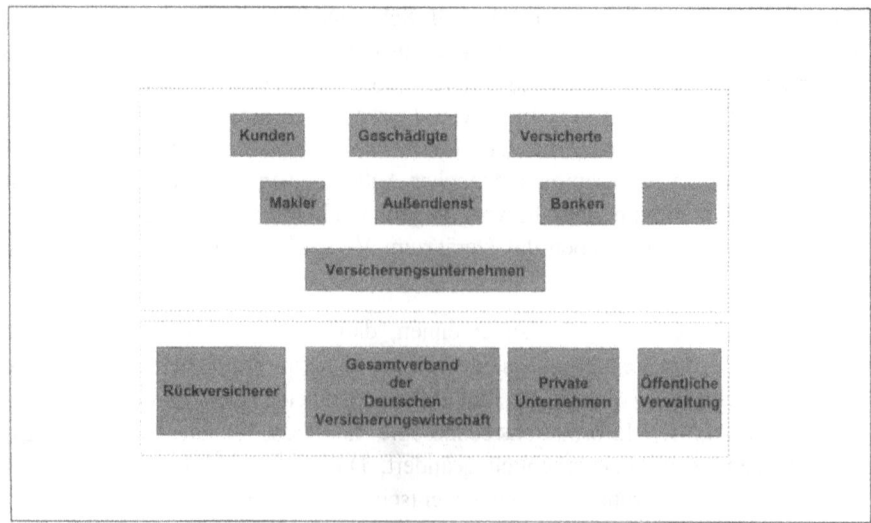

Bild 1: Teilnehmer am Markt

5 Versicherungswirtschaft und Verwaltung

Nun zu den Teilnehmern am Markt. Sie sehen im Mittelpunkt in der dritten Zeile das Versicherungsunternehmen. Oben sehen Sie die sogenannte Vertriebsschiene mit den Maklern und dem Außendienst eines Versicherungsunternehmens, ob ange-stellt oder freiberuflich tätig. Für uns als Raiffeisen- und Volksbanken-versicherung, das bedeutet ausgeschrieben R+V Versicherung, ist natürlich der Vertriebsweg über die Banken entscheidend. Last but not least gibt es in der ersten Zeile den Kunden, die Geschädigten und versicherte Personen.

Im unteren Teil der Grafik tauchen u.a. die Rückversicherer auf. Wozu brauchen die Erstversicherer, die am Markt agieren, überhaupt einen Rückversicherer? Letztendlich ist der Rückversicherer der Versicherer der Erstversicherer. D.h. Risiken, die der am Endkundenmarkt tätige Versicherer alleine nicht tragen kann, werden weitergereicht. Der Rückversicherer bündelt wieder Großrisiken.

Der Gesamtverband der Deutschen Versicherungswirtschaft ist ebenfalls im unteren Teil dieser Grafik zu finden. Darüber hinaus sind im unteren Teil der Grafik Unternehmen zu finden, deren Leistung wir im Rahmen unserer Leistungskette benötigen. Dies sind private Unternehmen und Einrichtungen der öffentlichen Hand.

Wir unterstützen zur Zeit aus IT-Sicht den Innendienst mit guten Anwendungen. Das Rationalisierungspotential ist hier im wesentlichen ausgeschöpft. Wir haben bis Anfang der 90er Jahre die Einbindung des Vertriebes vorgenommen. Die im unteren Teil der Grafik genannten Einrichtungen sind aber nur zum Teil elektronisch in unsere Prozesse eingebunden. Zur Zeit gehen die Anstrengungen und Überlegungen dahin, Versicherte, Geschädigte und private bzw. öffentliche Unternehmen elektronisch in unsere Geschäftsprozesse einzubinden.

Welche Art privater Unternehmen sind beispielhaft in die Geschäftsprozesse von Versicherern eingebunden? Jeder von uns hat mit Sicherheit schon einmal einen Schaden mit seinem Auto gehabt. Dann wissen Sie, welche Beteiligte in die Schadenregulierung einbezogen sind: Abschleppunternehmen, Sachverständige, bei Personenschäden auch Ärzte, Werkstätten und Rechtsanwälte.

Ähnlich ist es auch bei Sachversicherungen, wie z.B. bei der Hausratversicherung oder Wohngebäudeversicherung. Hier sind wir bestrebt, die Regulierung nicht nur via Geld vorzunehmen, sondern sofort zu reagieren und Handwerker direkt zu dem Geschädigten zu schicken. Der Grund ist, daß in der Regel der Aufwand höher wird, je länger ein Schaden nicht beseitigt ist. Als Beispiel möchte ich Leitungswasserschäden nennen, deren finanzielle Auswirkung mit der Zeit zunimmt, in der die betroffene Leitung nicht repariert wird. Daher sind wir bestrebt, die Schadenursache möglichst schnell zu beseitigen. Die R+V Versicherung hat eigene Tochtergesellschaften, die eine Regulierung schnell organisieren. Es ist selbstredend, daß die Nutzung elektronischer Kommunikationswege einen wichtigen Beitrag zur Schadenminderung leisten kann.

In die Geschäftsprozesse von Versicherern sind nicht nur privatrechtlich organisierte Unternehmen eingebunden. Die Unternehmen der öffentlichen Hand sind ebenfalls in unsere Prozeßketten eingebunden. Nun zu den einzelnen Stichworten:

- Einwohnermeldeämter: Es gibt immer wieder Kunden, die uns nicht mitteilen, daß sie umgezogen sind. Wir stellen dies fest, wenn wir einen Brief verschicken und dieser als unzustellbar zurückkommt. Die normale Reaktion von allen Versicherern ist, daß sie bei dem Einwohnermeldeamt des letzten Wohnorts anfragen, wohin der Kunde umgezogen ist.
- Gerichte: Amtsgerichte stehen an dieser Stelle für Anträge auf Mahnbescheide.
- Mit den Zulassungsstellen für Kraftfahrzeuge haben wir intensive Kontakte, wie auch mit dem Kraftfahrtbundesamt.
- Das Bundesaufsichtsamt für Versicherungswesen (BAV) als unsere Aufsichtsbehörde übermittelt an die Versicherer regelmäßig Informationen und erhält regelmäßig Informationen von den Versicherern.
- Sozialversicherungsträger sind insbesondere in Schadenfälle mit Personenschäden involviert.
- Krankenhäuser, privat oder öffentlich, erbringen Leistungen, die im Rahmen des angebotenen Versicherungsschutzes vom Versicherer bezahlt werden.
- Gerichte werden durch die Versicherer im Rahmen von Prozessen in Anspruch genommen.
- Polizeidienststellen führen Akten, auf die Versicherer im Rahmen der Schadenregulierung zurückgreifen, dies speziell bei Autounfällen.
- Grundbuchämter nehmen die Eintragungen bei Finanzierungen vor, denn die Versicherungswirtschaft ist im privaten Wohnungsbau im Rahmen von Finanzierungen sehr engagiert.
- An Steuerbehörden führen wir im Rahmen der Lebensversicherung und Versicherungssteuer Gelder ab.
- Ein Einblick in das Handelsregister ist bei Eigentümerwechseln notwendig, wenn eine gewerbliche Sachversicherung besteht.

Diese Aufzählung hat keinen Anspruch auf Vollständigkeit. Der Umfang der Aufzählung legt aber nahe, daß die Unternehmen der öffentlichen Hand im Rahmen der Geschäftsprozesse der Versicherer an vielen Stellen eingebunden sind.

5 Versicherungswirtschaft und Verwaltung 35

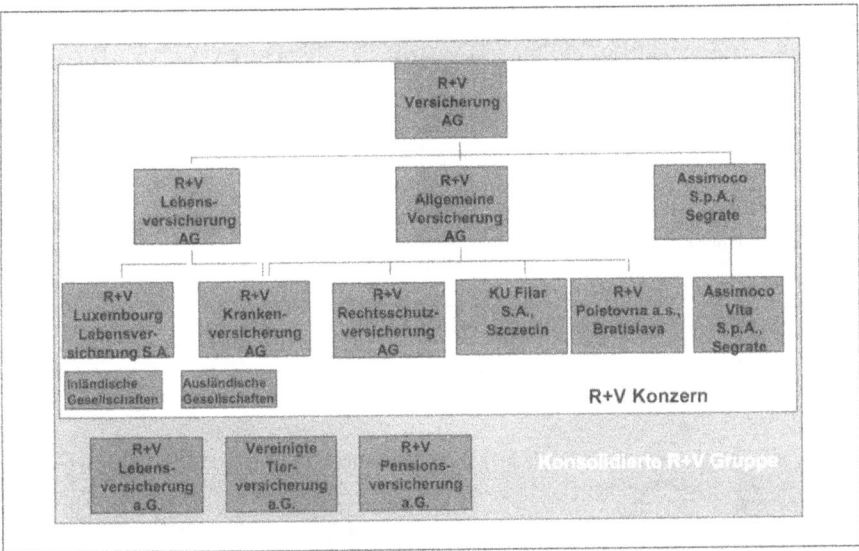

Bild 2: Struktur der R+V Versicherungsgruppe

Nun zur R+V Versicherungsgruppe. Diese Grafik sieht sehr komplex aus, läßt sich aber auf drei Elemente reduzieren. Es gibt einen Unterschied zwischen Konzern und Gruppe. Der Hintergrund ist, daß zur Gruppe auch Versicherungsvereine auf Gegenseitigkeit (a.G.) gehören, diese aber nicht im Rahmen der Konzernbilanz konsolidiert werden dürfen. Diese Gesellschaften sind wirklich Vereine, die letztendlich den Kunden gehören. Diese Versicherungsvereine auf Gegenseitigkeit sind durch Organisationsabkommen mit dem Konzern verbunden. Die im Inland tätigen fünf Konzerngesellschaften sind ebenso wie die vier im Ausland tätigen Gesellschaften erkennbar.

Produkte:
- Lebensversicherung (Kapital, Rente, Risiko, Restkredit, Fondsgeb.)
- Unfallversicherung
- Krankenversicherung
- Kraftfahrtversicherung
- Haftpflichtversicherung
- Sachversicherung (Feuer, Einbruchdiebstahl, Hausrat, Gebäude, Transport, Technische Versicherung)
- Kreditversicherung
- Rechtsschutzversicherung
- Pensionsversicherung
- Tierversicherung

Vertriebswege:
- Banken
- Makler
- eigener Außendienst

Bild 3: Struktur der R+V Versicherungsgruppe

In dieser Grafik sind die von der R+V Gruppe in Deutschland angebotenen Versicherungsprodukte aufgezählt. Sie sehen, die Vielfalt ist sehr groß. Die letzte Zeile bei den Produkten ist vielleicht ganz interessant. Was ist eine Tierversicherung? Wir versichern z.B. Reitpferde gegen Ableben, Unfälle usw. Es wird sogar eine Tier-Krankenversicherung angeboten.

Wesentlich sind die Vertriebswege für einen Versicherer, für die R+V Gruppe in erster Linie die Banken und der eigene Außendienst.

	1999	Veränderung zu 1998
Prämieneinnahmen:	11.833 Mio. DM	20,5%
Kapitalanlagen:	54.694 Mio. DM	13,2%
Laufende Erträge aus Kapitalanlagen:	3.598 Mio. DM	7,8%
Vertragsstückzahlen:	14,1 Mio.	5,5%
Versicherungsfälle:	7.072 Mio. DM	17,9%
Mitarbeiter:	12.203 MA	1,7%

Bild 4: R+V Versicherungsgruppe

Wir hatten im Jahr 1999 eine Beitragseinnahme von 12 Milliarden DM. Dieser Wert ist beim Vergleich von Versicherern eine wichtige Kenngröße. Die Kapitalanlagen betrugen 55 Milliarden DM, die im wesentlichen aber unseren Kunden der Lebensversicherung gehören. Wir verwalten 14 Millionen Verträge. Aus dieser großen Vertragszahl und den sich daraus ergebenden Mengen an Geschäftsvorfällen resultieren die Anforderungen an die IT und die Kommunikation. Wir haben letztes Jahr 7 Milliarden DM für Schäden ausgegeben und beschäftigen 12.000 Mitarbeiter.

5 Versicherungswirtschaft und Verwaltung

Geschäftsvorfall	Art der Abwicklung
Einwohnermeldeamtanfragen	papiergestützt
Anforderung - Gerichtsakten	papiergestützt
- polizeiliche Akten	papiergestützt
gerichtliches Mahnverfahren	überwiegend elektronisch
Statistiken für BAV	überwiegend elektronisch
BAV-Rundschreiben	papiergestützt
Akteneinsicht - Gerichte	papiergestützt
- Polizeidienststellen	papiergestützt
Einsicht Grundbücher	papiergestützt
Abführung Kapitalertragssteuer	papiergestützt
Abführung Versicherungssteuer	papiergestützt

Bild 5: Geschäftsvorfälle mit der öffentlichen Verwaltung

Im folgenden werde ich einige Geschäftsvorfälle mit den Einrichtungen der öffentlichen Hand genauer beschreiben:

- Für die Gebühren für Einwohnermeldeamtanfragen geben wir pro Jahr eine zweistellige Millionenzahl aus. Das Wesentliche aber ist, daß dieses Verfahren heute papiergestützt ist. Damit haben wir Medienbrüche und erhebliche Aufwände für organisatorische Hilfsmittel, wie z.B. Wiedervorlagen. Das ist ein Geschäftsfeld, das die öffentliche Hand verlieren könnte, wenn die Verfahren unterschiedlich und papiergestützt bleiben. Wir besorgen uns zur Zeit von der gelben Post Datenträger, auf denen die Umzüge von Bürgern der Bundesrepublik verzeichnet sind und arbeiten diese Informationen regelmäßig in unsere Adreßbestände ein, um die Anzahl dieser Anfragen zu reduzieren. Der Hintergrund für dieses Verfahren ist, Kosten einzusparen. Dabei stehen nicht die Ausgaben für Gebühren im Vordergrund, sondern das Einsparen manueller Tätigkeiten.

- Die Anforderungen von Gerichtsakten ist heute rein papiergestützt und bedeutet einen entsprechenden Verwaltungsaufwand.

- Das gerichtliche Mahnverfahren – insbesondere Anträge auf Mahnbescheide und die Folgestufen – wird heute mit den Amtsgerichten überwiegend für uns voll zufriedenstellend über ein Datenträgeraustauschverfahren abgewickelt.

- Die regelmäßigen Statistiken für das Bundesaufsichtsamt für das Versicherungswesen (BAV) werden überwiegend über Datenträgeraustausch abgeliefert. Allerdings sind die meisten anderen Verfahren noch rein papiergestützt.

- Die Akteneinsicht bei Gerichten und Polizeidienststellen ist heute noch ausschließlich papiergestützt.

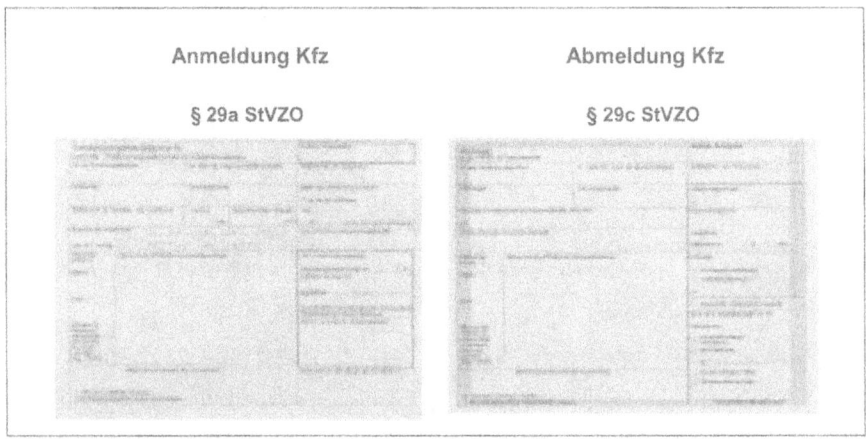

Bild 6: Geschäftsvorfälle in der Kfz-Versicherung

In der Folge wird ein Geschäftsvorfall detailliert geschildert. Die beiden Formulare stammen aus Geschäftsvorfällen der Kraftfahrzeugversicherung. Das linke Formular ist in der Öffentlichkeit bekannt, das rechte vermutlich weniger.

Jeder von uns hat mit Sicherheit in der Vergangenheit auf einer Zulassungsstelle ein Auto angemeldet. Die Zulassung erfolgt nur unter Vorlage der sogenannten Doppelkarte einer Versicherung, intern Versicherungsbestätigungskarte genannt. Diese basiert auf Paragraph 29a der Straßenverkehrszulassungsordnung. Auf der Karte sind zwei wesentliche Informationen enthalten: Das ist der zweite Kasten rechts oben mit der Schlüsselnummer des Versicherungsunternehmens. Dann möchte ich Ihre Aufmerksamkeit zusätzlich auf diese 9 Schlüsselkästen in der Mitte lenken. Vor ca. 10 Jahren hat es um die Erfassung und Übermittlung dieser Informationen durch die einzelnen Zulassungsstellen erhebliche Diskussionen gegeben. Dies sind nämlich spezifische Informationen für die einzelnen Versicherungsunternehmen. Wenn man z.B. sofort Versicherungsschutz durch eine Kaskoversicherung benötigt, wird dies durch Ankreuzen dieser Felder gewährleistet. Die Diskussion ging um die Sinnhaftigkeit dieser Attribute und darum, wer die Erfassung dieser Felder bezahlt. Einzelne Zulassungsstellen übermittelten diese Informationen nicht an den Versicherer. Die Probleme im Schadenfall sind für uns alle vorstellbar.

Das rechte Formular ist unbekannter. Das ist die sog. 29c-Karte und ist das Pendant zur Anmeldung, d. h. die Abmeldebescheinigung. Im Original ist das Formular kaum noch verfügbar, da die Information elektronisch übermittelt oder das Formular via Laserdrucker erstellt wird. Dieses Formular wird – elektronisch oder

5 Versicherungswirtschaft und Verwaltung

via Laserdrucker – z.B. dann erstellt, wenn Sie ein Auto bei der Zulassungsstelle abmelden und in der Folge an den Versicherer übermittelt.

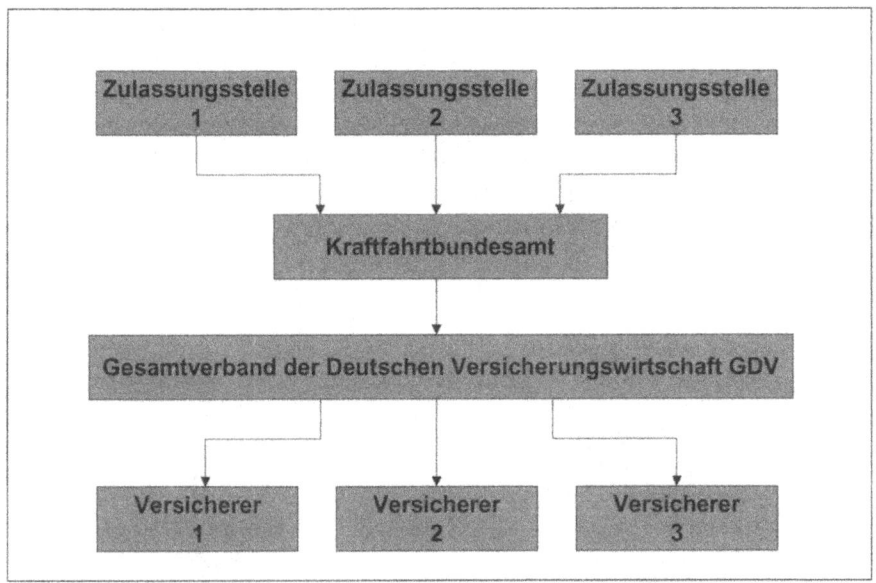

Bild 7: Geschäftsvorfälle in der Kfz-Versicherung

Wie ist das heutige Verfahren gestaltet? Um es vorweg zu sagen, das neue Verfahren hat sich gut bewährt. Wenn Sie ein Auto bei einer Zulassungsstelle anmelden, dann werden die Daten dort erfaßt, gehen via Band oder Leitung asynchron über zwei Clearingstellen zu den einzelnen Versicherern. Die beiden Clearingstellen sind einerseits das Kraftfahrtbundesamt in Flensburg und, in dieser Funktion weniger bekannt, der Gesamtverband der Deutschen Versicherungswirtschaft. Dieser übernimmt die Clearingfunktion gegenüber den Versicherungsunternehmen. Die Versicherer verarbeiten diese Daten unterschiedlich, manche Verarbeitung ist hochmaschinell, manche Versicherer drucken die Daten aus und bearbeiten diese noch manuell.

Allerdings ist dieses Verfahren nur von den Zulassungsstellen in Richtung der Versicherer implementiert. Der umgekehrte Weg existiert unverständlicherweise zur Zeit noch nicht.

Welche Vorteile hat dieses Verfahren? Die Schnelligkeit ist ein Punkt, der andere ist die Ersparnis von Kosten. Es fallen weniger Kosten für Papier, Porto und manuelle Aufwände an. Kleine Zulassungsstellen haben z.B. früher pro Versicherer die Unterlagen eine Woche gesammelt und dann erst verschickt.

Das Datenvolumen, das so bewegt wird, ist erheblich. Die R+V Versicherung hat allein in 1999 - bei einem Bestand von ca. 1,8 Mio. Kfz-Versicherungen - fast 1,4

Millionen derartige Informationen bekommen. Das entspricht ca. 0,7 Mio. Anmeldungen bzw. Ummeldungen, denn zu jeder Anmeldung gehört in der Regel eine Abmeldung und umgekehrt. Daraus kann auch abgeleitet werden, daß sich bei einem Versicherer der Kfz-Vertragsbestand alle 2,5 Jahre komplett umwälzt. Damit wird deutlich, daß ein PKW alle 2,5 Jahre seinen Halter wechselt. Der Nachteil ist, daß der „Rückweg" von den Versicherern zu den Zulassungsstellen nicht existiert, wobei dieses Mengenvolumen von geringerer Bedeutung ist. Wesentlich ist auch, daß heute an diesem Clearing-Verfahren nicht alle Zulassungsstellen teilnehmen. Hier zeigt sich die Unzulänglichkeit dezentraler Zuständigkeiten und des Föderalismus.

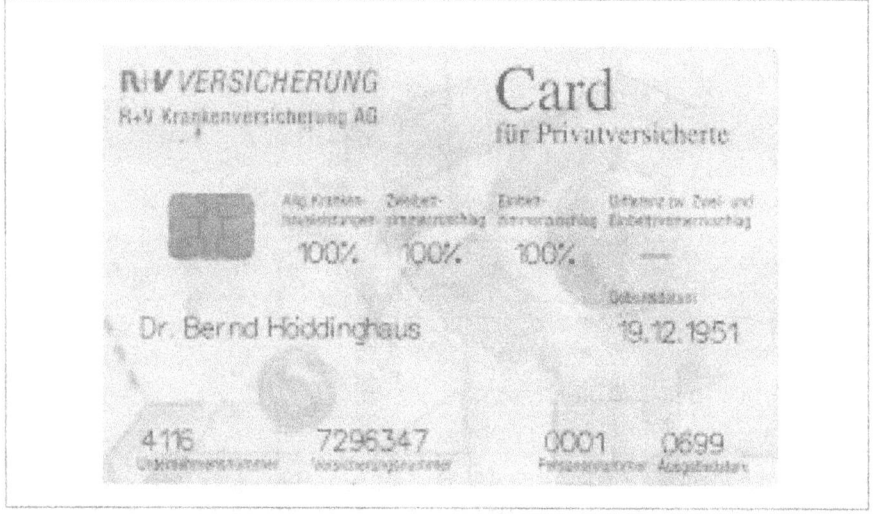

Bild 8: Geschäftsvorfälle in der privaten Krankenversicherung

Das andere konkrete Beispiel stammt aus der privaten Krankenversicherung. Auf der Grafik ist eine Krankenversicherungskarte abgebildet, die auch aus der gesetzlichen Krankenversicherung bekannt ist. Eine derartige Karte, ob privat oder in der gesetzlichen Krankenversicherung, hat fast jeder deutsche Bürger. Auf der Karte befindet sich ein Chip. Auf diesem Chip sind aber sehr wenige Daten aufgebracht: der Name und die Adresse des Versicherungsnehmers, die Nummer des Versicherungsunternehmens und die Versicherungsnummer. Aber es sind keine tariflichen Angaben, wie z.B. 100%, Einbettzimmer etc. aufgebracht. Das Problem ist die Aktualität dieser Karte. Die Nutzungsmöglichkeit ist daher sehr eingeschränkt und nur in Verbindung mit anderen Verfahren sinnvoll.

5 Versicherungswirtschaft und Verwaltung   41

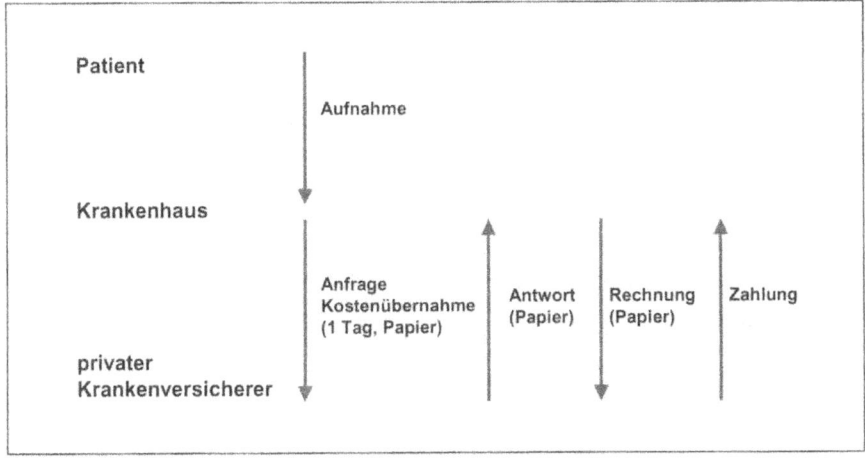

Bild 9: Geschäftsvorfälle in der privaten Krankenversicherung

Zuerst wird der Geschäftsvorfall beschrieben, bei dem ein vollversicherter Patient einer privaten Krankenversicherung sich in ein Krankenhaus begeben muß. Der Patient soll diese Karte im Krankenhaus vorlegen. In der Folge wird ein Fax an den Versicherer geschickt mit der Anfrage, ob der Patient versichert ist und die Versicherung die Kosten übernimmt. Die Antwort erfolgt via Telefon, Fax oder E-mail. Der nächste Schritt ist, daß vom Krankenhaus eine Rechnung an den privaten Krankenversicherer geschickt wird. Diese ist in der Regel sehr umfangreich unter Angabe der ICD-Codes. Das sind Codes, die die vorgenommenen Behandlungen beschreiben. Der private Krankenversicherer zahlt in der Folge direkt an das Krankenhaus.

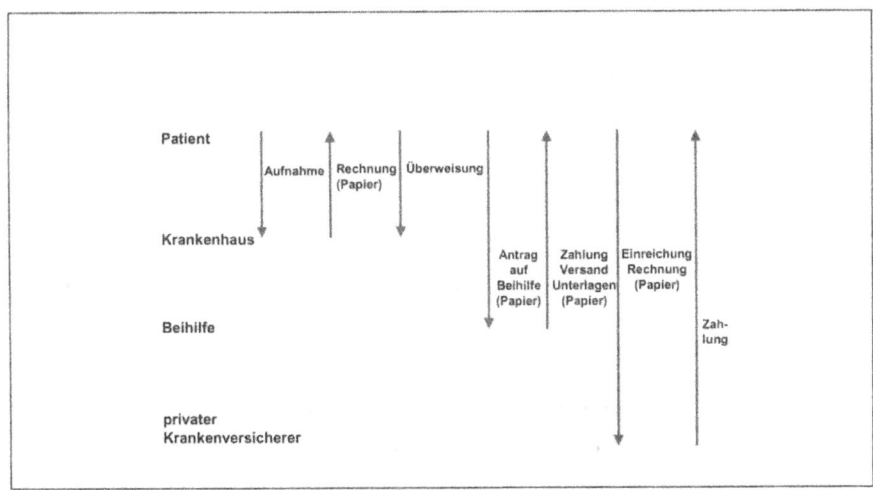

Bild 10: Geschäftsvorfälle in der privaten Krankenversicherung

Noch interessanter wird es, wenn man den zweiten Geschäftsvorfall in der privaten Krankenversicherung betrachtet. Hier ist die Ausgangsbasis ein Beamter, der ein Krankenhaus aufsucht. Dabei kommen in der Regel eine private Krankenversicherung und die Beihilfe zum Tragen. Der Grafik ist das Aufnahmeverfahren des Krankenhauses zu entnehmen, eine Rechnung geht an den Beamten, der Betrag wird überwiesen. Der Antrag auf Beihilfe wird vom Beamten mit den Originalbelegen des Krankenhauses an die Beihilfestelle geschickt. Die Beihilfestelle erstellt eine Abrechnung, die mit den Originalbelegen wieder an den Beamten verschickt wird. Diese Belege und das Schreiben werden manuell zusammengeführt. Der Versicherungsnehmer reicht anschließend dieselben Belege wieder mit einem neuen Anschreiben an den privaten Krankenversicherer ein. Der erfasst diese Daten wieder - das dritte Mal. Der Versicherer zahlt an den Beamten und verschickt an diesen wiederum einen Abrechnungsbrief. Es ist auffällig, daß die Daten dreimal erfaßt werden und fünfmal ein Postversand bei diesem Geschäftsvorfall stattfindet.

Dieses rein papiergestützte Verfahren in der privaten Krankenversicherung wurde als Kontrast dem Zulassungsverfahren für Autos gegenübergestellt. Der Soll-Zustand ist natürlich auch ein schnellerer Datenaustausch. Dabei ist nicht von E-Commerce die Rede. Eine konventionelle Abwicklung über Datenträgeraustausch ist vorstellbar und ausreichend.

Ein Datenträgeraustausch, die Datensätze, Strukturen und Inhalte sind seit ca. vier Jahren definiert. Diese sind aber nicht von allen Beteiligten verabschiedet. Insofern kann das Verfahren heute nicht praktiziert werden. Die Deutsche Krankenhausgesellschaft und die private Versicherungswirtschaft haben dem Verfahren zugestimmt. Vorreiter müssen aber auch die gesetzlichen Krankenkassen, die AOKs und die Ersatzkassen, sein. Offensichtlich haben diese dem Verfahren noch nicht zugestimmt.

```
Nutzen für private Krankenversicherer

    - 5% aller Leistungen sind Abrechnungen von Krankenhäusern

    - Vermeidung von Doppelerfassung / Bearbeitungszeiten

    - maschinelle Beantwortung von Kostenübernahmebestätigungen


Nutzen für öffentliche Verwaltung

    - Vermeidung von Doppelerfassung bei Beihilfe

    - Vermeidung von Medienbrücken

    - sichere/schnellere Kostenübernahmebestätigung

    - Ersparnisse bei Ausdrucken und Porto
```

Bild 11: Geschäftsvorfälle in der privaten Krankenversicherung

5 Versicherungswirtschaft und Verwaltung

Der Nutzen bestünde natürlich für viele Beteiligte. Fünf Prozent aller Leistungen des privaten Krankenversicherers sind Krankenhausleistungen. Mehrfacherfassungen würden für viele Beteiligte entfallen. Auch die öffentliche Verwaltung hätte einen Nutzen, insbesondere bei den Beihilfestellen.

Dies ist ein Beispiel für Prozesse, bei denen eigentlich die fachlichen Grundlagen für eine weitergehende technische Unterstützung gelegt sind, diese aber nicht genutzt werden.

Im Vordergrund bisher

- Massendaten

- Datenaustausch via Datenträger oder File-Transfer und das auch nur bei wenigen Prozessen!

In Zukunft vermehrt Unterstützung durch

- Einblick in Unterlagen (z.B. Akten)

- Einblick in vorhandenes Datenmaterial (z.B. Adressen)

via Internet mit entsprechender

- Absicherung

- Bezahlung

Bild 12: Ausblicke

E-Commerce ist ein Thema in der Versicherungswirtschaft. Aber diese ist heute entscheidend daran interessiert, die Verarbeitung von Massendaten in den Griff zu bekommen. Einzelfälle, die bearbeitet werden, wie z.B. der Einblick in Gerichtsakten, in Dateien der Einwohnermeldeämter, sind ebenfalls wichtig. Die Hauptaufgabe besteht aber darin, die Massendaten ohne Medienbrüche zu übermitteln.

Wichtig ist trotz aller Regionalität und trotz aller dezentralisierten Zuständigkeiten eine Einheitlichkeit der Verfahren. Es ist nicht sinnvoll, wie vorhin genannt, daß z.B. bei 450 Zulassungsstellen ca. 200 verschiedene Verfahren praktiziert werden. Es ist bekannt, daß diese Zulassungsstellen letztendlich nicht in der Verantwortung der Länder bzw. des Bundes sind. Es ist aber in der Zukunft für den Standort Deutschland erforderlich, daß einheitliche Verfahren angewandt und diese schnell umgesetzt werden.

6 Was erwarten die Bürger von der Finanzverwaltung?

Hans-Joachim Vanscheidt
Bund der Steuerzahler

Die Finanzverwaltung ist in den letzten Wochen und Monaten im Zusammenhang mit den Neuen Medien wiederholt in die Schlagzeilen geraten, und zwar sowohl positiv als auch negativ. Positiv ist zu vermelden, dass mit der bundesweiten Anwendung des so genannten ELSTER-Verfahrens der Einstieg in die elektronische Steuererklärung geschafft wurde. Dies ist geradezu sensationell, wenn man sich vor Augen hält, wie lange es gedauert hat, bis die Steuerverwaltung den Computer-freundlichen schwarz-weiß-Druck der Steuerformulare zugelassen hat.

Die Steuerverwaltung hat aber auch für negative Schlagzeilen gesorgt. Dies betrifft zum einen den Versuch, den Einsatz des Internets am Arbeitsplatz mit immensem bürokratischen Kontrollaufwand im Hinblick auf einen etwaigen geldwerten Vorteil beim Arbeitnehmer zu belasten. Es wird in diesem Zusammenhang nicht ganz zu Unrecht von einer (verkappten) „Surfsteuer" gesprochen. Der hierzu vorliegende Erlass sollte umgehend zurückgezogen werden. Für viel Aufregung sorgte auch die von der Finanzverwaltung initiierte Ausweitung des Zugriffs der Betriebsprüfung auf die EDV-Systeme von Unternehmen. Auch hier sind Korrekturen dringend geboten. Andernfalls droht eine staatliche Schnüffelei, wie wir sie noch nicht erlebt haben.

Ich möchte mich nun dem etwas erfreulicheren Bereich zuwenden, und zwar dem Einsatz der Neuen Medien in der Finanzverwaltung.

Der Einsatz der Neuen Medien in der Finanzverwaltung

Nachdem sich die Finanzverwaltung über Jahre hinweg gegen den Einsatz neuer Informations- und Kommunikationstechniken zur Verbesserung des Besteuerungsverfahrens zum Teil vehement gesperrt hat, ist nunmehr ein erfreulicher Umschwung festzustellen. Die Umstellung in den Finanzämtern weg von einfachen Datensichtgeräten hin zu modernen Arbeitsplatzcomputern mit Anbindungen ans Netz ist in vollem Gange. Und mit dem ELSTER-Verfahren wurde erstmals die

Möglichkeit geschaffen, dem Finanzamt die Einkommensteuererklärung elektronisch zu übermitteln.

Die Erwartungen der Steuerzahler an Verbesserungen durch den Einsatz der Neuen Medien in der Steuerverwaltung sind hoch gesteckt. Das betrifft die Verkürzung der Bearbeitungsdauer von Steuerfällen, den Abbau der hohen Fehlerquote in Steuerbescheiden, aber auch Erleichterungen bei der Steuererklärung insgesamt. Durch die Nutzung moderner Informations- und Kommunikationstechniken kann vor allem auch die viel beschworene Bürgernähe der Finanzverwaltung verbessert werden.

Der Einsatz der Neuen Medien birgt allerdings auch Risiken und Gefahren in sich. So ist es unabdingbar, dass das Steuergeheimnis und der Datenschutz gewahrt bleiben. Die Neuen Medien dürfen auch nicht dazu verwandt werden, die Steuerzahler auszuschnüffeln. Auch muss die Gleichbehandlung der Steuerzahler sichergestellt sein.

Umfrage des Bundes der Steuerzahler

Der Bund der Steuerzahler (BdSt) hat zum Einsatz der Neuen Medien in der Finanzverwaltung eine *Umfrage* unter den Finanzministerien der Länder durchgeführt (siehe hierzu die Anlage). Diese Umfrage führte zu folgenden Ergebnissen:

- PC-Ausstattung
  Hinsichtlich der *Ausstattung mit Computern* sieht es so aus, dass die Finanzverwaltung im gesamten Bundesgebiet dabei ist, die Datensichtgeräte durch moderne Arbeitsplatzcomputer zu ersetzen. In Bayern z.B. soll diese Umstellung Anfang 2001 abgeschlossen sein. In einigen Bundesländern ist dieser Umstieg bereits weitestgehend vollzogen, wie etwa in Hessen, Hamburg, Baden-Württemberg und dem Saarland. Bremen wird noch in diesem Jahr folgen. Der *Außendienst,* das ist vor allem die Betriebsprüfung, ist weitgehend mit Notebooks ausgestattet.

- Anbindungen ans Netz
  Bei der *Anbindung der Finanzämter ans Netz* zeigt sich folgendes Bild: Die Finanzämter sind meistens an behördeninterne Datennetze angeschlossen. So ist z.B. die Steuerverwaltung in Bremen an das Bremische Verwaltungsnetz (BVN) angebunden.

Der Zugang zum *Internet* ist bislang in den Finanzämtern noch sehr eingeschränkt. So zeigt die Umfrage, dass nur wenige ausgewählte Stellen in den Finanzämtern Zugang zum Internet haben. Hierzu zählen meistens auch die Steuerfahndung und die Betriebsprüfung. Die Länder sind bemüht, dass mindestens ein Internet-Anschluss pro Finanzamt vorhanden ist.

Mit den *E-Mail-Verbindungen* sieht es entsprechend dürftig aus. Die technischen Grundlagen für den E-Mail-Verkehr sind zwar in den meisten Bundesländern geschaffen. Er wird aber aus rechtlichen Gründen und aus Sicherheitsgründen in den Finanzämtern nicht praktiziert. In einigen Bundesländern sind die Finanzämter über E-Mail erreichbar. So z.B. in Bayern oder in Hamburg, wo die Abwicklung über die Poststellen der Finanzämter erfolgt.

In der Umfrage haben wir uns danach erkundigt, wie die Neuen Medien bei Steuererklärungen, Steuerbescheiden, Rechtsbehelfen sowie beim allgemeinen Schriftverkehr zur Anwendung kommen.

- Steuererklärungen
  Für die elektronische Übermittlung von Steuererklärungen hat die Finanzverwaltung das so genannte ELSTER-Verfahren entwickelt (siehe unten). Inzwischen ist es in allen Bundesländern möglich, dem Finanzamt Einkommensteuererklärungen via Internet zu übermitteln, wobei allerdings noch zusätzlich eine gedruckte komprimierte Steuererklärung eingereicht werden muss. In einigen Bundesländern kommt das ELSTER-Verfahren auch bei den Lohnsteueranmeldungen und bei den Umsatzsteuervoranmeldungen zum Einsatz. Die Einbeziehung weiterer Steuerarten sowie die Rückübertragung von Steuerbescheiddaten an die ELSTER-Anwender ist in Vorbereitung. Über ein spezielles Verfahren mit der Fa. DATEV e.G. ist es Steuerberatern bereits sein längerem möglich, Einkommensteuer-, Umsatzsteuer- und Gewerbesteuererklärungsdaten digital zu übersenden. Die Bearbeitung der Einkommensteuererklärungen erfolgt in den Finanzämtern in der Regel im sogenannten Dialog-Verfahren. Bei diesem Verfahren wird der Steuerfall vom Sachbearbeiter ganzheitlich am PC bearbeitet.

- Steuerbescheide
  Bis Ende 2001 sollen auch Steuerbescheiddaten elektronisch übermittelt werden. Bislang kommt eine elektronische Übermittlung von Steuerbescheiddaten nur im Rahmen des Datenübermittlungsverfahrens mit der DATEV e.G. in Betracht.

- Rechtsbehelfe
  Rechtsbehelfe können dem Finanzamt per Fax übermittelt werden. Eine E-Mail-Übermittlung ist nur in wenigen Bundesländern (z.B. in Bayern und in Schleswig-Holstein) möglich.

- Elektronischer Schriftwechsel
  Vom E-Mail-Verkehr wird in den meisten Finanzämtern aus rechtlichen Gründen und aus Sicherheitsgründen kein Gebrauch gemacht.

In einigen Bundesländern können die Steuerbürger sich zwar per E-Mail an das Finanzamt wenden; die Antwort des Finanzamts erfolgt aber auf dem „normalen" Postwege.

Zusammenfassend ist festzuhalten: Die Umstellung der Finanzämter auf moderne Arbeitsplatzcomputer und die Anbindung ans Netz ist in vollem Gange. Mit dem ELSTER-Verfahren ist die Grundlage für die elektronische Übermittlung von Steuererklärungen geschaffen. Die Nutzerzahlen sind allerdings noch verhältnismäßig gering. Das Internet und der E-Mail-Verkehr kommen in den Finanzämtern bislang kaum zur Anwendung.

Die elektronische Steuererklärung (ELSTER-Verfahren)

Seit Anfang 1999 gibt es in Deutschland die Möglichkeit, Steuererklärungen elektronisch abzugeben. Steuerzahler, die über einen Internetanschluss und über eine entsprechende Software verfügen, können dem Finanzamt ihre Einkommensteuererklärung elektronisch übermitteln. Die Finanzverwaltung verspricht sich vom ELSTER-Verfahren, dass die Abgabe und Bearbeitung von Steuererklärungen weniger verwaltungsaufwendig und bürgerfreundlicher werden. Ob das schon bald der Fall sein wird, erscheint allerdings fraglich.

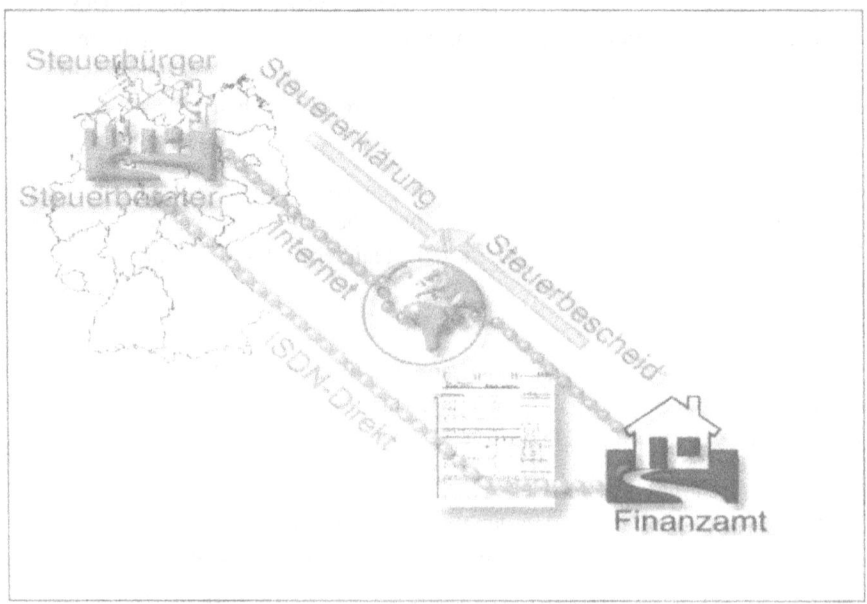

Abb. 1: ELSTER-Verfahren (Quelle: http://www.elster.de)

6 Was erwarten die Bürger von der Finanzverwaltung?

Software

Im Rahmen des ELSTER-Projekts wird eine spezielle Software zur Übermittlung von Steuerdaten zur Verfügung gestellt. Sie setzt auf drei Ebenen an und umfasst:

- die Steuersoftware beim Bürger bzw. Steuerberater/Lohnsteuerhilfeverein
- die Empfangssoftware auf den Kommunikationsrechnern der Verwaltung
- die Umsetzungssoftware für Großrechnerprogramme der einzelnen Bundesländer.

Der Datenfluss sieht dabei so aus, dass der Bürger die Steuerdaten von seinem PC aus über das Internet an einen zentralen Server (Clearingstelle) übermittelt. Von dort aus werden die Daten per Datenfernübertragung (DFÜ) an die zuständigen Rechenzentren der Finanzverwaltung weitergeleitet und in die jeweiligen Großrechnersysteme eingespeist. Die Daten werden dann an die zuständigen Finanzämter übermittelt.

Funktionen

Die für das ELSTER-Verfahren notwendige Software, das so genannte TeleModul, wird interessierten Softwareanbietern kostenlos zur Verfügung gestellt. Es spielt dabei keine Rolle, ob die Anbieter Software für den Steuerberater/Lohnsteuerhilfeverein oder den Heimanwender erstellen. Die gängigen PC-Steuerprogramme sind heute alle mit dem ELSTER-TeleModul ausgestattet.

Das TeleModul hat drei Funktionen:

- eine Checkfunktion,
- eine Druckfunktion und
- eine Sendefunktion.

Im Rahmen der *Checkfunktion* erfolgt beim Steuerzahler oder beim Berater eine Plausibilitätsprüfung auf die formale Richtigkeit der Steuerdaten.

De *Druckfunktion* nimmt den Ausdruck der übermittelten Daten vor. Dies ist erforderlich, weil derzeit noch zusätzlich zu den elektronisch übermittelten Daten eine komprimierte Steuererklärung beim Finanzamt eingereicht werden muss.

Die *Sendefunktion* ist die Hauptfunktion des TeleModuls. Sie umfasst die Komprimierung, Verschlüsselung und Übertragung der Daten per Internet. Bei der Verschlüsselung kommen mehrere Schlüssel zur Anwendung, die eine höchste Sicherheit der sensiblen Steuerdaten gewährleisten sollen.

Komprimierte Steuererklärung

Da nach derzeitiger Rechtslage auf eine Unterschrift des Steuerzahlers nicht verzichtet werden kann, ist zusätzlich zu den übermittelten Daten eine *komprimierte* Steuererklärung einzureichen. Dabei handelt es sich um eine neue Form der amtlich vorgeschriebenen Vordrucke i. S. d. § 150 Abs. 1 Abgabenordnung (AO). Ihr Inhalt ist im wesentlichen auf die Angaben zu den Besteuerungsgrundlagen des jeweiligen Einzelfalls beschränkt.

Der Ausdruck der Erklärung erfolgt automatisch nach der Datenübertragung und ist mit einer so genannten Telenummer versehen. Dieser Nummer, die bei jeder Datenübertragung neu gebildet wird, hat eine besondere Bedeutung. Der Finanzbeamte kann die elektronischen Daten erst abrufen, wenn er die Telenummer vorliegen hat, und zwar die „richtige". Wird bei mehreren Übermittlungen nicht die zuletzt übermittelte Steuererklärung beim Finanzamt eingereicht, kann er die Daten nicht abrufen.

Weitere Entwicklung

Die Rückübermittlung von Steuerdaten an den Steuerbürger/Berater ist derzeit nicht möglich. Dies soll im nächsten Jahr erfolgen. Allerdings werden die Steuerbescheide auch weiterhin zusätzlich in gedruckter Form zugestellt.

Ferner sollen weitere Steuerarten in das ELSTER-Verfahren einbezogen werden, wie etwa die Gewerbesteuer und die Kraftfahrzeugsteuer.

Die weitere Planung sieht so aus, dass eine papierlose Steuererklärung angestrebt wird. Dies setzt die Einführung einer digitalen Signatur voraus. Weitere Überlegungen zielen darauf ab, eine „elektronische Lohnsteuerkarte" zu verwirklichen. Ferner ist vorgesehen, eine kostenlose Software zur Erstellung der Steuererklärung herauszugeben.

Schließlich ist noch darauf hinzuweisen, dass das ELSTER-Verfahren Teil des Projekts FISCUS (Föderales Integriertes Standardisiertes Computerunterstütztes Steuersystem) ist. In diesem Projekt wird ein einheitliches automatisiertes Besteuerungsverfahren für die deutsche Finanzverwaltung entwickelt. Da man mit dieser Entwicklung wohl nicht so vorangekommen ist wie geplant, haben die Finanzminister der Länder jetzt eine umfassende Neuorganisation beschlossen. Eine neu zu gründende FISCUS-GmbH soll das Projekt beschleunigen und effizienter machen.

Würdigung

Das ELSTER-Verfahren bietet einen Einstieg in die Welt der elektronischen Steuererklärung. Man muss allerdings klar sehen, dass das Verfahren noch in den Kinderschuhen steckt und dass es derzeit in erster Linie der Finanzverwaltung Vorteile durch Wegfall des Erfassungsaufwands verschafft. Verbesserungen für die Steuerzahler treten erst ein, wenn sich infolge der Verringerung des Erfassungsaufwands die Bearbeitungszeiten verringern, die Fehlerquote in den Steuerbescheiden zurückgeht, Bescheiddaten elektronisch übermittelt werden und keine Steuererklärung in Papierform mehr zusätzlich eingereicht zu werden braucht.

Die Erwartungen der Steuerzahler

Die Situation auf dem Steuersektor ist alarmierend: Zum einen haben wir trotz der auf den Weg gebrachten Steuerreform eine enorm hohe Steuerbelastung. Zum anderen hat die Kompliziertheit des Steuerrechts ein bedrohliches Ausmaß angenommen. In weiten Bereichen der Besteuerung herrschen nahezu chaotische Zustände. Selbst erfahrene Steuerfachleute können das komplizierte Steuerrecht nicht mehr vollständig überschauen und anwenden.

Die Kompliziertheit der Besteuerung hat schwerwiegende Folgen für alle Beteiligten. So ist den Steuerberatern eine Steuerplanung kaum mehr möglich. Die Finanzverwaltung kann die Arbeiten nicht in einem angemessenen Zeitraum bewältigen. Hinzu kommt eine hohe Fehlerhäufigkeit in Steuerbescheiden. Die Steuerzahler sind besonders betroffen, weil sie das materielle Risiko tragen. Was im Klartext heisst: Zahlemann und Söhne. Vor allem laufen sie Gefahr, dass sie aufgrund der Kompliziertheit des Steuerrechts unnötig zuviel Steuern zahlen.

Angesichts dieser fatalen Ausgangslage sind die Erwartungen der Steuerzahler an Verbesserungen durch den Einsatz der Neuen Medien in der Finanzverwaltung sehr hoch gesteckt. Denn die Finanzverwaltung kann durch den Einsatz der neuen Kommunikations- und Informationstechniken sehr viel dazu beitragen, dass das Besteuerungsverfahren verbessert wird.

Aus Sicht der Steuerzahler spielen dabei vor allem folgende Kriterien eine wichtige Rolle (siehe auch KOMFIS):

- Mehr Bürgernähe
- Verkürzung der „Turn-Around"-Zeit
- Verbesserte Qualität der Arbeitsvorgänge
- Vereinfachte Steuerformulare

- Wahrung des Steuergeheimnisses
- Keine Ungleichbehandlungen

Mehr Bürgernähe

Bürgernähe bedeutet, dass sich die Organisations- und Kommunikationsstrukturen in der Steuerverwaltung in erster Linie an den Bedürfnissen der Steuerzahler orientieren. Die Verwaltung ist für den Bürger da und nicht umgekehrt. Mit den Neuen Medien können Serviceleistungen wie Auskunft, Beratung und Erörterung verbessert werden. So ist es durch den Einsatz moderner Arbeitsplatz-PC möglich, dass dem Finanzbeamten quasi „auf Knopfdruck" alle benötigten Daten für eine Auskunft zur Verfügung stehen. Entscheidungen der Verwaltung können aktueller und durchgängig verfügbar gehalten werden.

Allerdings können sich die neuen Techniken auch nachteilig auf die Bürgernähe auswirken. Dies ist beim ELSTER-Verfahren derzeit der Fall, weil es primär darauf ausgerichtet ist, der Finanzverwaltung die Bearbeitung der Steuererklärung zu erleichtern.

Verkürzung der „Turn-Around"-Zeit

Die Verkürzung der „Turn-Around"-Zeit ist ein ganz wichtiges Anliegen der Steuerzahler. Auf diese Weise können die vielerorts immer noch zu langen Bearbeitungszeiten von Steuerfällen vermindert werden. Für Arbeitnehmer würde das bedeuten, dass sie schneller in den Genuss ihrer Steuerrückzahlung kommen.

Zur Verminderung der „Turn-Around"-Zeit können vor allem

- der Wegfall von Erfassungsaufwand,
- eine papierarme Fallbearbeitung,
- die Vermeidung von Medienbrüchen und
- einfache und schnelle Kommunikationswege zwischen Bürger und Verwaltung

beitragen

In der Praxis sind diese Möglichkeiten zur Verfahrensbeschleunigung bei weitem noch nicht ausgeschöpft. So ist die papierlose Steuererklärung noch lange nicht umgesetzt. Es kommt auch immer wieder zu Medienbrüchen. Dies ist z.B. der Fall, wenn zu einer elektronisch übermittelten Steuererklärung der Steuerbescheid per Post zugestellt wird. Da der E-Mail-Verkehr mit den Finanzämtern bislang fast völlig ausgeschlossen ist, wird diese schnelle Kommunikationsmöglichkeit nicht genutzt.

Verbesserte Qualität

Durch eine verbesserte Qualität der Arbeitsvorgänge kann erreicht werden, dass die Fehlerhäufigkeit von Steuerbescheiden, die schätzungsweise bei 20 bis 30 Prozent liegt, vermindert wird. Hierzu kann eine verbesserte Datenerfassung einen wesentlichen Beitrag leisten. Durch die Übernahme von elektronisch übermittelten Daten können in den Finanzämtern Erfassungsfehler vermieden werden. Voraussetzung ist allerdings, dass die Software alle steuerlich relevanten Sachverhalte abdeckt. Dies ist beim ELSTER-Verfahren derzeit nicht gegeben. So sind etwaige Angaben zum Ausbildungsfreibetrag oder zum Unterhalt an bedürftige Personen vom Sachbearbeiter manuell hinzuzufügen. Wie die Praxis zeigt, ist dies eine nicht unerhebliche Fehlerquelle.

Eine verbesserte Qualität der Arbeitsvorgänge lässt sich auch durch einfachere Rückfragemöglichkeiten erzielen. Die Ausstattung mit modernen PC ermöglicht es den Sachbearbeitern, Anfragen schneller zu beantworten. Insoweit tragen die Neuen Medien zu einer Qualitätsverbesserung bei.

Eine wesentliche Verbesserung ergibt sich dann, wenn dem Steuerzahler auch die Steuerbescheiddaten elektronisch übermittelt werden. Mit einer entsprechenden Software kann der Steuerzahler dann genau feststellen, inwieweit die Finanzverwaltung von den Angaben in der Steuererklärung abgewichen ist.

Eine verbesserte Qualität der Arbeitsvorgänge lässt sich insbesondere durch verständlichere Formulare erzielen. Die Finanzverwaltung ist hier in ganz besonderer Weise gefordert, weil sie die Steuerzahler seit vielen Jahren mit völlig unverständlichen Vordrucken belastet.

Vereinfachte Steuerformulare

Die amtlichen Steuerformulare stellen für die meisten Steuerzahler ein Buch mit sieben Siegeln dar. Sie tragen in besonderer Weise dazu bei, dass viele Steuerzahler dem Staat zuviel einbehaltene Steuern "schenken", weil sie die Steuererklärung falsch ausfüllen oder gar nicht erst einreichen. Durch den Einsatz der Neuen Medien kann es bei den Formularen wesentliche Vereinfachungen geben. So gibt es beim ELSTER-Verfahren nur noch eine verkürzte komprimierte Steuererklärung. Sie ist einfacher als der PC-Ausdruck der amtlichen Formulare, bei dem die Finanzverwaltung die Einhaltung von besonderen Formalien (z.B.

Klebeheftung) vorschreibt. Mit Einführung der digitalen Signatur kann sogar gänzlich auf die Formulare verzichtet werden.

Auch für Steuerzahler, die die Steuerformulare herkömmlich per Hand oder mit Schreibmaschine ausfüllen, können sich Verbesserungen ergeben. Die jetzt in den Finanzämtern praktizierte Sachbearbeiter-Eingabe ermöglicht es, dass auf die grünen Felder in den Vordrucken für die Einkommensteuererklärung verzichtet werden kann. Das bedeutet wiederum, dass die Formulare verständlicher abgefasst werden können. Der Bund der Steuerzahler hat dazu einen konkreten Formularvorschlag gemacht, der von einer Fach-Jury ausgezeichnet worden ist. Bei diesem Steuerzahler-Formular sind die (grünen) Bearbeitungsfelder aus dem Vordruck herausgenommen worden. Dadurch konnte das Formular viel übersichtlicher und verständlicher gestaltet werden.

Die Finanzverwaltung sollte jetzt über ihren Schatten springen und steuerzahlerfreundliche Formulare zulassen.

Wahrung des Steuergeheimnisses

Die Wahrung des Steuergeheimnisses und die Einhaltung des Datenschutzes sind gerade beim Einsatz der Neuen Medien äußerst wichtig. Denn Kommunikationstechniken wie das Internet laufen dem Datenschutz eigentlich zuwider. Daher sind per Internet zu übermittelnde Steuerdaten besonders zu sichern. Nach Auskunft der Datenschützer entspricht die Verschlüsselung im Rahmen des ELSTER-Verfahrens dem Stand der Technik und gewährleistet einen Schutz des Steuergeheimnisses. So hat der Bundesbeauftragte für den Datenschutz gegen das ELSTER-Verfahren in seinem gegenwärtigen Umfang keine durchgreifenden datenschutzrechtlichen Bedenken. Er bemängelt allerdings, - und das ist meiner Ansicht nach höchst bedenklich - dass die für das ELSTER-Verfahren notwendige Rechtsverordnung noch nicht vorliegt.

Es bleibt natürlich abzuwarten, wie das Steuergeheimnis gewahrt bleibt, wenn das ELSTER-Verfahren in größerem Maße als bisher zur Anwendung kommt.

Dass die Finanzämter sich beim Einsatz von Internet und E-Mail aus Sicherheitsgründen noch zurückhalten, erscheint verständlich. Hinsichtlich des allgemeinen Schriftwechsels und allgemeiner Informationen wäre eine stärkere Anwendung der neuen Medien aber bereits heute wünschenswert.

Ein EDV-Bereich, bei dem die Wahrung des Steuergeheimnisses genau im Auge behalten werden muss, ist der Einsatz von Notebooks bei der Außenprüfung. Denn wenn die Betriebsprüfer mit den Laptops auch daheim arbeiten, ist die Gefahr eines Datenzugriffs durch Dritte nicht zu unterschätzen.

Keine Ungleichbehandlungen

Schließlich darf die Anwendung der Neuen Medien nicht dazu führen, dass Steuerzahler, die die neuen Techniken nicht nutzen, benachteiligt werden. So dürfen Steuerzahler, die ihre Einkommensteuererklärung wie bisher in Papierform abgeben, nicht mit längeren Bearbeitungszeiten oder verschärften Nachprüfungen „bestraft" werden. Eine elektronisch übermittelte Steuererklärung darf nicht zügiger bearbeitet werden als eine herkömmliche Steuererklärung. Die drei Gruppen von Steuerbürgern, das sind

- Papierausfüller,
- PC-Nutzer und
- Steuerberater/LSt-Hilfe-Vereine,

müssen grundsätzlich gleich behandelt werden. Mit Einführung des ELSTER-Verfahrens gibt es hier eine beträchtliche Ungleichbehandlung. Denn während die PC-Anwender nur noch mit einem Minimal-Steuerformular konfrontiert werden, müssen sich die Papierausfüller weiterhin mit einem schwer verständlichen Steuererklärungsvordruck herumplagen. Mit Einführung des oben beschriebenen Steuerzahler-Formulars kann die Finanzverwaltung diese Ungleichbehandlung beseitigen.

Fazit

Die Neuen Medien haben in der Steuerverwaltung Einzug gehalten. Bis sich dadurch allerdings spürbare Erleichterungen im Besteuerungsverfahren ergeben, müssen noch eine Reihe von Problemen gelöst werden. Dazu gehört z.B. die Einführung der digitalen Signatur und eine vereinfachte Belegprüfung.

Durch einen vernünftigen Einsatz der Neuen Medien kann die Finanzverwaltung das Besteuerungsverfahren durchsichtiger und praktikabler gestalten und damit einen wichtigen Beitrag zur längst überfälligen Steuervereinfachung leisten. Diese Chance muss genutzt werden.

Anhang

- Quellen
- Umfrage des Bundes der Steuerzahler zum Einsatz der Neuen Medien in der Steuerverwaltung, August 2000.

Quellen:

Bund der Steuerzahler: http://www.steuerzahler.de

BdSt-Steuerformular, Ein Vorschlag des Bundes der Steuerzahler zur Vereinfachung der Vordrucke für die Einkommensteuererklärung, Wiesbaden 1995.

Elektronische Steuererklärung ELSTER: http://www.elster.de

Föderales integriertes standardisiertes Computer-unterstütztes Steuersystem (fiscus): http://www.fiscus.de

KOMFIS-Studie - Verbesserung der Kommunikation zwischen Bürger und Fiskus, GMD – Forschungszentrum Informationstechnik, 1995.

R. Krebs: Elektronische Steuererklärung, BasicPro 3/2000, S. 28.

L. Schemmel/H.J. Vanscheidt: Verbraucherfreundliche Formulare, Office Management 1984, S. 993.

H. J. Vanscheidt: Finanzamt 2000, Der Steuerzahler 1996, S. 127.

H. J. Vanscheidt: Internet und Steuern, Der Steuerzahler 1999, S. 37.

H. J. Vanscheidt: Software für die Steuer, Der Steuerzahler 2000, S. 5.

6 Was erwarten die Bürger von der Finanzverwaltung?

NEUE MEDIEN IN DER STEUERVERWALTUNG

Bundesland	Ausstattung der Finanzämter			Einsatz der Neuen Medien				
	Datensichtgeräte/ Personalcomputer	Internetzugang	E-Mail	Steueranmeldungen (ELSTER)	Steuererklärungen (ELSTER)	Steuerbescheide (ELSTER)	Rechtsbehelfe	Schrift-Wechsel
Baden-Württemberg	Alle Arbeitsplätze mit PC ausgestattet und intern vernetzt	Mind. 1 pro Finanzamt sowie Steuerfahndung (Steufa) u. Betriebsprüfung (Bp)	Technisch möglich, aber keine Anwendung	In Planung: Umsatzsteuervoranmeldungen und Lohnsteueranmeldungen	Einkommensteuer	In Planung Ende 2001	Per Fax	Möglich, aber aus Sicherheitsgründen keine Anwendung
Bayern	Vernetzte Datensichtgeräte. Ersatz durch PC bis Anfang 2001 Notebooks für den Außendienst (Anfang 2001 flächendeckend)	Ausgewählte Stellen in den Finanzämtern	Finanzämter über E-Mail erreichbar	Umsatzsteuervoranmeldungen und Lohnsteueranmeldungen	Einkommensteuer	In Planung Ende 2001	Per E-Mail oder Fax	Möglich, aber aus Sicherheitsgründen keine Anwendung
Berlin	5009 stationäre PC und 751 Notebooks in den 23 berliner Finanzämtern (Stand 1.1.2000). Anschluss an behördeninternes Datennetz	Oberfinanzdirektion (OFD) und Steufa	Kein Zugang für Sachbearbeiter	Umsatzsteuervoranmeldungen und Lohnsteueranmeldungen	Einkommensteuer	In Planung Ende 2001	Per Fax	Derzeit nicht möglich, geplant
Brandenburg	Vernetzte Datensichtgeräte. Ersatz durch PC Ende 2002	In Planung für jedes Finanzamt	Anschluss in jedem Finanzamt geplant	Umsatzsteuervoranmeldungen und Lohnsteueranmeldungen	Einkommensteuer	In Planung Ende 2001	Per Brief	Möglich, aber aus Sicherheitsgründen keine Anwendung
Bremen	Ersatz der Datensichtgeräte durch vernetzte PC	Abgesicherter Zugang über BVN für bestimmte Stellen	Bis Herbst 2000 bei allen Arbeitsplätzen	Umsatzsteuervoranmeldungen und Lohnsteueranmeldungen	Einkommensteuer	In Planung Ende 2001	Per Fax oder E-Mail	Nur einseitig an die Finanzämter möglich

NEUE MEDIEN IN DER STEUERVERWALTUNG

Bundes-land	Ausstattung der Finanzämter			Einsatz der Neuen Medien				
	Datensichtgeräte/ Personalcomputer	Internetzugang	E-Mail	Steuer-anmeldungen (ELSTER)	Steuerer-klärungen (ELSTER)	Steuer-bescheide (ELSTER)	Rechts-behelfe	Schrift-Wechsel
Hamburg	Komplett mit PC vernetzt	Ausgewählte Stellen in den Finanzämtern	Poststellen in den Finanz-ämtern	In Planung: Umsatzsteuer-voranmeldun-gen und Lohn-steueranmel-dungen	Einkom-mensteuer	In Planung Ende 2001	Per Fax	Über Poststellen der Finanz-ämter
Hessen	Komplett mit PC ausge-stattet und vernetzt Notebooks für den Außendienst (Anfang 2001 flächendeckend)	Groß-Bp und Steufa Geplant mind. 1 Zugang pro Finanzamt	Technisch möglich, aber keine Anwen-dung	Umsatzsteuer-voranmeldun-gen und Lohn-steueranmel-dungen	Einkom-mensteuer	In Planung Ende 2001	Per E-Mail oder Fax	Derzeit nicht möglich, geplant
Nord-rhein-Westfalen	Vernetzte Datenendgeräte Notebooks für den Außendienst	Ausgewählte Stellen in den Finanzämtern	Ausgewählte Stellen in den Finanzämt-ern	Umsatzsteuer-voranmeldun-gen und Lohn-steueranmel-dungen	Einkom-mensteuer	In Planung Ende 2001	Per E-Mail oder Fax	Möglich, aber aus Sicherheits-gründen keine Anwendung
Nieder-sachsen	Komplett mit PC ausgestattet und vernetzt	Zugang über landesweites Datennetz geplant		Umsatzsteuer-voranmeldun-gen und Lohn-steueranmel-dungen	Einkom-mensteuer	In Planung Ende 2001		Derzeit nicht möglich, geplant
Rhein-land-Pfalz	Ersatz der Datensichtgeräte durch vernetzte PC	Ausgewählte Stellen in den Finanzämtern	Ausgewählte Stellen in den Finanzämt-ern	Umsatzsteuer-voranmeldun-gen und Lohn-steueranmel-dungen	Einkom-mensteuer	In Planung Ende 2001		Nicht möglich, rechtliche Fragen, Sicherheits-probleme

6 Was erwarten die Bürger von der Finanzverwaltung?

NEUE MEDIEN IN DER STEUERVERWALTUNG

Bundesland	Ausstattung der Finanzämter			Einsatz der Neuen Medien			
	Datensichtgeräte/ Personalcomputer	Internetzugang	E-Mail	Steueranmeldungen (ELSTER)	Steuererklärungen (ELSTER)	Steuerbescheide (ELSTER)	Rechtsbehelfe	Schriftwechsel
Saarland	Alle Arbeitsplätze mit PC ausgestattet und vernetzt	Kein Zugang	Nur intern	In Planung: Umsatzsteuervoranmeldungen und Lohnsteueranmeldungen	Einkommensteuer	In Planung Ende 2001	Per Fax	E-Mail-Verkehr in Planung
Sachsen	Ersatz der Datensichtgeräte durch vernetzte PC	Kein Zugang	Nur intern	Umsatzsteuervoranmeldungen und Lohnsteueranmeldungen	Einkommensteuer	In Planung Ende 2001	Per Fax	Derzeit nicht möglich, geplant
Sachsen-Anhalt	Ersatz der Datensichtgeräte durch vernetzte PC	Ausgewählte Stellen in den Finanzämtern (geplant)	Nicht möglich	Umsatzsteuervoranmeldungen und Lohnsteueranmeldungen	Einkommensteuer	In Planung Ende 2001	Per Fax	Derzeit nicht möglich, geplant
Schleswig-Holstein	75 v. H. PC und 25 v. H. Datensichtgeräte alle intern vernetzt	Ausgewählte Stellen in den Finanzämtern	Nur intern	Umsatzsteuervoranmeldungen und Lohnsteueranmeldungen	Einkommensteuer	In Planung Ende 2001	Per Fax	Derzeit nicht möglich, geplant
Thüringen	Ersatz der Datensichtgeräte durch vernetzte PC in 2000. Notebooks für den Außendienst und für die Steufa.	Ausgewählte Stellen in den Finanzämtern	Nicht möglich	Umsatzsteuervoranmeldungen und Lohnsteueranmeldungen	Einkommensteuer	In Planung Ende 2001	Per Fax	Derzeit nicht möglich, geplant

7 Telematikprojekt Landkreis Cham – Die Datenautobahn zum Bürger

Theo Zellner

Landrat, Landkreis Cham

Einführung

Der Landkreis Cham beschäftigt sich seit 1996 intensiv mit der Einführung neuer Medien in der Verwaltungslandschaft. Ich denke, dass wir in Bezug auf die Einführung telematischer Anwendungen im Bereich der behördlichen Dienstleister, eine nicht ganz unwichtige Rolle in Bayern übernommen haben. Angesichts der sehr kurzen „Redezeit", kann ich Ihnen natürlich nicht unser gesamtes Projekt mit allen seinen Ausprägungen darstellen, dies würde wohl einige Stunden in Anspruch nehmen.

Ich werde mich daher lediglich auf die derzeit aktuellen „Highlights" beschränken. Im Einzelnen sind dies:

- Der Aufbau eines kommunalen Behördennetzes (= Intranet) zwischen dem Landratsamt und den kreisangehörigen Gemeinden.
- Der Anschluss dieses Kommunalen Behördennetzes an das ressortübergreifende Bayerische Behördennetz (BYBN).
- Das Bürgerserviceangebot des Landkreises im Internet und wie das Intranet hierzu benutzt werden kann.
- Der Aufbau Telematischer Bürgerämter in den Landkreisgemeinden.
- Die Schulung der Mitarbeiter im LRA und in den Gemeinden, die das System bedienen sollen
- und „Last but not least" die Marktanalyse bei BürgerInnen, Unternehmen und Gästen im Landkreis (Dowling-Studie).

Kommunales Behördennetz (KomBN)

Bereits von Anfang an war es – und ist es - unser Ziel, Verwaltungsvorgänge mit Hilfe neuer Technologien anzubieten, bzw. zu beschleunigen, um gleichzeitig den Servicecharakter der Landkreisbehörden zu stärken.

Um diesem Vorhaben gerecht werden zu können, ist es naheliegend zunächst den Kommunikationsweg zwischen dem Landratsamt und den Gemeinden genauer zu betrachten und zu reorganisieren.

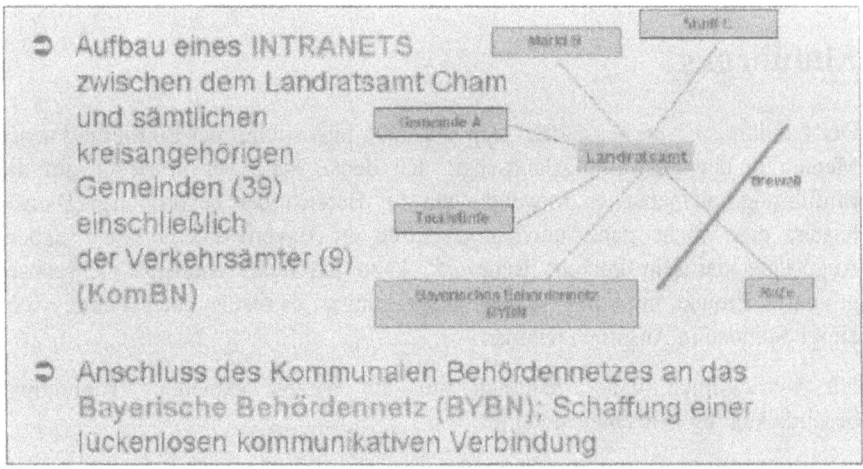

Bild 1: Kommunales Behördennetz (KomBN)

Dies bedeutet nichts anderes, als dass der zeit- und kostenintensive „normale Postweg" durch die wesentlich schnellere und damit auch kostengünstigere „elektronische Post" – also E-Mail – ersetzt wird. Da das für die Allgemeinheit zugängliche Internet, mit all seinen Sicherheitslücken für die Abwicklung von internen Geschäftsprozessen ungeeignet scheint, mussten wir neue Wege gehen.

Die Lösung dieses Problems lag auf der Hand, der Aufbau eines Kommunalen Behördennetzes, also eines Intranets (= geschütztes Netz), zwischen dem Landratsamt Cham und sämtlichen 39 kreisangehörigen Gemeinden einschließlich der zugehörigen Verkehrsämter.

Unser kommunales Behördennetz besteht seit 1998 und war somit das erste vollständig realisierte, geschlossene Behördennetzwerk in ganz Bayern. In Fachkreisen steht es außer Zweifel, dass das „Modell Cham" als richtungsweisend angesehen werden kann. Dies zeigt sich insbesondere daran, dass derzeit ca. 50 bayerische Landkreise ein kommunales Behördennetz planen und ca. zehn Landkreise bereits konkrete Umsetzungen nach unserem Muster vornehmen.

7 „Telematikprojekt" Landkreis Cham 63

Bayerisches Behördennetz (BYBN)

Durch den Anschluss unseres Kommunalen Behördennetzes (KomBN) an das ressortübergreifende Bayerische Behördennetz (BYBN) haben nun das LRA Cham und sämtliche kreisangehörigen Gemeinden zusätzlich einen sicheren Zugang zu den an das BYBN angeschlossenen Behörden erhalten. Es ist jetzt eine medienbruchfreie und sichere Kommunikation beginnend bei der Gemeinde über das Landratsamt und die Regierung, bis hin zu den Staatsministerien möglich.

Die technische Infrastruktur für die komplette Abwicklung von Verwaltungsvorgängen innerhalb eines geschützten Netzes ist in unserem Landkreis vollständig realisiert.

Bürgerservice in Internet und Intranet

Es geht nun darum, dieses technische Netzwerk mit Leben zu erfüllen. Um das Angebot der behördlichen Dienstleister des Landkreises in Internet und Intranet auf möglichst einfache Art und Weise aktuell, informativ und interaktiv gestalten zu können und gleichzeitig eine leichte und dezentrale Pflege der Daten gewährleisten zu können, wird in Zusammenarbeit mit der Firma Microsoft ein datenbankgestütztes System entwickelt.

Auf Grundlage dieser Datenbank werden den Aufgaben bzw. Teilaufgaben der behördlichen Dienstleister, zugehörige Lebensereignisse/Themen/Kategorien bzw. Stichworte in Kombination mit der behördlichen Zuständigkeit zugeordnet.

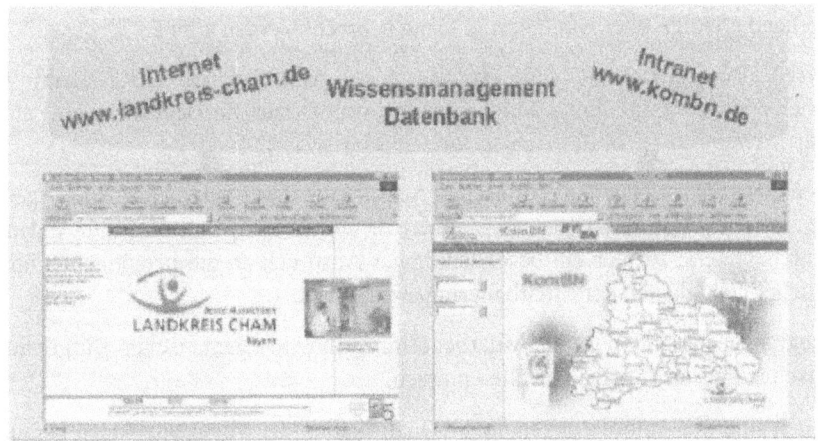

Bild 2: Bürgerservice in Internet und Intranet

Der Internetnutzer kann so auf einfache Weise die für ihn interessante Information einschließlich zugehöriger Vordrucke, Formulare etc. finden. Im Intranet hingegen werden die Informationen aus der Datenbank speziell für die Sachbearbeitung aufbereitet. D.h. die Datenquelle für Inter- und Intranet ist zwar die gleiche, die Information für den Mitarbeiter in Landratsamt und Gemeinden stellt sich aber anders dar als für den Nutzer des Internets (= BürgerInnen).

Insbesondere im Intranetbereich werden spezielle, für die Sachbearbeitung wichtige Zusatzinformationen, Genehmigungsformulare etc. angeboten. Es wird auf diese Art und Weise ein „Wissensmanagement-System" aufgebaut, welches detaillierte Informationen zu den angebotenen Dienstleistungen enthält und welches die SachbearbeiterInnen bei ihrer täglichen Arbeit unterstützen soll.

Telematische Bürgerbüros

Dieses Wissensmanagement-System spielt auch bei der Errichtung der telematischen Bürgerbüros im Landkreis eine wichtige Rolle. Hier soll in den kreisangehörigen Gemeinden eine zentrale Anlaufstelle geschaffen werden, die gerade die Bevölkerungsschichten - in betreuter Form - mit den Nutzungsmöglichkeiten des Internets vertraut machen soll, die keinen privaten Internetzugang besitzen, bzw. die Probleme im Umgang mit den neuen Medien haben.

Das telematische Bürgeramt wird somit zur „Medienschnittstelle" zwischen dem herkömmlichen Verwaltungsvorgang und der „online" Bearbeitung dieses Vorgangs. Unser Ziel bei diesem Projekt ist, dass möglichst viele Verwaltungsprozesse, die bislang ein persönliches Erscheinen in den unterschiedlichsten Behörden (auch im Landratsamt) erfordert haben, direkt von der Heimatgemeinde ausgehend erledigt, oder zumindest in Gang gebracht werden können.

Unseren BürgerInnen könnten somit lange Anreisezeiten (LK Cham = Flächenlandkreis 1500 qkm), Wartezeiten im Amt, Urlaub für Behördengänge etc. erspart werden.

Neben einer entsprechenden technischen Ausstattung dieses telematischen Bürgeramtes mit PC, Monitor, Drucker, Scanner, moderner Büro-Software und Videokonferenzsystem, ist hier ein besonders hoher Anspruch an die persönlichen und fachlichen Fähigkeiten der MitarbeiterInnen zu setzen.

Es liegt auf der Hand, dass die MitarbeiterInnen in dem telematischen Bürgeramt unterschiedlichste Aufgaben erfüllen müssen.

Folglich sind die Anforderungen an die Qualifikation der MitarbeiterInnen gerade an dieser Stelle sehr hoch anzusetzen.

Um dieser Anforderung gerecht werden zu können, müssen geeignete Hilfsmittel, wie z.B. das oben angesprochene Wissensmanagementsystem, zur Verfügung gestellt werden.

Schulungsinitiative

Wenn ich von der Qualifikation der MitarbeiterInnen spreche, so meine ich hier neben der rein fachlich umfassenden Qualifikation in unterschiedlichen Sachbearbeitungsbereichen, insbesondere die Fähigkeit, mit moderner Bürokommunikation sowie Internet und Intranet geeignet umzugehen und dieses Wissen auch vermitteln zu können.

Diese Art von Qualifikation kann nur durch spezielle Schulungen erreicht werden. Im Rahmen einer umfassend angelegten Schulungsinitiative werden derzeit 120 Mitarbeiter (80 MA aus den Gemeinden und 40 MA aus dem LRA) im Umgang mit den modernen Büro-Technologien umfassend weitergebildet. Die Schulung beinhaltet die Nutzung der Microsoft Office Produkte, die Nutzung von Internet und Intranet, das Kommunale Behördennetz (KomBN), das Bayerisches Behördennnetz (BYBN) und natürlich eine ausführliche E-Mail-Ausbildung. Die Schulungen finden extern statt und werden in Zusammenarbeit mit dem Telehaus Stamsried und der Volkshochschule Cham durchgeführt.

Unabhängig von dieser Schulungsinitiative, erhalten in unserem Haus sämtliche MitarbeiterInnen eine externe Grundlagenschulung im Umgang mit dem PC und der gebräuchlichen Bürosoftware (insbesondere Textverarbeitung MS Word). Bei Bedarf wird diese Grundlagenschulung durch spezielle Kurse in einzelnen Produkten, z.B. Excel als Tabellenkalkulation oder Access als Datenbanksystem, ergänzt. Zusätzlich finden fortlaufend „Inhouseschulungen" für den Bereich E-Mail und Computerfax statt. Ab Herbst 2000 werden auch „Inhouseschulungen" für den Bereich der dezentralen Pflege der Fachinhalte im Bürgerservicebereich von Internet und Intranet angeboten.

Dies dient einerseits dazu, das Wissensmanagementsystem am konkreten Bedarf der Nutzer im Internet ausrichten zu können, andererseits aber auch dazu, den MitarbeiterInnen in den telematischen Bürgerämtern die Möglichkeit zu geben, die Inhalte des Systems nach Ihren Wünschen / Anforderungen zu gestalten.

Marktanalyse

Um nicht Gefahr zu laufen, dass die Bemühungen um mehr Bürgernähe und Bürgerservice im Internet an den konkreten Bedürfnissen der Zielgruppen, nämlich den BürgerInnen, Unternehmen und Gästen im Landkreis vorbeigehen, haben wir im Juni 2000 eine ausführliche Marktanalyse gestartet.

In Zusammenarbeit mit der Universität Regensburg (Lehrstuhl für Innovations- und Technologiemanagement, Prof. Dowling) sollen vor allem folgende Fragestellungen beantwortet werden:

1. Was erwarten diese Zielgruppen, d.h. die potentiellen Nutzer des Systems, von einer umfassenden Landkreispräsentation im Internet?
2. Welche internen Änderungen in der Aufbau- und Ablauforganisation müssen bei den behördlichen Dienstleistern vorgenommen werden, um diesem Bedarf gerecht werden zu können?

Mit Hilfe der gewonnenen Erkenntnisse soll sowohl das Angebot im Internet als auch der Verfahrensablauf im Intranet an den konkreten Bedürfnissen der Zielgruppen ausgerichtet werden.

Hier erhoffen wir uns gerade für den Bereich der telematischen Bürgerämter wichtige Hinweise, wie wir die LandkreisbürgerInnen noch stärker in die Gestaltung des Angebots einbeziehen können.

Um auch nach der Marktstudie den direkten Kontakt zu unseren Internetnutzern aufrecht erhalten zu können, ist außerdem daran gedacht, einen „Bürgerarbeitskreis Internet/Intranet" ins Leben zu rufen, um Betroffene zu Beteiligten zu machen und um die „Stimme des Volkes" in das Projekt eingehen zu lassen.

Dies wird – vermutlich noch im Herbst 2000 - im Rahmen der Zukunftswerkstatt Landkreis Cham (Umsetzung des AGENDA 21-Gedankens im Landkreis) realisiert werden.

Relevante Links zu Internetseiten:

Webseite des Landkreises
http://www.landkreis-cham.de
Bürgerservice
http://www.landkreis-cham.de/ServiceNetz

Wettbewerb Zukunftsregion
http://www.zukunftsregionen.de/presse/art10urb.htm
http://www.landkreis-cham.de/InnovationsNetz

8 Die Arbeitsmarktbörse der Bundesanstalt für Arbeit (BA) im Internet

Udo Karlsberg

Bundesanstalt für Arbeit, www.arbeitsamt.de

Die Bundesanstalt für Arbeit ist Marktführer im Bereich der Arbeitsvermittlung und speziell im Bereich der Arbeitsmarktinformation über Selbstinformationsangebote. Bereits Ende der 80er Jahre wurden in den Dienststellen der BA Berufsinformationszentren (BIZ) sowie der Stellen-Informations-Service (SIS) mit lokalen Informationsplätzen eingerichtet. Seit Januar 1997 betreibt die BA für ihre Kunden die Arbeitsmarktbörse "Arbeitsamt online" im Internet. Mit der Einführung der Selbstinformationsangebote verbinden sich vorrangig folgende Zielsetzungen:

- Bundesweite Transparenz über Angebot und Nachfrage auf dem Arbeitsmarkt;
- Schneller Zugriff auf Bewerber- und Stellenangebote und damit Beschleunigung der Ausgleichsprozesse auf dem Arbeitsmarkt;
- Unbürokratische Kommunikationswege zur Übermittlung von Angeboten und Mitteilungen.

Bei diesem ergänzenden, zusätzlichen Serviceangebot des Arbeitsamtes bestimmen Arbeitsuchende und Arbeitgeber selbst, in welchem Umfang und in welcher Intensität sie Informationen zum Dienstleistungsangebot, zu Stellenangeboten und zu Bewerberprofilen abrufen wollen. Unabhängig von diesen erweiterten Selbstinformationsmöglichkeiten kann jeder Arbeitgeber und jeder Arbeitsuchende das gesamte Dienstleistungsangebot der Bundesanstalt für Arbeit einschließlich Vermittlung und individueller Beratung weiterhin in Anspruch nehmen.

Mit den neuen Selbstinformationsangeboten verbindet sich die Erwartung, dass sich mehr Arbeitgeber bei der Stellenbesetzung und mehr Arbeitsuchende bei der Stellensuche des Arbeitsamtes bedienen, als dies unter zurückliegenden Bedingungen der Fall war.

Das Selbstinformationsangebot lässt erwarten, dass offene Stellen schneller als bisher besetzt werden und Arbeitslose früher aus der Arbeitslosigkeit ausscheiden. Bewerbern bietet es die Möglichkeit, Eigeninitiative zu entwickeln.

Das Arbeitsamt ist mit der Internetpräsenz für seine Kunden rund um die Uhr an sieben Tagen in der Woche erreichbar.

Der Stellen-Informations-Service (SIS) mit durchschnittlich deutlich über 380.000 offenen Stellen ist das am häufigsten aufgerufene Angebot.

Für Arbeitgeber werden im Arbeitgeber-Informations-Service (AIS) über 1,3 Millionen Bewerberangebote mit Angaben zu Kenntnissen, Aus- und Weiterbildung und zur Berufspraxis bereitgehalten. Weiterhin können Arbeitgeber aus dem AIS unmittelbar Stellen- und Ausbildungsstellenangebote sowie Mitteilungen und Bewerberabrufe an das örtlich zuständige Arbeitsamt absenden.

Der Ausbildungs-Stellen-Informations-Service (ASIS) bietet 150.000 betriebliche Ausbildungsplätze an; das Angebot KURS informiert über 390.000 schulische Ausbildungsangebote.

Im Juni 1998 wurde die Vermittlungsplattform für Künstler sowie die Bühnen-, Fernseh- und Filmvermittlung mit 3.000 Bewerbern eröffnet.

Rund 1.500 Führungskräfte der Wirtschaft aus allen Branchen können im Angebot der Managementvermittlung aufgerufen werden.

Seit August 1999 bietet die BA eine Vermittlungsbörse für Firmennachfolgen, Kooperationen und Existenzgründungen in ihrem Angebot an, in die Ende 1999 bereits 4.300 Anbieter und Nachfrager ihre Suchanzeigen selbst eingestellt haben.

Im Juni 2000 wurde die Vermittlungsbörse durch ein spezielles Angebot für die IT-Branche ergänzt. Betriebe und Bewerber können ihre Angebote selbst einstellen und unmittelbar Kontakt aufnehmen. Zwischenzeitlich stehen der IT-Branche bereits mehr als 8.500 Bewerberprofile zur Verfügung. Die Darstellung erfolgt wahlweise in Deutsch oder Englisch, wobei eine Eingabe in allen Sprachen erfolgen kann.

Informationsangebote zur Internationalen Vermittlung und der Internationalen Management- und Fachvermittlung für Hotel- und Gaststättenpersonal ergänzen die Vermittlungsbörsen.

Täglich werden die Vermittlungsangebote der BA von bis zu 200.000 Nutzern aufgerufen. Arbeitsamt online fördert den Kontakt zwischen Arbeitgebern und Arbeitsamt sowie unmittelbar zwischen Anbietern und Nachfragern. Die Ausgleichsprozesse auf dem Arbeitsmarkt werden nachhaltig beschleunigt.

Der Stellen-Informations-Service im Internet ist tagesaktuell, sieben Tage in der Woche und 24 Stunden am Tag erreichbar. Neben den Internet-Anschlüssen in privaten Wohnungen und an Arbeitsplätzen wird der SIS via Internet auch über öffentlichen Internet-Zugänge (z. B. Internet-Cafes) sowie bei Multiplikatoren (z. B. bei Trägern von Maßnahmen) und an Kiosksystemen angeboten. Der SIS im Internet ergänzt und erweitert somit das SIS-Angebot in den Arbeitsämtern.

Die Nutzung des Internet steigt stetig. Wie Untersuchungen der GfK, Nürnberg, zeigen, nehmen die Zugänge zum Internet in allen Lebensbereichen (angefangen bei Arbeitsplatzanschlüssen in Unternehmen bis hin zu privaten Anschlüssen zu Hause) sehr schnell zu.

Nutzeneinschätzung der Arbeitsuchenden

In einer Befragung stimmen etwa 85 Prozent der Anwender zu, dass der SIS für sie persönlich zusätzliche Möglichkeiten zur Arbeitsuche erschließt. Über 90 Prozent der befragten Nutzer ziehen eine positive Nutzenbilanz. Im Gegensatz zum SIS lokal drücken die Befragten den Nutzen, den sie aus der Anwendung des SIS im Internet ziehen, in Fahrtkosten und der individuellen Zeitersparnis für den Weg ins Arbeitsamt (zum lokalen SIS) aus: Die durchschnittliche Ersparnis durch die SIS-Nutzung im Internet liegt etwa bei – in Zeit ausgedrückt – fünf Stunden und – in Geld ausgedrückt – 40 DM. Etwas niedriger als beim lokalen SIS – vermutlich aufgrund der zusätzlich anfallenden Kosten für die Online-Verbindung.

Bewerberangebote im Arbeitgeber-Informations-Service sind anonym. Kontakte von Arbeitgebern zu Arbeitsuchenden ohne Einbeziehung der Arbeitsvermittlung sind via AIS nicht möglich. Ganz anders im SIS, denn dort ist es bei den mit Adresse versehenen Stellenangeboten für Arbeitsuchende möglich, den Arbeitgeber direkt telefonisch oder schriftlich zu kontaktieren.

Zwei Drittel der befragten Arbeitsuchenden, die via AIS präsentiert werden, nutzen auch den SIS im Internet oder im Arbeitsamt. Gut 20 Prozent der Befragten haben bereits ihr Bewerberprofil begutachtet – etwa zur Hälfte im Internet via AIS und zur anderen Hälfte beim Vermittler als Ausdruck aus dem computerunterstützten Arbeitsvermittlungssystem coArb. 85 Prozent derjenigen, die ihr Bewerberangebot bereits begutachtet haben, finden an der Gestaltung keine Mängel.

Knapp jeder vierte Befragte betont, dass sich die Teilnahme am AIS bereits gelohnt hätte. Zusätzliche Stellenangebote, die über das Arbeitsamt an die Arbeitsuchenden herangetragen wurden, aber auch allein die Präsenz mit einem Bewerberangebot für Arbeitgeber, die online recherchieren, werden dabei als lohnend betrachtet.

Der Beitrag, den die Selbstinformationsangebote bei der Vermittlung von Arbeitsuchenden leisten, ist groß: 22 Prozent der Befragten, die bereits wieder ein Beschäftigungsverhältnis aufgenommen haben, geben an, dass AIS, SIS im Arbeitsamt und SIS via Internet geholfen haben, diese Stelle zu finden. Jeweils die Hälfte entfällt dabei auf den AIS und den SIS.

Nutzeneinschätzung der Arbeitgeber

Arbeitgeber, die ihre Stellenangebote im SIS veröffentlichen, besetzen diese Stellen anschließend auch zu etwa 60 Prozent mit Bewerbern, die vom Arbeitsamt kommen bzw. zur Hälfte mit Bewerbern, die diese Stellenangebote im SIS recherchiert und sich dann darauf beworben haben.

Nutzer des SIS sind überwiegend kleine Betriebe: Etwa 15 Prozent der Betriebe haben mehr als 100 Beschäftigte. 13 Prozent der Betriebe haben mindestens 50 jedoch weniger als 100 Beschäftigte, 36 Prozent haben mindestens 10 jedoch weniger als 50 Beschäftigte und 36 Prozent weniger als 10 Beschäftigte.

Kein einziger Arbeitgeber, der via SIS versucht hat, eine Stelle zu besetzen, beklagt sich, dass bei ihm zu viele Bewerbungen eingegangen seien. Im Gegenteil wünschen sich 75 Prozent der Arbeitgeber eher noch mehr Bewerbungen von qualifizierten Bewerbern. Der SIS im Internet erschließt für fast 75 Prozent der Arbeitgeber eine zusätzliche Auswahl an Bewerbern.

Bereits bei über der Hälfte der Betriebe bestehen Internet-Zugänge. In der Regel sind diese auch für die Personalabteilung oder für den verantwortlichen befragten Ansprechpartner nutzbar.

Über die Hälfte der Arbeitgeber resümieren, dass sie während der Suche, auch wenn die Stelle schließlich nicht mit einem SIS-Bewerber besetzt wurde, Zeit oder Geld gespart haben. Mehr als die Hälfte der Arbeitgeber, die den SIS nutzen, betont, dass die Stellenbesetzung durch den SIS beschleunigt wird:

Fast 50 Prozent der Arbeitgeber, die nach drei Monaten ihre angebotenen Stellen besetzt haben, geben an, dass ohne die Hilfe des SIS diese Stellen durchschnittlich einen Monat später besetzt worden wären. Knapp zwei Prozent dieser Stellen wären vermutlich gänzlich unbesetzt geblieben.

Der Bekanntheitsgrad des Online-Angebots des Arbeitsamts wird – neben den Werbemaßnahmen der Bundesanstalt für Arbeit – bei Arbeitgebern speziell dadurch erhöht, dass sich Arbeitnehmer in ihren Bewerbungen auf die Stellenangebote im Internet beziehen und Arbeitgeber damit auf das Online-Angebot aufmerksam machen. 16 Prozent der Arbeitgeber, die Dienste des SIS nutzen, nutzen parallel dazu die Angebote des Arbeitgeber-Informations-Service.

Arbeitsamt online fördert den Kontakt zwischen Arbeitgebern und Arbeitsamt. Für 21 Prozent der Arbeitgeber, die über den AIS erstmals Kontakt mit dem Arbeitsamt aufgenommen haben, waren die Selbstinformationsangebote des Arbeitsamts der Beweggrund für die erstmalige Kontaktaufnahme.

9 Anwendungen aus dem Rheinland-Pfalz-Netz (rlp-Netz)

Staatssekretär Dr. Ernst Theilen

Ministerium des Innern, Rheinland-Pfalz, Mainz

In meinem Beitrag werde ich versuchen zu erläutern, wie wir in Rheinland-Pfalz Multimedia mehr und mehr in die Verwaltungsabläufe einfließen lassen und wie wir daran arbeiten, vom Verteidigen administrativer Erbhöfe wegzukommen und zu offenen Denk- und Arbeitsweisen zu gelangen.

In zwei Schwerpunkten werde ich Ihnen darlegen, mit welchen organisatorischen und technischen Strukturen wir die verschiedensten Beteiligten an der Informationsgesellschaft in ein Gesamtaustauschsystem integrieren wollen. Wir streben letztendlich eine Konvergenz multimediagestützter Dienste an.

Dazu werde ich Ihnen einzelne Projektbeispiele aus der allgemeinen staatlichen Verwaltung, der staatlich - kommunalen Zusammenarbeit und der Polizei vorstellen.

Maxime ist, die Behörden, einschließlich der Hochschulen, auf allen Ebenen technisch sowie organisatorisch optimal zu vernetzen und den Kommunikationsfluss auch Wirtschaftsunternehmen und Bürgern zugänglich zu machen. Arbeitsbegriff ist die „Verwaltung 24".

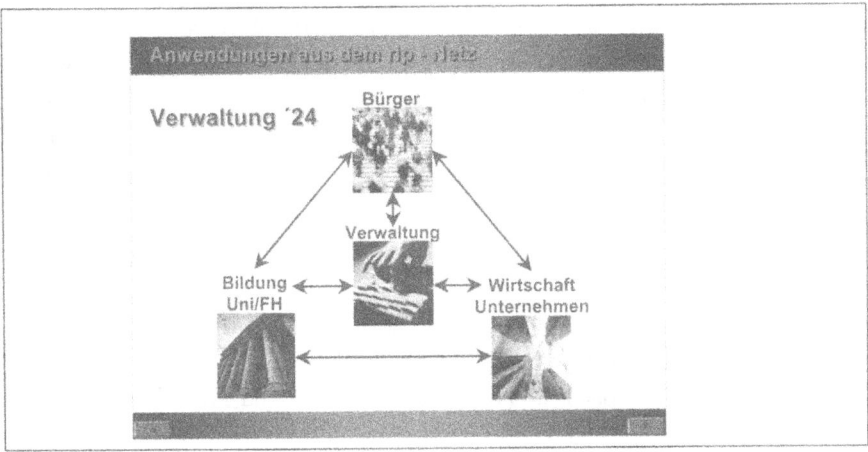

Bild 1: Pyramide

Gemeint ist damit die Integration aller Beteiligten in ein Kommunikationssystem rund um die Uhr. Ziel ist die Konvergenz aller organisatorischen und Wissens-Abläufe, die funktional in Zusammenhang stehen, und das in allen Richtungen, wie dies hier als Pyramide dargestellt ist.

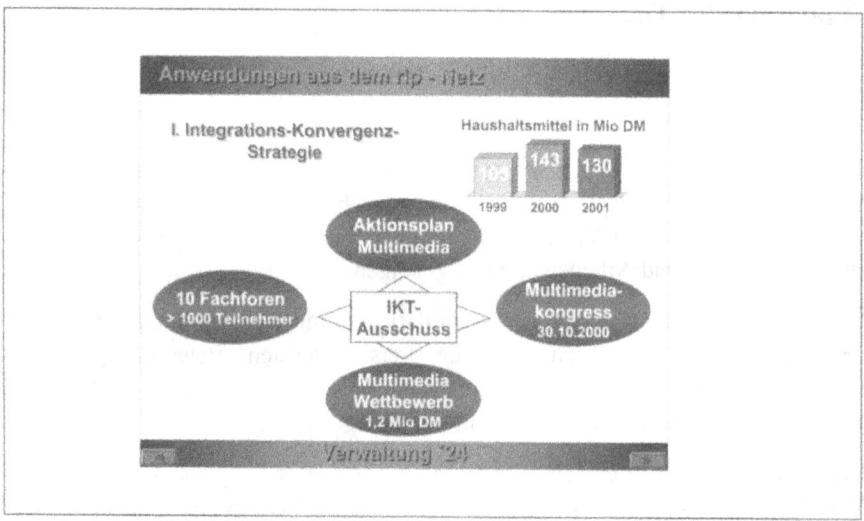

Bild 2: Integrations-Konvergenz-Strategie

Wie sind wir vorgegangen?

Wir haben die vielfältigen Facetten von Multimedia zunächst in einer Multimedia-Initiative für Rheinland-Pfalz zusammengeführt.

Die Staatssekretäre aus vier Ministerien (Staatskanzlei, Wirtschaft, Bildung und Innen) koordinieren die Aktionsfelder über einen eigenen IKT-Ausschuss, etwa im Sinne eines „Chief Information Officer".

Neben einem jährlichen Wettbewerb mit einem Volumen von 1,2 Millionen Mark, jeweils 10 Fachforen und einem Multimedia-Kongress möchte ich als Schwerpunkt der Initiative den Aktionsplan Multimedia hervorheben.

Der Aktionsplan ist die Leitschnur für alle Multimedia-bezogenen Initiativen aller Ministerien. Derzeit sind dies 68 Leitprojekte, für die in diesem Jahr insgesamt 143 Millionen und 2001 weitere 130 Millionen Mark im Haushalt stehen. Aus dem Innenministerium haben wir u.a. die Einrichtung von ca. 30 Telearbeitsplätzen, d.h. etwa 10 Prozent unserer Mitarbeiterinnen und Mitarbeiter im Ministerium, als Leitprojekt angemeldet.

Komplexe Abläufe, insbesondere wenn es um sicherheitssensible Daten geht, können und wollen wir nicht im offenen Internet vonstatten gehen lassen.

9 Anwendungen aus dem Rheinland-Pfalz-Netz

Bild 3: Integrations-Konvergenz-Strategie

Deshalb haben wir in unserem Bundesland zusammen mit der Deutschen Telekom vor rund fünf Jahren das Rheinland-Pfalz-Netz geschaffen. Dazu haben wir drei größere Fachnetze zusammengeführt und aus den Ersparnissen die Neuinvestitionen bezahlt. Betrieben wird das rlp-Netz vom Dateninformationszentrum Rheinland-Pfalz, einer Anstalt des öffentlichen Rechts.

Kern ist heute ein 155 Megabit-Backbone, das schon in Kürze auf 300 Megabit erweitert werden wird. Rund 600 Endstellen sind in der gesamten Landesfläche angeschlossen.

Darunter befinden sich flächendeckend alle Kommunalverwaltungen, alle wesentlichen staatlichen Stellen wie beispielsweise Polizeidienststellen, Katasterämter, Finanzämter, die Landesämter für Umweltschutz und Gewerbeaufsicht, für Wasserwirtschaft, das Landesuntersuchungsamt und andere. Damit sind wir unserem Ziel, dass jede Verwaltung mit jeder anderen über das Netz kommunizieren kann, schon sehr nahe gekommen. Ferner sind alle rheinland-pfälzischen Hochschulstandorte sowie die Universität des Saarlandes im Netz.

Gleiches gilt für einige Unternehmen, die das Rheinland-Pfalz-Netz als geschlossene Nutzergruppe auf festen Bandbreiten in Anspruch nehmen.

Der Übertragungsbedarf steigt ständig. Deshalb sind wir seit kurzem dabei, die staatlichen Stellen, insbesondere die Polizei, durchgängig auf ATM umzurüsten; Gesamtvolumen: rund 75 Millionen Mark in fünf Jahren. Noch in diesem Jahr wird die erste Sprachübertragung als Pilot stattfinden. Ziel ist, mittelfristig, d.h. bis 2002, die landesweite Intranettelefonie (Voice over IP) einzuführen.

Ich will Ihnen drei Beispiele vorstellen, die über das Rheinland-Pfalz-Netz originär oder als internes Zubringernetz zum Internet realisiert sind.

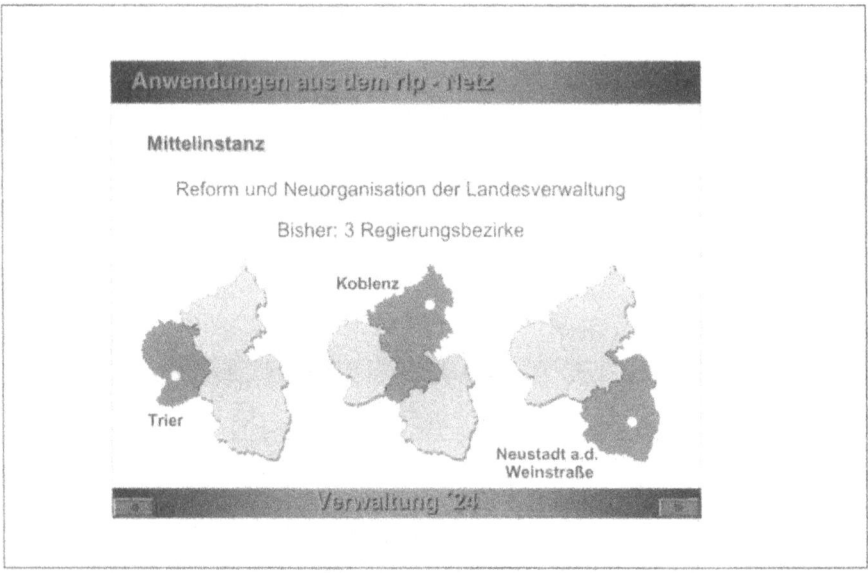

Bild 4: Mittelinstanz

1. Beispiel: Die Reform der Mittelinstanz

In einer großen Verwaltungsreform haben wir in Rheinland-Pfalz zum 1.Januar 2000 die traditionellen Bezirksregierungen abgeschafft. Die Bezirksregierungen hatten - wie hier dargestellt - den klassischen regionalen Aufgabenzuschnitt, der in allen Bezirken identisch war.

9 Anwendungen aus dem Rheinland-Pfalz-Netz

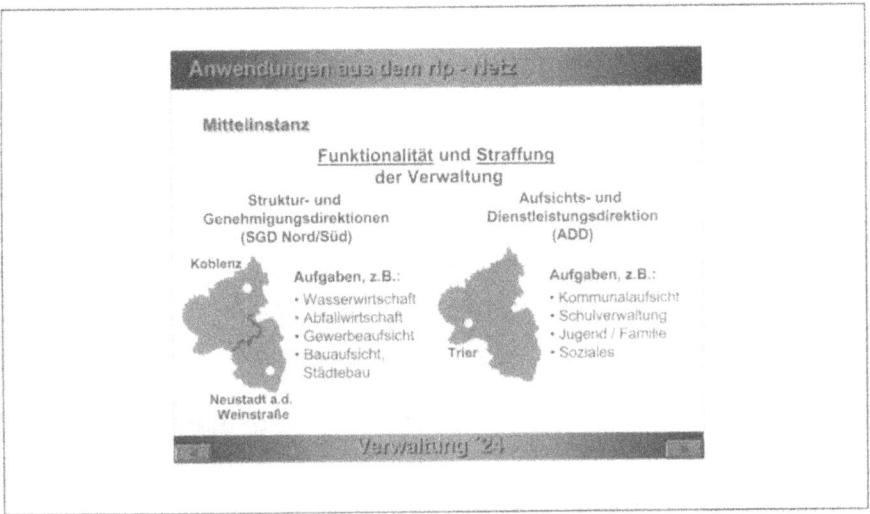

Bild 5: Mittelinstanz

Diese traditionellen Regionalbehörden wurden ersetzt durch Direktionen, die jetzt im Grundsatz die Aufgaben nach rein funktionalen Aspekten wahrnehmen.

Die Darstellung, die Sie hier sehen, gibt naturgemäß die Reform nur grob und vereinfacht wieder. Die Funktionalität wird vor allem bei den beiden Struktur- und Genehmigungsdirektionen deutlich; die eigentliche Straffung der Verwaltung erfolgte durch die Einführung landesweiter Zuständigkeiten in der Aufsichts- und Dienstleistungsdirektion (ADD).

Besonders hervorheben möchte ich die Integration von 30 Sonderbehörden in die neuen Behörden. Hierdurch wird auf Verwaltungsebenen verzichtet und zugleich zur Verbesserung der Qualität des Verwaltungshandelns Fach- und Vollzugskompetenz zusammengeführt.

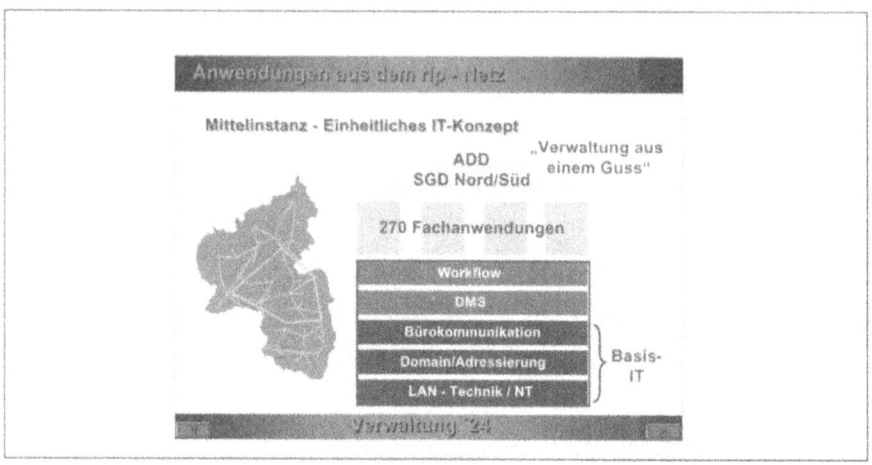

Bild 6: Einheitliches IT-Konzept

Auf der Basis des Rheinland-Pfalz-Netzes haben wir für die Mittelinstanz ein einheitliches IT-Konzept entwickelt, ohne das m.E. diese umfassende Funktionalreform keine Chance auf Verwirklichung gehabt hätte:

- Alle Behörden sind breitbandig am Netz,
- alle Stellen wurden einheitlich neu verkabelt und mit einheitlicher LAN-Technik und aktiven Netzkomponenten ausgestattet,
- 2.000 neue PCs mit Zubehör wurden beschafft und über eine einheitliche Master-Domain in einem einheitlichen Adressierungssystem verwaltet,
- die gesamte Bürokommunikation läuft einheitlich unter Windows NT, Outlook und dem X.500-Verzeichnis-System.

Auf diese einheitlichen Basis-Dienste setzen rund 270 Fachanwendungen auf, die natürlich in der Obhut der Fachdienststellen verbleiben. Sie müssen allerdings programmtechnisch über Schnittstellen an die vorgegebenen Basis-Dienste angepasst werden und werden sich unter dem Gesichtspunkt der Gesamt IT-Kosten (Total Costs of Ownership) weiter reduzieren lassen.

Die IT-Struktur des Landes wird deutlich am Beispiel der behördeninternen und -übergreifenden Projektgruppen, die zur Verfahrensbeschleunigung, z.B. bei komplexen Genehmigungsverfahren, nach dem Verwaltungsorganisationsreformgesetz gebildet werden können.

Damit ist jetzt ein Informations- und Dokumentenaustausch aller an einem Genehmigungsverfahren beteiligten Stellen über ein einheitliches Netz möglich. So wird die Genehmigung eines in Mainz geplanten Müllheizkraftwerks von einer Behörde gebündelt und auf elektronischem Wege intern bis zum endgültigen Bescheid vorbereitet. Auch in der Schulverwaltung greifen Bedienstete an unterschiedlichen Standorten virtuell auf die in Trier zentral vorgehaltenen Personaldaten der Lehrer zu - in der ADD wurde die Lehrerpersonalverwaltung für das ganze Land konzentriert - und können vor Ort alle notwendigen Schriftstücke aus dem zentralen Datenbestand erzeugen.

Als weiterer Schritt haben wir nunmehr mit der Einführung einheitlicher Workflow- und Dokumentenmanagement-Systeme für zentrale Abläufe in allen Behörden begonnen. Maxime ist auch hier, die Systembetreuung zentral über das Netz zu steuern. So könnte beispielsweise schon bald eine gemeinsame Posteingangsstelle für alle Behörden entstehen, die alle eingehende Post einscannt und nur noch virtuell landesweit an die zuständigen Stellen leitet.

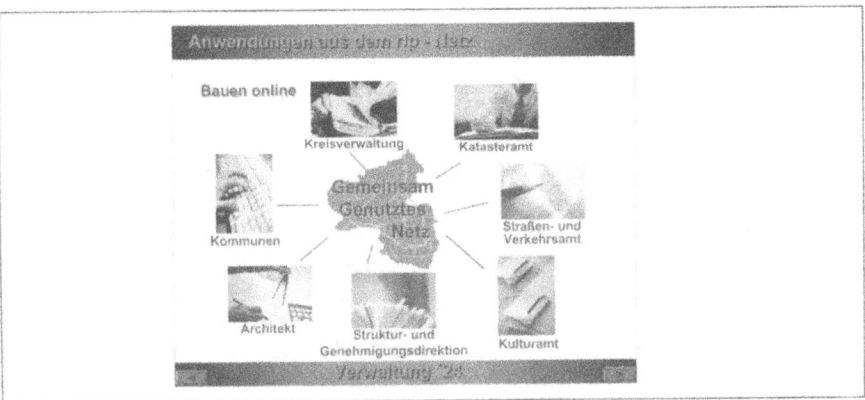

Bild 7: Bauen Online

2. Beispiel: Bauen – Online

An das Rheinland-Pfalz-Netz sind alle Kommunalverwaltungen angeschlossen. Das heißt: jede Kreisverwaltung und die sonstigen Kommunalverwaltungen im Landkreis sind untereinander vernetzt. In einem solchen Kreisdatennetz wurde im Landkreis Kaiserslautern pilothaft ein Workflow-System zur Baugenehmigung entwickelt. Es geht in den nächsten Wochen in den Echtbetrieb:

Am Workflow nehmen alle Kommunen des Kreises und alle an einer Baugenehmigung beteiligten staatlichen Stellen teil: die Orts- und Verbandsgemeindeverwaltung, die Kreisverwaltung, das Katasteramt, das Straßenverkehrsamt, das Kulturamt und die Struktur- und Genehmigungsdirektion. Der eingegangene Bauantrag wird nur einmal bei der Gemeinde aufgenommen, der Kreisverwaltung zugeleitet und in einer einheitlichen Bearbeitungsmaske allen anderen beteiligten Stellen gleichzeitig zugestellt. So ist im Idealfall auch eine gleichzeitige Bearbeitung möglich.

Wichtig ist, dass der Architekt jederzeit per e-mail Eingaben oder Planänderungen an die Baubehörde geben kann und diese sogleich allen Stellen erkennbar sind. Auch erhält der Architekt über jeden Bearbeitungsschritt per e-mail eine Nachricht, so dass er sich jederzeit über den Bearbeitungsstand orientieren kann.

3. Beispiel: Polizei

Über das rlp-Netz sind auch die Polizeidienststellen in Rheinland-Pfalz vernetzt. Auf dieser Grundlage wird die rheinland-pfälzische Polizei die Kommunikation und Information

- innerhalb ihrer Organisation,
- mit Polizeien des Bundes und der Länder,
- mit ausländischen Polizeien und
- anderen Verwaltungen

entscheidend verbessern.

Die Internet-Technologie ermöglicht es erstmals, durch abgestufte Sicherheitskonzepte Interessierten jeweils die Informationen zukommen zu lassen, die sie für ihre Aufgabenerfüllung benötigen.

Auf dieser Basis wird zurzeit der Zusammenschluss aller Intranets der Polizeien des Bundes und der Länder zu einem polizeilichen Extranet realisiert. Dabei ist vorgesehen, auch die europäischen Nachbarn einzubeziehen.

Auf der gleichen technischen Basis eröffnen sich auch völlig neue Möglichkeiten, den Bürger zu informieren und Sicherheitspartnerschaften aufzubauen. Ein Beispiel werde ich Ihnen später vorstellen.

Voraussetzung dafür war die Verwirklichung des bisher größten IT- Projektes der rheinland-pfälzischen Polizei:

„POLADIS-neu", ein Bearbeitungssystem für polizeiliche Vorgänge. Dieses neue System fasst eine Reihe bisher selbständig genutzter Systeme zu einem neuen System zusammen. Das bedeutet konkret: die Daten von bisher 136 verschiedenen Formularen müssen nur noch einmal erfasst werden. Das Schlagwort lautet also „Einmalerfassung – Mehrfachnutzung".

Insgesamt wurden 52 Mio. DM investiert, um flächendeckend eine Vollausstattung für 10.000 Mitarbeiter im Schichtdienst zu erreichen.

Wir haben mit diesem Innovationsschub Einsparungen von 15% bis 20% der täglichen Arbeitszeit erwirtschaftet.

9 Anwendungen aus dem Rheinland-Pfalz-Netz

Bild 8: IT-Anwendungen bei der Polizei RLP

Des Weiteren wurde ELIAS eingeführt. ELIAS ist ein Einsatz-, Leit-, Informations- und Auskunftssystem der Polizei. Durch eine kartenbasierte Darstellung und durch die Möglichkeit, multimediale Daten sowie GPS-Ortungsdaten zu integrieren, ist dieses System auch zukunftssicher.

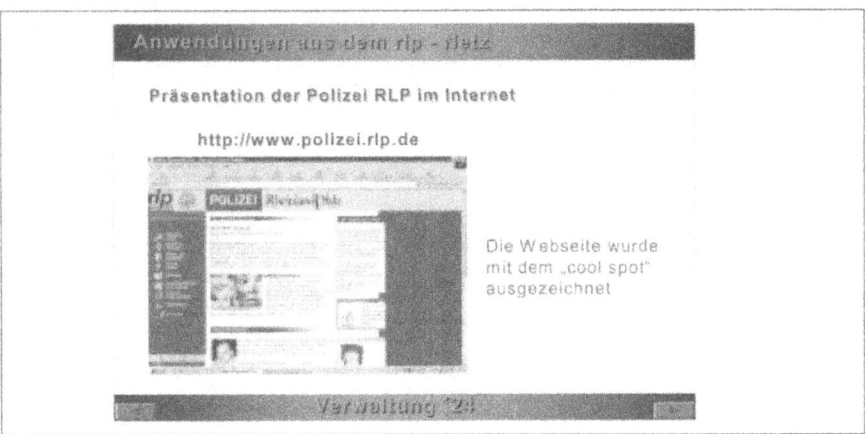

Bild 9: Präsentation der Polizei RLP im Internet

„Sicherheitspartnerschaft" in Rheinland-Pfalz bedeutet, dass die Polizei auch in den neuen Medien präsent ist. Über Internet besteht der direkte Kontakt mit den Bürgerinnen und Bürgern. Die Polizei gibt auf diesem Wege und über „chatrooms" aktuelle Informationen zur Kriminalitätsentwicklung, bis hin zur kriminalpolizeilichen Beratung.

Die Kriminalprävention, unter dem Motto "Wer nichts tut macht mit", ist ein weiterer Schwerpunkt. Die Präsentation der rheinland-pfälzischen Polizei im Internet umfasst mittlerweile ein über 1.000 Seiten starkes, attraktives Angebot.

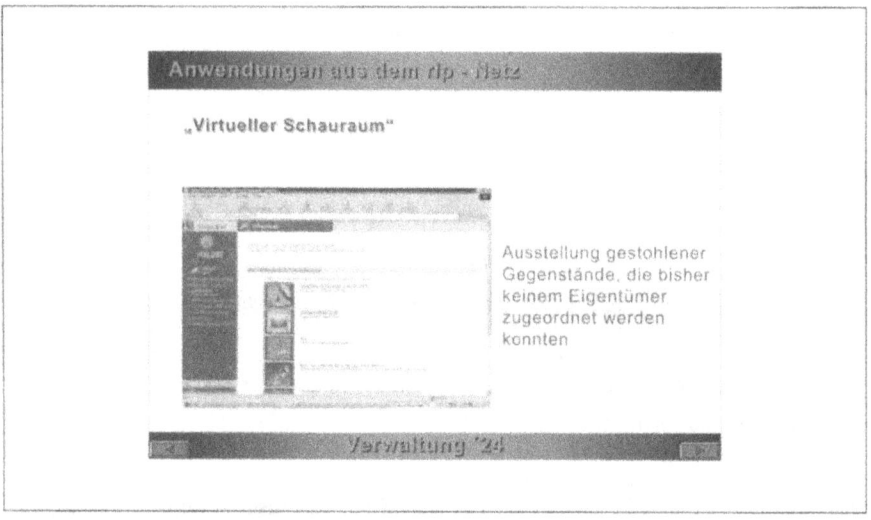

Bild 10: „Virtueller Schauraum"

Dazu gehört weiter ein „virtueller Schauraum", wie er hier zu sehen ist. Darin werden gestohlene Gegenstände virtuell ausgestellt, deren Eigentümer bisher nicht ermittelt werden konnten. Die Präsentation wurde übrigens mit dem sog. „cool-Spot", dem Oscar für Internet-Präsentationen, ausgezeichnet.

Bild 11: Das „Elektonische Kaufhaus der Polizei"

9 Anwendungen aus dem Rheinland-Pfalz-Netz

Eine Vorreiterrolle dürfte die rheinland-pfälzische Polizei bei elektronischen Versteigerungen übernommen haben. Das Internet wird als neuer Vertriebsweg für die Aussonderung von Polizeifahrzeugen genutzt: das „Elektronische Kaufhaus der Polizei". Das virtuelle Kaufhaus informiert über die Versteigerungsbedingungen sowie mit Fotos über die Fahrzeuge selbst, ihren Zustand und die Schätzpreise. So entstand 1997 das erste Online-Modul zur Fahrzeugversteigerung in Deutschland.

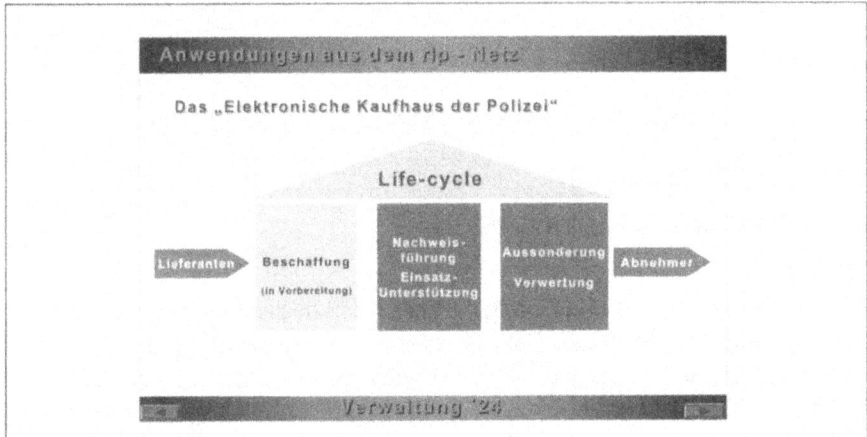

Bild 12: Das „Elektonische Kaufhaus der Polizei"

Die Online-Versteigerungen haben übrigens die Erlöse um ca. 30% gesteigert. Das hat uns beflügelt, dieses Verfahren auch auf andere ausgesonderte Gegenstände auszuweiten.

Gegenwärtig planen wir, das gesamte Beschaffungswesen zu integrieren. Allerdings sind vorher noch einige juristische Hürden im Vergaberecht zu überwinden.

Wir wollen erreichen, den gesamten „life-cycle" eines Gegenstandes in einem „elektronischen Kaufhaus" abzubilden, und nicht zuletzt die Gesamtkosten weiter zu reduzieren. Die Polizeipräsidenten werden sich dann in diesem internen Kaufhaus der Polizei z.B. die Funkstreifenfahrzeuge ihrer Behörden oder auch ihre EDV-Anlagen selbst bestellen können.

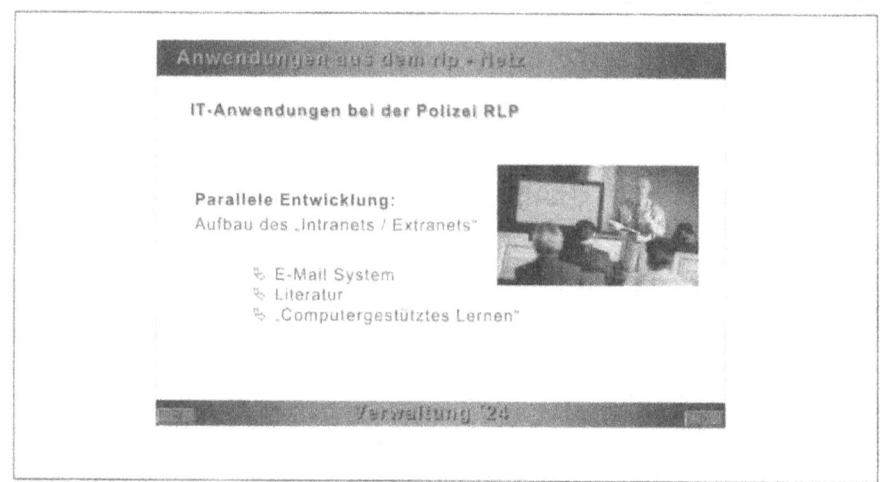

Bild 13: IT-Anwendungen bei der RLP Polizei

Nächster Punkt, das „Polizei-Intranet". Neben der flächendeckenden e-mail als Kommunikationsmittel sind Polizeiliteratur, polizeirelevante Gesetzestexte, Dienstvorschriften usw. an jedem PC verfügbar. Dazu zählt auch die Aus- und Fortbildung über „Computergestütztes Lernen". Bei der Landespolizeischule gibt es bereits die ersten Kurse des „e-Learning" für den Erwerb von IT-Kenntnissen. Der bisherige Erfolg veranlasst uns, e-Learning auch allgemein als Mittel der fachlichen Fortbildung anzubieten. Wir wollen damit zeit- und ortsunabhängig werden, vor allem aber Personaleinsatz, Zeit und Kosten sparen.

An den Beispielen wollte ich zeigen, wie wir „Verwaltung 24" in Rheinland-Pfalz mit Leben erfüllen wollen. Das letzte Beispiel vereint dabei alle die von mir bereits angesprochenen Bereiche: Bürger, Wirtschaft, Bildungsbereich und die Verwaltung als Mittler, als Dienstleister.

Die Polizei hat ohne Frage in Rheinland-Pfalz eine Vorreiterrolle in diesem Bereich eingenommen.

Das Engagement der rheinland-pfälzischen Landesregierung steht nicht nur unter dem Einsparungsaspekt, so wichtig Verwaltungsmodernisierung und Verwaltungsrationalisierung auch sind. Gemessen an den USA, Skandinavien oder Großbritannien hinkt Deutschland in der Nutzung der IT-Technik noch hinterher. Insbesondere in einem stark mittelständisch strukturierten Flächenland wie Rheinland-Pfalz kommt der öffentlichen Hand bei der Einführung neuer Technologien auch eine Vorreiterfunktion zu. Darüber hinaus hoffen wir, dass wir mit unserer Infrastruktur wesentliche Impulse für den „Innovationsstandort Rheinland-Pfalz" geschaffen haben.

10 Anwendungen aus „Bayern Online"

Staatssekretär Hermann Regensburger
Bayerisches Staatsministerium des Innern

Staat, Wirtschaft und Gesellschaft sind einem tiefgreifenden Wandel ausgesetzt und stehen vor neuen Aufgaben. Die traditionelle Industriegesellschaft entwickelt sich zur Informations- und Dienstleistungsgesellschaft. Datenautobahnen und Multimedia gewinnen für unsere Wirtschaft und unseren Alltag einen immer höheren Stellenwert. Die Bayerische Staatsregierung hat die ökonomische, soziale und politische Bedeutung dieser Entwicklung frühzeitig erkannt und deshalb bereits 1994 die Initiative „Bayern Online" ins Leben gerufen.

Der Informations- und Kommunikationsmarkt boomt. Er ist bereits heute der größte Markt weltweit. Angesichts von Prognosen, die der IuK-Technik ein erhebliches Wachstumspotential voraussagen, gilt es, von staatlicher Seite diese neue Technik zum Wohle des Bürgers zu nutzen. Sie soll jedem Einzelnen im Alltag helfen. Denn je früher moderne Informations- und Kommunikationstechnologie in den Unternehmen und von unseren Bürgern angenommen werden, desto schneller und besser kann unsere Wirtschaft die Chance nutzen und neue Produkte und Dienstleistungen marktgerecht anbieten.

Die Anwendung von IuK stärkt damit unsere heimischen Unternehmer im globalen Wettbewerb und schafft zukunftssichere Arbeitsplätze. Gleichzeitig wollen wir mit Hilfe der neuen Technik die Verwaltung effizienter und bürgernäher machen. Der Lebens- und Wirtschaftsraum Bayern soll für die Bürger wie auch für die heimische und internationale Wirtschaft insgesamt noch attraktiver werden.

Bei der Einrichtung von „Bayern Online" gingen wir von folgenden wichtigen Zielsetzungen aus:

- Durch den Einsatz moderner IuK-Technik können Betriebsabläufe im Unternehmen optimiert, der Kontakt zu Lieferanten und Kunden vertieft und die Kooperation zwischen Unternehmen zur Erfüllung von Aufträgen verbessert werden. Gerade auch für mittelständische Unternehmen eignet sich das Internet als Marketinginstrument und öffnet das Tor zu bisher nicht erreichbaren Märkten. Hierdurch sollen sich bayerische Unternehmen im globalen Wettbewerb einen Vorsprung verschaffen. Für Bayern bedeutet dies zusätzliche Arbeitsplätze auch in herkömmlichen Wirtschaftsbereichen.

- Mit Hilfe der IuK-Technologien lässt sich die Verwaltung verschlanken und dennoch in ihrer Leistungsstärke verbessern. Dies senkt die Staatsquote und steigert die Zufriedenheit der Bürger.

- Moderne Telekommunikation reduziert entfernungsbedingte Standortnachteile des ländlichen Raumes. Damit kommen weiche Standortfaktoren wie der Freizeitwert zur Wirkung. Telearbeit bringt die Arbeitsplätze zu den Menschen und ersetzt Berufspendeln.

- „Bayern Online" soll allen Menschen im Freistaat die Kompetenz im Umgang mit moderner IuK-Technologie vermitteln und zur Nutzung dieser Technologien anregen, um das Entstehen einer Zweiklassen-Informationsgesellschaft (Informationsbesitzer und „Online-Analphabeten") zu verhindern.

Diese Zielsetzungen sollen u.a. durch folgende einzelne Vorhaben und Projekte realisiert werden:

Als Basis für den Einsatz modernster IuK-Technologien wurde ein höchsten Ansprüchen genügendes Telekommunikationsnetz (Bayernnetz) eingerichtet, das seither dem wachsenden Bedarf angepasst wird. Das Netz besteht aus dem Hochschulnetz, dem Behördennetz, den City-Netzen sowie den Bürgernetzen und ist Plattform für alle im Rahmen von „Bayern Online" abzuwickelnden Projekte. Hierdurch erhielt Bayern bereits im Frühjahr 1996 ein in alle Regierungsbezirke reichendes Glasfaserbackbone.

Mit dem 1996 gestarteten Hochschulnetz erhielten alle bayerischen Universitäten einen Zugang zum Wissenschaftsnetz mit mindestens 34 Megabit/sec.; die Universitätsstandorte München und Nürnberg wurden mit 155 Megabit/sec. angebunden sowie alle Fachhochschulen mit 2 Megabit/sec. Bereits vergangenes Jahr war in Bayern die erste Strecke des Gigabit-Wissenschaftsnetzes (G-WiN) zwischen München und Nürnberg/Erlangen in Betrieb genommen worden, das im Endausbau Übertragungsgeschwindigkeiten bis zu 10 Gigabit/sec. ermöglichen wird – das heute schnellste Netz der Welt. Dieses Netz ist ein voller Erfolg.

Für die elektronische Kommunikation und für IuK-Anwendungen in der Verwaltung wurde das Behördennetz mit Internettechnologie eingerichtet, deren zentrale Server beim Bayerischen Landesamt für Statistik und Datenverarbeitung stehen. Die überwiegende Anzahl der Dienststellen – von Ministerien über die nachgeordneten Behörden bis zu den Landratsämtern – ist am Behördennetz angeschlossen oder wird in Kürze angeschlossen werden. Derzeit sind über 650 Standorte über Fest- oder Wählverbindungen in das Behördennetz integriert. Für die Netzsicherheit wurde das Projekt „BASILIKA" ins Leben gerufen, eine Sicherheitsplattform, die auch bei möglicherweise unsicheren Netzverbindungen (Internet) einen sicheren Zugang gestattet.

Mit drei Projekten sind Citynetze (Hochgeschwindigkeitsnetze) in München, Nürnberg und Augsburg unterstützt worden.

10 Anwendungen aus "Bayern Online"

Zusätzliche 17 Stadtnetzbetreiber mit eigenen Stadtnetzen befanden sich nach dem Vorbild der geförderten Stadtnetze 1998 in Betrieb, teilweise noch im Aufbau. Weitere Kommunen planen die Errichtung von Stadtnetzen. Bayern ist damit das Land mit der größten Dichte an Stadtnetzen.

In einer ersten Anschubphase bis Ende 1998 erlaubte die Staatsregierung den Bürgern sowie den mittelständischen Unternehmen unentgeltlich die nichtkommerzielle Nutzung des Bayernnetzes (Bayerisches Bürgernetz). Sie regte die Gründung von Bürgernetz-Vereinen an, die wohnortnahe Zugänge zum Bayernnetz errichteten und betreiben, örtliche und regionale Informationen in das Internet einbringen und die Menschen im Umgang mit dem Internet schulen. Der extrem preiswerte Internetzugang und die deutschsprachigen Informationsangebote sollten zur Nutzung des Internet anregen und zu einer Nachfrage nach immer neuen Telekommunikationsdienstleistungen führen. Bereits Ende 1998 waren rund 130.000 Haushalte und sonstige Teilnehmer Mitglied und damit Nutzer der Bürgernetzvereine. Bayern erreichte innerhalb Deutschlands die höchste Internet-Nutzerdichte und die größte Zahl an Internetprovidern.

An staatlichen Verwaltungsanwendungen sind unter dem Leitbegriff „Bürgerservice online" einige bedeutsame Verfahren hervorzuheben:

- der Bayern-Server mit Informationen der Staatsregierung und des Landtags wie z.B. Reden und Pressemitteilungen, diverse Verzeichnisse mit Links zu allen Ministerien und deren Informationsangebot;
- das digitale Grundbuch online, in dem Grundbuchinhalte von Berechtigten elektronisch abgefragt werden können;
- das bayernweite Verkehrsinformations- und -managementsystem „Bayerninfo" mit Prognosen und Informationen über die aktuelle Verkehrslage für die Verkehrsteilnehmer zur effektiven Auslastung der verkehrlichen Infrastruktur;
- der „Abfallberatungspool online", mit dem ein bayernweites Umweltinformationssystem über fachliche Daten wie Abfallverzeichnisse, Stofflisten und Behandlungsmodalitäten sowie Veranstaltungshinweisen, Finanzierungshilfen und Rechtsinformationen aufgebaut werden soll.

Auch aus meinem eigenen Zuständigkeitsbereich möchte ich fünf Vorhaben der Polizei erwähnen, die zu einer wesentlichen Verbesserung der polizeilichen Arbeit beitragen werden. Die Projekte sind zum Teil in einigen Bereichen noch in der Erprobung, werden aber zügig in den landesweiten Betrieb übernommen:

- Entwicklung eines automatisierten Labor-Informations- und Managementsystems (LIMS) für die Abteilung Kriminaltechnik im Bayerischen Landeskriminalamt, um die internen und externen Informationsabläufe zu optimieren sowie um ein optimales Qualitätssicherungssystem zu schaffen;

- die Digitale Bildaufzeichnung und -übertragung – z.B. Lichtbilder von Personen mit Vergleichsfingerabdruck sowie Sachfahndungsgegenstände im Bereich Kunstdiebstähle – zur Steigerung der Effizienz der Verbrechensbekämpfung sowie zur rationelleren Verwaltung und Archivierung dieses Bildmaterials;
- ein geographisches Informationssystem für die Einsatzzentralen, das als wesentlichen Bestandteil eine Verknüpfung von geographischen und einsatzrelevanten Daten bietet und darüber hinaus mit Daten des Global Positioning Systems (GPS), der alarmgesteuerten Videoüberwachung und denen des Bildverarbeitungssystems ergänzt werden kann;
- Einrichtung mobiler Abfrage- und Recherchemöglichkeiten in Form von Laptopausstattung mit Datenfunkanbindung zur Optimierung der mobilen Fahndung, der sogenannten Schleierfahndung; dieses Medium ist seit 1998 im Einsatz und hat wesentlich dazu beigetragen, dass 1999 bei 40.000 Kontrollen im Freistaat Bayern im Rahmen der Schleierfahndung rund 44.500 Straftaten festgestellt, knapp 26.000 Personen festgenommen und über 11.500 Gegenstände sichergestellt werden konnten;
- Verbesserung des Datenaustausches zwischen Polizei und Staatsanwaltschaft durch Einrichtung der technischen Voraussetzungen für elektronische Datenübermittlung anstelle von Papierdokumenten.

Im Bildungsbereich konnte erreicht werden, dass heute über 85 % der weiterführenden Schulen online sind, bei den Gymnasien sind es 95 %. Alle diese Schulen haben mindestens einen Computerraum. Mehr als 65 % dieser Schulen haben ein Computernetzwerk, bei den Gymnasien sind es über 80 %. Die Schulen erhalten Zuschüsse für die Ausstattung der Klassenräume mit elektronischen Tafeln.

In einem seit Februar 1999 laufenden Weiterbildungsprogramm werden innerhalb von eineinhalb Jahren alle 70.000 Lehrer an den weiterführenden Schulen im Einsatz der IuK-Technologie für den Unterricht ausgebildet. Zu erwähnen ist insoweit auch die mit Privatisierungserlösen finanzierte Gründung der Multimediaakademie Nürnberg und die IuK-Qualifizierungsmaßnahmen durch die 24 topelf-Telezentren im ländlichen Raum. Durch letztere wurden bis Ende 1999 in 30 Bildungsmaßnahmen 550 Arbeitslose für den Einsatz in IuK-Arbeitsplätzen qualifiziert. Die Vermittlungsrate liegt mit 70 % außerordentlich hoch.

Auch im Bereich der Hochschulen sind einige Projekte durch das Vorhaben „Bayern Online" gestartet worden. Das Projektkonzept „MEILE" will den Multimedia-Einsatz in der Lehre an Fachhochschulen und Universitäten fördern und hat ca. 150 Einzelprojekte an verschiedenen bayerischen Hochschulen zum Gegenstand. Unter anderem sollen Lehrsysteme entwickelt und Multimedia-Systeme, wie zum Beispiel Audio- und Videoanimationen, elektronische Bibliotheken und Autorensysteme zur Verbesserung der Lehrqualität eingesetzt werden.

10 Anwendungen aus "Bayern Online"

Daneben sollen drei elektronische Bibliotheken eingerichtet werden:

- Die Digitale Bibliothek für Wissenschaft, Wirtschaft und Industrie, in der wichtige und aktuelle Literatur inhaltlich besser erschlossen und über das Internet einschließlich eines Bestell- und Abrechnungssystems zugänglich gemacht werden soll;
- die „Elektronische Wissenschaftliche Bibliothek Weihenstephan", wobei die konventionellen Bibliotheksbestände ebenfalls elektronisch erschlossen und mit einem Recherchesystem zugänglich gemacht werden sollen;
- die „Verteilte Digitale Landesbibliothek", deren Projektziel der Aufbau eines umfangreichen Volltextarchivs ist, in das die für Wissenschaft und Forschung relevante, landesbezogene Literatur in digitaler Form aufgenommen und – integriert in das Gesamtkonzept „Bayern Online" – über das Internet dem weltweiten Zugriff bereitgestellt wird.

Für die ländlichen Bezirke in Bayern wurde das bereits erwähnte Vorhaben „top elf" verwirklicht, ein operationelles Programm zur integrierten Nutzung der Telematik im ländlichen Raum. Dieses Programm, das von 1997 bis 2001 läuft, umfasst neben den Qualifizierungseinrichtungen für telematische Berufsfelder ein jeweils lokales Informationssystem für Bürger und Unternehmen sowie Telearbeitsplätze. Die wichtigsten Informationsthemen sind Gesundheit, geographische Karten und grundstücksbezogene Sachinformationen, Tele-Lernen und Informationen zum Thema Geld. Bis Ende 1999 sind bereits 200 Arbeitsplätze entstanden; nach einer Prognose soll sich die Anzahl neuer Arbeitsplätze bis Ende 2001 auf 400 erhöhen.

Die Gesamtfinanzierung dieses Vorhabens beträgt bis zum Projektende 72 Millionen DM. Der Freistaat Bayern konnte mit 10,7 Millionen DM aus „Bayern Online" Kofinanzierungsmittel insbesondere der EU und des Bundes in Höhe von 45,9 Millionen DM in den bayerischen ländlichen Raum ziehen.

Schließlich möchte ich noch einige Vorhaben für neue Kommunikationstechnologien in der Medizin erwähnen. Da wäre zunächst das Projekt „Hochleistungsmedizin" mit

- einem elektronischen Datenverbund zwischen Augenärzten und ophthalmologischen (= Augenheilkunde betreffenden) und diabetologischen (= wissenschaftliche Erforschung der Zuckerkrankheit betreffenden) Kompetenzzentren zur synchronen und asynchronen Telekonsultation,
- einem Datenverbundnetz mit ähnlicher Funktionalität (Telekonsultation) bis zur Fernsteuerung des Mikroskops im Bereich Pathologie und
- einem chipkartenbasierenden medizinischen Informationssystem für Kliniken und niedergelassene Ärzte über Krankenblattdaten und medizinische Maßnahmen.

Des Weiteren wurde ein „Gesundheitsinformationsdienst" (Health Online Service – HOS", seit 1997 = HOS multimedica) für Ärzte und Apotheker aufgebaut, der inzwischen zum Marktführer der Online-Dienste in diesem Bereich wurde. Der Dienst ist mittlerweile international bekannt. In Italien wurde das Verfahren ebenfalls in der für die dortigen Verhältnisse geeigneten Form eingesetzt; England, Frankreich und Spanien planen eine Einführung.

Neben diesen Vorhaben gibt es noch weitere Vorhaben im Medizinbereich sowie Anwendungen für die Wirtschaft wie „Mittelstandsinfo", „Telekonzept Bauindustrie", „Multimediale Datenbank Textilwirtschaft" und „Güterverkehrslogistik Bayern 2000".

Damit will ich die Projektbetrachtung im Detail abschließen.

Insgesamt ist festzustellen, dass „Bayern Online" bisher sehr erfolgreich verlaufen ist. Über 500 Millionen DM an Projektvolumen konnte durch eine Anschubfinanzierung in Höhe von 148 Millionen DM aus Privatisierungserlösen für 53 Pilotprojekte ausgelöst werden. Besonders erfreulich und als großer Erfolg zu werten ist, dass im Umfeld der Bayern-Online-Projekte in ganz Bayern weiterführende Initiativen und Projekte entstanden sind und entstehen, die teils von Kommunen, teils von der Wirtschaft getragen werden.

Nicht zuletzt hat der Freistaat heute dank „Bayern Online" beste Voraussetzungen auf dem Weg in die Informationsgesellschaft. Bereits sechs Jahre nach dem Start können wir zusammenfassen: „Der Umschwung ist geschafft."

Bayern gilt heute in Sachen moderner Informations- und Kommunikationstechnologien als Vorreiter in Deutschland. Aus vielen Teilen Europas und der Welt kommen Experten aus Politik und Wirtschaft, um sich über den „bayerischen Weg" in die Informationsgesellschaft zu informieren. „Bayern Online" ist zu einem international anerkannten Markenzeichen geworden. Die Hervorhebung von „Bayern Online" als weltweit beste Initiative zur Vermittlung von Nutzerkompetenz für die Bürger anlässlich der Verleihung des Carl-Bertelsmann-Preises im Jahr 1998 zeigt den internationalen Stellenwert dieser Initiative.

„Bayern Online" wurde ergänzt durch Maßnahmen der 1998 angelaufenen High-Tech- und Software-Initiative. Hinzu kommen Maßnahmen, die sich unter dem Stichwort „Bürgerservice online" zusammenfassen lassen und Dienstleistungen der Verwaltung für den Bürger betreffen. Hier könnte es gelingen, dass die öffentliche Hand sogar gegenüber der Wirtschaft eine Vorbildfunktion übernimmt.

Auch innerhalb der Staatsverwaltung hat der Einsatz der modernen IuK-Technik inzwischen eine Eigendynamik erhalten. In allen Ressorts werden immer neue Anstrengungen unternommen, die Ausstattung zu aktualisieren und auch bürgerbezogene Anwendungen einzuführen (z.B. GEWAN, Ausländerzentralregister, JURIS, Kraftfahrt-Bundesamt, Elektronische Steuererklärung, Car-PC, Virtuelle Hochschule Bayern).

10 Anwendungen aus "Bayern Online"

Im „Bayern-Online-Kongress", der zuletzt im Juli 2000 zum dritten Mal stattfand, konnten Sie sich ebenfalls über einzelne Projekte aus dem Programm „Bayern Online" und aus der nachfolgenden High-Tech-Offensive informieren. Besonders hervorheben möchte ich das auch dort gezeigte und in Vorbereitung befindliche Vorhaben „Virtueller Marktplatz Bayern" mit dem integrierten Behördenwegweiser. Dieser bayernweite Marktplatz soll sowohl den E-Commerce in Bayern voranbringen als auch ein Medium werden, in dem die Bürger ein möglichst umfangreiches Informationsangebot zu behördlichen Leistungen abfragen können. Vielleicht kann dieser Wegweiser als Integrationsmedium für viele Verfahren der Bayern-Online- und HTO-Projekte dienen. Zusammen mit dem marktwirtschaftlichen Segment könnte der Virtuelle Marktplatz Bayern als Internet-Portal *das* Informationsmedium für Verwaltungs- und Marktinformationen werden – sowohl für die Bürger in Bayern als auch für die nationale und internationale Gemeinschaft, die sich über bayerische Angelegenheiten informieren will.

Der Kabinettsausschuss „Bayern Online" wird künftig im „Internetausschuss" weitergeführt werden und sich nicht nur mit den Projekten aus „Bayern Online", sondern auch umfassend mit der Entwicklung Bayerns zur Informations- und Wissensgesellschaft befassen. Einige der nächsten großen Ziele sind die beschleunigte Verbesserung der Ausstattung der staatlichen Stellen und Einrichtungen mit IuK-Technologie, die weitere Verbesserung der Aus- und Weiterbildungssituation im Bereich von Medien und Informations- und Kommunikationstechnologie sowie die Hinführung des Mittelstandes zum Einsatz der neuen Internet- und IuK-Technologien.

„Bayern Online" hat als auslösendes Vorhaben dieser Entwicklung seine Pilotfunktion bestens erfüllt.

11 Anwendungen im Informationsverbund Berlin/Bonn (IVBB)

Gerhard van der Giet

Deutscher Bundestag, Berlin

1 Einleitung

Der Beschluß vom 20. Juni 1991 zur Vollendung der Einheit Deutschlands gab Anlaß, auch durch geeignete technische Maßnahmen dafür zu sorgen, daß die ganz oder vorübergehend in Bonn verbleibenden Teile der Bundesregierung mit den in Berlin befindlichen Ministerien zusammen- und dem Parlament in der gewohnten Weise zuarbeiten können. Vor diesem Hintergrund entstand der Gedanke, einen Informationsverbund zwischen Berlin und Bonn zu erstellen, der den daran angeschlossenen die Zusammenarbeit in einer solchen Weise ermöglicht, als ob sie sich an einem Ort befänden. Da die Bundesregierung den Beschlüssen entsprechend teilweise in Bonn, teilweise in Berlin untergebracht ist, ist sie in besonderem Maße auf die Nutzung des IVBB angewiesen. Das Parlament dagegen wird in Kürze vollständig nach Berlin umgezogen sein, hat jedoch auch ein erhebliches Interesse an der Nutzung des IVBB nicht nur in der Übergangszeit, während der noch Teile der Parlamentsverwaltung in Bonn untergebracht sind, sondern auch langfristig, um den Kommunikationsfluß zwischen Parlament und Regierung weiterhin sicherzustellen. Aus diesem Grund hat die Kommission des Ältestenrates für den Einsatz neuer Informations- und Kommunikationstechniken und -medien (IuK-Kommission) das Entstehen des IVBB von der ersten Stunde an begleitet, um die Interessen des Parlamentes sicherzustellen. Auf Veranlassung der IuK-Kommission hat der Ältestenrat am 9. November 1995 einen Beschluß gefaßt, der aus der Sicht des Bundestages Rahmenbedingungen für die Entwicklung des IVBB festlegte. Insbesondere verlangte der Ältestenrat, daß die Unkontrollierbarkeit der Kommunikation der Abgeordneten insbesondere mit der Bundesregierung durch technische, organisatorische und personelle/administrative Maßnahmen gewährleistet wird. Für den Bundestag wäre es nicht zu akzeptieren, wenn seine Kommunikationsvorgänge nicht nur inhaltlich, sondern allein schon bezüglich der Verkehrsdaten durch Dritte zur Kenntnis genommen werden könnten. Ferner soll die jederzeitige Verfügbarkeit der Kommunikationsmöglichkeiten auch im Krisen und Streikfall sowie eine Kryptierung der Daten sichergestellt werden. Für alle diese Fragen sind zufriedenstellende technische bzw. organisatorische Lösungen gefunden worden.

In Bonn und in Berlin wurden durch den IVBB verbundene Netze aufgebaut, an die jeweils die einzelnen Häuser angeschlossen sind. Durch einen zentralen Zugang zum Internet ergeben sich günstige Kostenregelungen für alle angeschlossenen Behörden. Die Einrichtung einer einheitlichen Rufnummer (01888-) ermöglicht es, Gesprächspartner zu erreichen ohne Kenntnis ihres Aufenthaltsortes. Der Deutsche Bundestag hat als oberstes Verfassungsorgan in Berlin sein eigenes unabhängiges Liegenschaftsverbindungsnetz errichtet, das mit dem IVBB gekoppelt ist, diesen aber nicht für die Kommunikation im eigenen Hause nutzt.

2 Erwartungen an den IVBB

Die Erwartungen an den IVBB waren von der ersten Stunde an hoch gesteckt, aber je nach Hintergrund außerordentlich unterschiedlich. So sahen die Hersteller von Telekommunikationsanlagen im Vordergrund die Kommunikationsbrücke zwischen Berlin und Bonn. Endgerätehersteller wiederum erkannten eine Plattform, moderne Produkte für die Zusammenarbeit an verschiedenen Orten einsetzen und erproben zu können, z.B. für Videokonferenzen, Telekooperation, usw. Auch die Wissenschaft meldete sich zu Wort mit den sogenannten POLIKOM-Projekten, die verschiedene Formen neuer Arbeitswelten erproben sollten. Insgesamt sollte der IVBB nicht nur die sichere und stets verfügbare Kommunikation zwischen Berlin und Bonn ermöglichen, sondern richtungsweisende Impulse für die Modernisierung der Verwaltung auslösen. Dieses viele Arbeitsplätze betreffende Vorhaben galt als weltweit einmaliges und größtes Multimedia-Projekt, das öffentlicher Verwaltung, Industrie und Wissenschaft neue Dimensionen erschließen sollte. Nicht umsonst wurde nie von einem *Kommunikations*- sondern von einem *Informations*verbund gesprochen. Nicht nur die Kommunikationsmöglichkeiten, die persönliche, vom jeweiligen Aufenthaltsort unabhängige Erreichbarkeit, die flächendeckende Bereitstellung von IT-Anwendungen für die Telekooperation, sondern vor allem auch die für die Arbeit benötigten Informationen sollten unabhängig vom Ort zur Verfügung stehen. Der Begriff IVBB ist daher sehr weitgefaßt zu verstehen und beschreibt nicht etwa nur die Kommunikationsbrücke zwischen Berlin und Bonn.

Diese umfangreiche und ehrgeizige Zielsetzung erforderte ein umfassendes Zusammenwirken von Verwaltung, Industrie und Wissenschaft. Es wurde deshalb eine Expertenkommission ins Leben gerufen, in der erfahrene Persönlichkeiten aus diesen Bereichen vertreten waren, und die wesentliche Anregungen für die Entwicklung des IVBB geben konnte. Sie wurde allerdings nach der Inbetriebnahme der Kommunikationsbrücke wieder aufgelöst.

In der Zeitspanne des Entstehens des IVBB lag auch die weltweite Verbreitung des Internet mit seinen enormen Auswirkungen auf die Arbeitswelt, die Politik und die Gesellschaft. Rückwirkend sind viele der IVBB-Ideen überhaupt erst durch die Internet-Technologie wirtschaftlich ergonomisch (leichte, einheitliche Bedienbarkeit) möglich geworden. Den Nutzungsmöglichkeiten werden jedoch durch eine Reihe von – keineswegs technischen – Faktoren auch Hindernisse entgegengesetzt.

3 Begleitende Projekte

Mit einem Vorhaben wie dem IVBB als Informationsverbund und Instrument für die Zusammenarbeit an räumlich verteilten Arbeitsplätzen wurde weitgehend Neuland beschritten. Aus diesem Grund wurde in Wissenschaft und Forschung begleitend mit Projekten begonnen, die insbesondere auf die Nutzung der entstehenden Kommunikationsbrücke, die sich abzeichnende flächendeckende Vernetzung und neuer Produkte im Endgerätebereich abzielten.

3.1 Die POLIKOM-Projekte

Im Jahr 1994 startete das damalige Bundesministerium für Bildung und Wissenschaft, Forschung und Technologie (BMBF) den Förderschwerpunkt POLIKOM. In insgesamt vier Verbundprojekten (POLIWORK, POLIFLOW, POLIVEST UND POLITEAM) unter Beteiligung von Herstellern, Wissenschaft und Verwaltung sollte die in unterschiedlichem Maße zeitversetzte bzw. zeitgleiche Kooperation an räumlich getrennten Arbeitsplätzen erprobt und weiterentwickelt werden. Auch der Deutsche Bundestag hat sich bezüglich der Abstimmungsvorgänge zwischen dem Sekretariat seines Ausschusses für Bildung, Forschung, und Technikfolgenabschätzung und dem entsprechenden Referat des BMBF an dem Projekt POLIWORK (zeitgleiche Zusammenarbeit an getrennten Orten) beteiligt. Abstimmungsprozesse zwischen beiden Referaten wurden gleichzeitig an Bildschirmen vorgenommen.

3.2 DOMEA

Als ein weiteres den IVBB begleitendes Vorhaben wurde das Pilotprojekt „Dokumentenmanagement und elektronische Archivierung im IT-gestützten Geschäftsgang" (DOMEA) ins Leben gerufen. Dieses Projekt sollte dazu beitragen, den Schriftverkehr von Papier auf eine elektronische Form umzustellen. Letztere ist eine fundamentale Voraussetzung, wenn der IVBB über die Kommunikationsbrücke hinaus im Bereich der Telekooperation und des ortsunabhängigen Arbeitens Erfolg haben soll.

4 Nutzung des IVBB für Anwendungen

4.1 Kommunikationsbrücke Berlin Bonn

Die wichtigste Aufgabe des IVBB ist die Bereitstellung einer Kommunikationsbrücke zwischen den Netzen in Berlin und Bonn. Wie selbstverständlich wird heute jedes Telefonat, jedes Telefax und auch jede Computerverbindung zwischen Arbeitsplätzen der Bundesregierung und des Bundestages in Berlin und Bonn über den IVBB geführt. Auch der Deutsche Bundestag, der noch nicht vollständig nach Berlin umgezogen ist, nutzt den IVBB, um seine Netze in Bonn und in Berlin miteinander zu verbinden. Die elektronische Post ist gerade nach dem Umzug ein alltägliches Mittel der Kommunikation geworden. Dabei ist für den Deutschen Bundestag von hoher Bedeutung, daß die Kommunikation über den IVBB im Gegensatz zur Kommunikation über öffentliche Netze als ausreichend sicher anzusehen ist.

Da das neue Gebäude des Bundestages in Berlin, das u.a. das Rechenzentrum aufnehmen soll, noch nicht fertiggestellt ist, verblieb das Rechenzentrum bisher in Bonn, eine wirtschaftliche und praktische Vorgehensweise, die ohne den IVBB so nicht möglich gewesen wäre.

Das DV-System für die Bibliothek des Bundestages, mit ca. 1,2 Mio Bänden die zweitgrößte Parlamentsbibliothek der Welt, wird schon seit mehreren Jahren in Berlin von einer Privatfirma in deren Rechenzentrum betrieben. Der Zugriff aus dem Netz des damals noch in Bonn befindlichen Bundestages erfolgte über den IVBB. Heute greifen die noch in Bonn verbliebenen Dienststellen des Bundestages weiterhin über den IVBB auf das elektronische Bibliothekssystem zu.

4.2 Nutzung der Kommunikationsbrücke für den Datenumzug

Auch für den Umzug nach Berlin war der IVBB für den Bundestag von entscheidender Bedeutung. Vor der Frage stehend, wie die Daten der Abgeordneten und der entsprechend ausgestatteten Arbeitsplätze der Verwaltung sicher nach Berlin verbracht werden können, wurde entschieden, hierfür den IVBB zu nutzen. Die Daten wurden vor dem Umzug in Bonn verschlüsselt, anschließend in verschlüsselter Form über den IVBB nach Berlin übertragen und dort entsprechend dem neuentwickelten IT-Konzept des Bundestages auf Servern abgelegt. Dieses Konzept für den Datenumzug, für dessen Realisierung der IVBB als Kommunikationsbrücke unverzichtbar war, bewährte sich in vollem Umfang und zeigte, daß der IVBB eine verläßliche Einrichtung geworden ist.

4.3 Videokonferenzen

Im Bereich der Ministerien werden Videokonferenzen über den IVBB regelmäßig durchgeführt. Auch der Bundestag stellt seinen Ausschüssen ab sofort diese Möglichkeit zur Verfügung. Allerdings zeigte sich hier, welche Fülle von Fragen aufgeworfen wird, wenn es sich dabei um einen Vorgang im politischen Raum handelt. Der typische Nutzungsfall ist die Befragung von in Bonn befindlichen Regierungsvertretern durch einen Ausschuß, der in Berlin tagt. Hier sind jedoch an beiden Enden der Kommunikationsbrücke nicht – wie sonst bei Videokonferenzen üblich – gleichrangige Partner, sondern auf der einen Seite befindet sich der Ausschuß in Berlin, der auch das Geschehen in Bonn unter Kontrolle haben will, und auf der anderen Seite der berichterstattende Regierungsvertreter. Vor diesem Hintergrund sind im Vorfeld eine Reihe von nichttechnischen Fragen aufgeworfen worden, z. B., wer eine Videokonferenz verlangen kann, ob dies auch eine Minderheit darf, wer ein Widerspruchsrecht besitzt, wer daran teilnehmen darf usw. In der Zwischenzeit hat der Ältestenrat vorläufige Regelungen erlassen, mit denen die Videokonferenztechnik in Ausschüssen erprobt werden kann. Ein erster Versuch, den der Bundestag vor Jahren mit seinem Ausschuß für wirtschaftliche Zusammenarbeit unternahm, zeigte darüber hinaus weitere Anforderungen, z.B. an die Regieführung.

4.4 Behördenübergreifendes Intranet auf der Grundlage des IVBB

Schnell erkannten Firmen und Behörden, welch große Vorteile die Internet-Technologie hausintern als Intranet bieten kann. So entstanden auch in den Behörden individuelle Intranets, die die jeweils für die Arbeit benötigten Informationen führen. Es liegt auf der Hand, daß ein umfassendes Intranet im IVBB mit gemeinsamen, für viele relevanten Informationen Vorteile bieten muß. So hat auch die IuK-Kommission in ihren Sitzungen wiederholt gefordert, daß von allen Beteiligten möglichst schnell und in möglichst großem Umfang übergreifende Informationen bereitgestellt werden. Das Intranet des Bundestages ist heute in Berlin und über den IVBB auch in Bonn Grundlage der Informationsversorgung und des Zugriffs auf die verschiedensten Anwendungen. Als Beispiele von Anwendungen, die nur über das Intranet und nicht auch über das Internet erreichbar sind, seien die Pressedokumentation, der sogenannte Tickerdienst (Meldungen der Nachrichtenagenturen), spezielle Funktionen des Bibliothekssystems oder Informationen des internen Benutzer-Service-Zentrum genannt

Für die Mitglieder des Bundestages ergibt sich daraus ein übersichtliches Modell einer gestuften Informationsbeschaffung. Im Kern befindet sich das Büro bzw. der PC des Abgeordneten, auf dem die büroeigenen Daten geführt werden. Durch Mausklick wird die nächste Ebene, das Intranet seiner Fraktion erreicht. Ein weiterer Mausklick führt zum Intranet des Bundestages mit seinen zahlreichen

Informationsdienstleistungen. Weitere Klicks öffnen das Intranet des IVBB und das World-Wide-Web. Besonders benutzerfreundlich ist dabei, daß aufgrund derselben Technologie weitestgehend die gleichen Oberflächen benutzt werden, ein Vorteil, der gerade gelegentlichen Benutzern entgegenkommt.

5 Weitere Nutzungsformen des IVBB

Heute kann gesagt werden, daß die im Hinblick auf die Unterbringung von Parlament und Regierung wichtigste und dringlichste Funktion des IVBB, die Kommunikationsbrücke zwischen Berlin und Bonn, ihren Anforderungen in vollem Umfang gerecht wird und praktisch nicht mehr wegzudenken ist. Viele der bereits genannten Anwendungen könnten ihren Zweck ohne den IVBB nicht erfüllen. Es erscheint aber auch interessant, der Frage nachzugehen, inwieweit die in ihn gesetzten Erwartungen bezüglich der über die Kommunikationsbrücke hinausgehenden neuen Arbeitsformen der Telekooperation erfüllt werden konnten, also ob elektronische Arbeitsabläufe und Archive, Videokonferenzen usw. tatsächlich dazu geführt haben, daß ein wirtschaftliches und effektives Verwaltungshandeln unabhängig vom Ort möglich ist.

Es ist zu hoffen, daß Erkenntnisse aus den POLIKOM-Projekten in die Entwicklung neuer Produkte eingeflossen sind, jedoch sind Konzepte oder Produkte, die sich ausdrücklich darauf beziehen, eigentlich nicht bekannt geworden. Der Deutsche Bundestag hat seine Mitwirkung in dem entsprechenden Projekt mit dem Umzug nach Berlin folgenlos beendet. Im Projekt DOMEA dagegen wurde ein Konzept für das Dokumentenmanagement und die elektronische Archivierung entwickelt, für das sogar mehrere Produkte zur Verfügung stehen.

Unabhängig von DOMEA bemühen sich Fachleute von Parlament und Regierung auch, Arbeitsabläufe im Gesetzgebungsprozeß möglichst elektronisch zu gestalten. Natürlich können und werden Vorlagen elektronisch übertragen, aber zwangsläufig nur begleitend, da unter dieser Art Dokumente eine Unterschrift zwingend erforderlich ist. Hier wird die elektronische Unterschrift dringend benötigt. Zusätzlich werden andere Formen der Bereitstellung von Dokumenten diskutiert, z.B. das Einstellen in Servern, von denen die Unterlagen „abgeholt" werden können. Aber hier ist zu fragen, ob damit der Rechtslage Genüge getan ist und nicht etwa die jetzt bestehende Bringschuld in eine Holschuld verwandelt wird.

Den Beschlüssen zufolge sollten fünf Ministerien und zunächst der Bundesrat in Bonn verbleiben. Dadurch entstand ein ungeheurer Druck zur Zusammenarbeit über große Entfernungen, und dies nicht nur im Hinblick auf dienstliche Arbeitsabläufe, sondern auch, um gegebenenfalls soziale Belange der betroffenen Mitarbeiter/innen durch einen längeren Verbleib in Bonn entgegenkommen zu können. Aber dieser Druck scheint weniger durch Einsatz von IVBB und

Telekooperation, sondern eher durch den vielzitierten Rutschbahneffekt aufgelöst zu werden. Hier sind es sicherlich die Menschen selbst, die sehr wohl abwägen, ob sie Telearbeiten oder nicht doch lieber vor Ort sein wollen.

6 Zukünftige Entwicklung

Wenn also der IVBB seine Aufgabe als Kommunikationsbrücke zwischen Berlin und Bonn voll erfüllt und heute die Produkte für Telekooperation, elektronische Vorgangsbearbeitung, ja sogar für mobiles Arbeiten auf dem Markt sind und nicht zu übersehen ist, daß ein dringender Bedarf für ihre Anwendung vorliegt, so ist offensichtlich, daß weitere Schritte erforderlich sind, um diese Entwicklung voranzubringen. Aus diesem Grund wird intensiv an den folgenden Maßnahmen gearbeitet.

Mehr Dienste im Netz

Zentrale Dienste im IVBB, z.B. für die Durchführung von Videokonferenzen, müssen im IVBB angeboten werden. Auch neuartige Dienste wie simultane Übersetzungsdienste könnten bei Bedarf angeboten werden.

Verbindliche Festlegung von Standards

Überall dort, wo übergreifende Arbeitsvorgänge vorliegen, sollten klare Verpflichtungen zugunsten bestimmter Standards, evtl. sogar bestimmter Produkte, eingegangen werden. DOMEA-konforme Produkte sollten möglichst überall eingesetzt werden.

Günstigere Rechtslage

Die Rechtslage erlaubt manche Dienste heute nicht. So wäre es hilfreich, wenn z.B. von einem Haus erzeugte Pressemappen und -dokumentationen auch an andere Häuser weitergegeben werden könnten.

Mehr Informationen

Das Informationsangebot im IVBB muß stetig erweitert und ergänzt werden. Die dort geführten Informationen sind wesentliche Grundlage zukünftigen – nicht nur ortsunabhängigen – Arbeitens.

Weiterentwickelte Suchmaschine

Geeignete Suchmaschinen sollten entwickelt bzw. vorhandene Suchmaschinen weiterentwickelt werden, die ggf. ganze (Multimedia-)Vorgänge aus verschiedenen Quellen zusammenstellen können.

Weitergehende Vernetzung

Der IVBB muß weiter wachsen zu einem Netzwerk, das die wichtigsten nationalen und internationalen Institutionen umfaßt. Die Internet/Intranet-Technologie kann dazu beitragen, daß auf verschiedenen Ebenen mit einheitlichen Methoden Informationen gefunden werden können.

7 Zusammenfassung

Die vorstehenden Ausführungen zeigen, daß mit dem Aufbau des IVBB eine Kommunikationsbrücke zwischen Berlin und Bonn geschaffen wurde, die den in sie gesetzten Erwartungen in vollem Umfang gerecht wird. Kommunikationsvorgänge aller Art zwischen Dienststellen der Bundesregierung und des Parlamentes in Bonn und Berlin werden praktisch ausschließlich hierüber durchgeführt. Nachholbedarf besteht jedoch im Bereich der Dienste und Anwendungen, für die der IVBB eine spezifische Grundlage sein könnte. Eine weitere Durchdringung elektronischer Bearbeitung von Arbeitsvorgängen sowie weitere zentrale Dienstleistungen des IVBB sollten angestrebt werden.

12 Media@Komm
Rechtsverbindliche Online-Transaktionen als wirtschaftliche Herausforderung – Das Beispiel Bremer Online Service

Prof. Dr. Herbert Kubicek
Universität Bremen

Einführung: Wider einige Vor-Urteile

Im Verlauf dieser Tagung wurde mehrfach gefragt, warum es in Deutschland noch so wenige Online-Transaktionsangebote von Verwaltungen gibt. Als Gründe wurden die geringe Innovationsbereitschaft und fehlende strategische Konzepte der Verwaltungen und/oder eine Reihe konkreter technischer und rechtlicher Probleme angeführt. In der Regel wird unterstellt, dass Deutschland im internationalen Vergleich zurückliegt und dass man hier sehr viel weiter sein könnte, wenn sich die Verwaltung nur wie die Unternehmen verhalten würde. Beiden Annahmen soll hier widersprochen werden: Aufgrund einer international vergleichenden Studie in elf Ländern (Hagen und Kubicek, 2000) gibt es keinen Beleg dafür, dass andere europäische Länder oder Nordamerika generell weiter sind.[1] Einzelne Länder sind in dem einen oder anderen Teilbereich etwas weiter, liegen dafür in anderen jedoch zurück. Und Deutschland liegt nicht zuletzt wegen des Media@Komm Wettbewerbs insgesamt durchaus im Spitzenfeld. Dass wir nicht noch weiter sind, hat zudem keine irrationalen, sondern im Gegenteil ganz rationale Gründe. Meine Erklärung ist, dass sich Online-Angebote für Bürgerinnen und Bürger zur Zeit noch nicht rechnen, und vieles, was von den Verwaltungen in lockeren Reden verlangt wird, tatsächlich teure Vorleistungen, wenn nicht sogar dauerhafte Fehlinvestitionen werden könnte, wenn nicht noch neue, innovative Lösungsansätze entwickelt werden.

Diese wirtschaftliche Problematik ist die Rechtfertigung dafür, dass die Bundesregierung erhebliche Fördermittel in den Multimedia-Städtewettbewerb Media@Komm investiert hat, um zumindest drei Städten die Möglichkeit zu geben, ohne Sparvorgaben Neues auszuprobieren. Allerdings ist dieses Geld nur dann sinnvoll angelegt, wenn diese Experimente nach Auslaufen der Förderphase

---

[1] Das verschiedentlich als Spitzenreiter angeführte Singapur ist als Stadt-Staat-Diktatur von seinen Voraussetzungen her mit einem föderalen und demokratischen Staatswesen nicht vergleichbar und als Maßstab daher nicht geeignet.

in einen tragfähigen wirtschaftlichen Betrieb münden. In Bremen soll dies dadurch gewährleistet werden, dass die Entwicklungen von vornherein nicht als gefördertes Projekt organisiert worden sind, sondern einer mit Partner aus der Wirtschaft gegründeten wirtschaftlich orientierten Entwicklungs- und Betriebsgesellschaft, der Bremen Online Services GmbH & Co. KG, übertragen wurden[2]. Dort musste ein Wirtschaftsplan erstellt werden, und den Anteilseignern muss regelmäßig berichtet werden. Ich selbst habe in diesem Zusammenhang nicht nur die Leitung einiger Teilprojekte übernommen, sondern bin auch für den Anteilseigner Freie Hansestadt Bremen Mitglied des Aufsichtsrates dieser Gesellschaft und möchte vor allem aus dieser Position heraus die Herausforderungen für E-Government skizzieren. Denn langfristig wird sich nur das durchsetzen, was für alle Beteiligten wirtschaftlich tragfähig ist, was sich als sogenannte Win-Win-Situation erweist. Und dies ist heute weder den Verwaltungen, noch der Verwaltungswissenschaft und auch nicht den vielen Unternehmensberatungsfirmen, die sich den Verwaltungen als Experten anbieten, hinreichend klar. Dabei geht es sowohl um die Auswahl der für Online-Angebote geeigneten Verwaltungsleistungen als auch um die wirtschaftliche Organisation der Leistungserbringung in neuen Dienstleistungsnetzwerken. Denn ebenso wie nicht alle Waren gleichermassen für den E-Commerce geeignet sind, sind auch nicht alle Verwaltungsleistungen gleich online-fähig. Und genauso wie Unternehmen sich überlegen, mit wem sie was online gemeinsam machen, müssen auch Verwaltungen erst noch die erfolgversprechenden Public-Private-Partnerschaften finden und erproben.

Was die Bürgerinnen und Bürger gerne wollen

Eine ganze Reihe von Umfragen in den letzten beiden Jahren zeigen, dass ein großer Anteil von Befragten den Wunsch äußert, Behördenkontakte online zu erledigen. In Bild 1 sind die Ergebnisse einer Umfrage des Hamburger BAT-Freizeit-Forschungsinstituts und des Eurobarometers, einer Umfrage in allen 15 EU-Mitgliedsländern, wiedergegeben. Dabei zeigt sich das durchaus nicht selbstverständliche Ergebnis, dass die Behördenkontakte überall auf Platz 1 der Online-Wunschliste gesetzt wurden. Bemerkenswert ist auch, dass gleichzeitig der Wunsch nach Online-Diskussionen mit Politikern sehr viel schwächer ausgeprägt ist.[3]

---

[2] Vgl. zu dieser Gesellschaft, den Gesellschaftern, den Aufgaben und Dienstleistungsangeboten http://www.bos-bremen.de

[3] Auf diesen auch als e-democracy bezeichneten Bereich der Kommunikation zwischen Verwaltung und Bürgerinnen und Bürgern kann hier aus Platzgründen nicht näher eingegangen werden. Vgl. dazu z.B. Kubicek, Herbert und Martin Hagen: Gesellschaftliche Partizipation per Internet? Zur Anschlussbedürftigkeit interaktiver Medien. In: Thomas Breisig (Hrsg.): Mitbestimmung - Gesellschaftlicher Auftrag und

12 Media@Komm

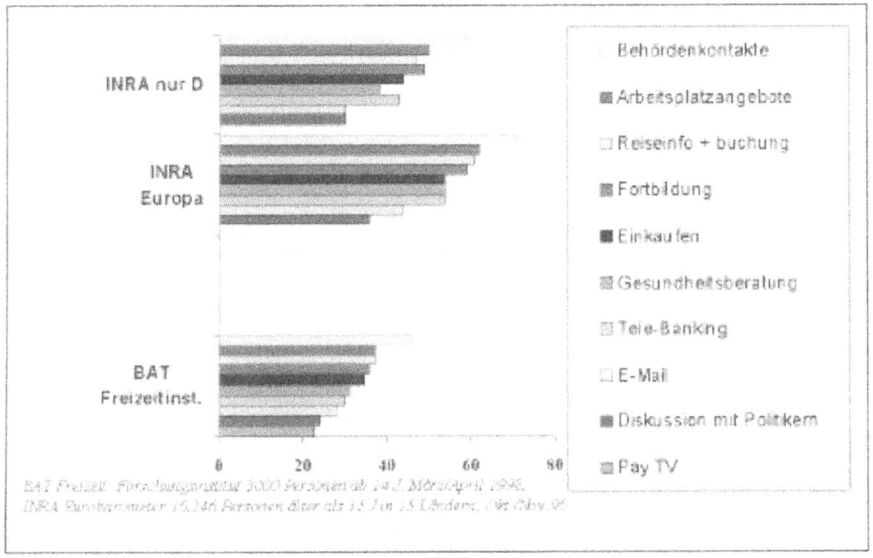

Bild 1: Was die Nutzer online erledigen wollen

Im August 2000 hat INRA in Deutschland bei 1000 Personen telefonisch genauer zum Thema E-Government nachgefragt:

- Mehr als zwei Drittel der Befragten begrüßen danach die elektronische Bereitstellung von Verwaltungsleistungen.
- Sie erwarten davon vor allem eine Zeitersparnis, einen erleichterten Zugang zu Informationen und eine schnellere Bearbeitung ihrer Anliegen.
- Als Nachteile nennen sie vor allem Sicherheitsprobleme, eine gewisse Unpersönlichkeit der Verwaltungskontakte, die Angst vor dem Verlust von Informationen aufgrund technischer Probleme und - in deutlich geringerem Maße - die mit der Online-Abwicklung verbundenen Kosten.

Konkret gefragt, ob sie ihre Steuererklärung online abgeben würden, sagen 67 % Nein. Auch bei Online-Wahlen gibt sich eine Mehrheit skeptisch. Nicht alles, was in den Medien als Paradebeispiel für Online-Transaktionen genannt wird, entspricht also den Präferenzen der Bürgerinnen und Bürger. Wirklich verlässliche Daten über die Online-Wünsche der jeweiligen Bürgerinnen und Bürger vor Ort hat nach einer anderen Umfrage allerdings keine Kommune. Und selbst solche Daten sagen, wie wir aus vielen anderen Zusammenhängen wissen, noch nichts Verbindliches über das tatsächliche spätere Verhalten, denn der Verwirklichung

---

ökonomische Ressource. Festschrift für Hartmut Wächter. München und Mering 1999, S. 374 – 406.

der Wünsche können ja noch eine ganze Reihe konkreter Hindernisse entgegenstehen.

Was heißt Interaktivität konkret ?

Inzwischen kann man sich bei vielen Verwaltungen einzelne Formulare auf seinen Computer zu Hause oder am Arbeitsplatz herunterladen, ausdrucken, ausfüllen und dann entweder mit der Post abschicken oder selbst zu dem zuständigen Amt bringen. Teilweise kann man die Formulare auch am Bildschirm ausfüllen und dann ausdrucken, abschicken oder vorbeibringen. In ganz wenigen Fällen können Formulare bisher online ausgefüllt und elektronisch abgeschickt werden. Wo dies möglich ist, werden sie dann oft in der Verwaltung ausgedruckt und in den normalen Geschäftsgang gegeben.[4]

Damit ein Verwaltungsvorgang komplett online abgewickelt werden kann, müßte man

1. ein Formular elektronisch abrufen,

2. es auf einem Computer ausfüllen und elektronisch abschicken,

3. eine damit verbundene Gebühr gleichzeitig elektronisch entrichten,

4. eine Bestätigung erhalten und ggfs. fehlende Angaben elektronisch nachliefern,

5. sich über den Bearbeitungsstand unterrichten und

6. schließlich das Ergebnis elektronisch zugestellt bekommen können.

Dafür sind sowohl auf der Seite der Bürger und Bürgerinnen als auch auf der Seite der Verwaltung eine Reihe technischer Voraussetzungen zu schaffen, die nicht trivial und vor allem nicht kostenlos sind. Und entgegen weitverbreiteten Behauptungen, ist eine solche Online-Transaktion heute keineswegs sicher, einfach und schnell zugleich. Dies soll am Beispiel eines Bürgers verdeutlicht

---

[4] Vgl. zum Stand der Online Aktivitäten deutscher Kommunen Kubicek, Herbert und Martin Hagen: Internet und Multimedia in der öffentlichen Verwaltung. Gutachten für die Friedrich Ebert Stiftung Bonn 1999 sowie die umfassende empirische Bestandsaufnahme im Rahmen des Projekts InterAct der Universität Bremen, Kubicek, H. u.a.: Interaktive Rathäuser in Deutschland. Eine Evaluation kommunaler Verwaltungsangebote im WWW. Bericht Nr. 5/98, Universität Bremen, Fachbereich Mathematik und Informatik (http://www.informatik.uni-bremen.de/grp/interact).

werden, der in Bremen heiraten will und sich über die damit verbundenen Verwaltungsprozesse im Internet erkundigt:[5]

1. Im Stadtinformationsystem www.bremen.de findet Herr Bürger einen Behördenwegweiser, gibt das Stichwort Heirat ein, gelangt zu den Angaben des Standesamtes und erfährt dort, dass man zur Bestellung eines Aufgebots eine Geburtsurkunde vorlegen muss. Über einen entsprechenden Link erfährt er weiter, dass die in Bremen geborenen Menschen ihre Geburtsurkunde beim Standesamt online bestellen können.

2. Über einen weiteren Link gelangt er zu dem Formularserver der Bremischen Verwaltung und dort zu dem Formular zum Anfordern von Personenstandsurkunden. Er lädt sich dieses Formular auf seinen Rechner, füllt es aus und sieht dann, dass er es nur abschicken kann, wenn er es mit einer dem Signaturgesetz entsprechenden Chipkarte digital signiert.

3. Er erfährt, dass er eine solche Signaturkarte bei einer ganzen Reihe von Registrierungsstellen in Bremen bei Vorlage seines Personalausweises beantragen kann. Er geht mit seinem Personalausweis zu einem T-Punkt, füllt dort einen Antrag auf eine digitale Signatur aus.

4. Die Registrierungsstelle übermittelt den Antrag an die Zertifizierungsstelle, das sogenannte Trust-Center. Dort wird nach einem technisch und organisatorisch geprüften und von der Regulierungsbehörde für Telekommunikation und Post zugelassenen Verfahren ein einmaliges Schlüsselpaar von einem Computer erzeugt. Der eine Teil-Schlüssel, der geheime oder private Schlüssel, wird direkt auf eine Chipkarte geschrieben, die Herrn Bürger zugestellt wird. Der dazu passende zweite Teilschlüssel, der öffentliche Schlüssel, wird in ein öffentlich zugängliches Verzeichnis gelegt. Dies kostet Herrn Bürger zur Zeit eine einmalige Gebühr für die Chipkarte von 50 DM und monatlich 8 DM für die Verzeichnisdienstleistungen, also 146 DM pro Jahr. Bei dem Konkurrenzprodukt der Deutschen Post AG kostet es etwa die Hälfte. Aber auch das ist noch viel Geld.

5. In unserem Beispiel signiert Herr Bürger das bereits ausgefüllte Formular zur Beantragung der Geburtsurkunde mit seiner Chipkarte, nachdem er die entsprechende Software und den Chipkartenleser erfolgreich installiert hat. Da er diese Daten nicht offen über das Internet übertragen möchte, will er sie zusätzlich verschlüsseln. Dazu benutzt er den öffentlichen Schlüssel des Standesamtes Bremen bzw. den einer Mitarbeiterin, weil Signaturchipkarten nur an natürliche Personen ausgegeben werden. Dieser Schlüssel wurde mit dem Formular übermittelt oder könnte sonst im Verzeichnisdienst des Trust-Centers abgerufen werden.

---

[5] Die im Folgenden beschriebenen Schritte können so ähnlich bereits online realisiert werden. Vgl. http://www.bremer-online-service.de/umzug/ebene_2.html.

6. Nachdem Herr Bürger seinen Antrag signiert und verschlüsselt hat, erfährt er, dass dieser Antrag nur bearbeitet wird, wenn er vorher die Gebühr von 12 Mark entrichtet hat und dass er dies in Bremen mit der Geldkarte der deutschen Kreditwirtschaft tun kann. Herr Bürger verfügt glücklicherweise über eine solche Geldkarte und auch über einen dafür zugelassenen Kartenleser an seinem Rechner und kann daher mit der Geldkarte bezahlen. Dazu muss aber diese Plattform ihrerseits eine Verbindung in das Abrechnungssystem der Kreditwirtschaft herstellen und den Betrag vom Konto von Herrn Bürger abbuchen und dem Konto der Landeshauptkasse Bremen gutschreiben.

7. Die Online-Plattform speichert das Antragsformular mit der Quittung zwischen und wandelt die Formulardaten in das vom Standesamt vorgegebene Datenaustauschformat um. Dies ist notwendig, weil ja nicht alle über diese Plattform adressierbaren Verwaltungsverfahren mit den gleichen Datenformaten arbeiten. Je nach Verabredung mit den jeweiligen Verwaltungsstellen werden die Daten auf der Plattform zum Abruf bereitgehalten oder in einen Posteingangskorb der jeweiligen Stelle übermittelt.

8. Im Standesamt werden die elektronisch eingegangenen Anträge abgerufen. Mit dem geheimen Schlüssel der zuständigen Mitarbeiterin werden die Antragsdaten entschlüsselt. Mit dem öffentlichen Schlüssel von Herrn Bürger wird zudem die Signatur geprüft. Im Zweifelsfalle kann sich die Mitarbeiterin bei dem Trust-Center, das diese Signatur ausgestellt hat, vergewissern, dass das Zertifikat auf den Namen Bürger lautet und zwischenzeitlich nicht ausgelaufen oder aufgehoben worden ist.

9. Dann wird die Abschrift der Geburtsurkunde manuell erstellt, den Bundesvorschriften entsprechend durch persönliche Unterschrift beglaubigt und Herrn Bürger mit der Post zugesandt.

Entsprechend einer weit verbreiteten Praxis der Standesämter hätte Herr Bürger auch anrufen und die Urkunde telefonisch bestellen können. Dann hätte er diese zusammen mit einer Zahlkarte über 12 Mark geschickt bekommen, und die Sache wäre erledigt gewesen. Ein doch recht aufwendiges Online-Verfahren ist in diesem Falle also keineswegs schneller und bequemer als der herkömmliche Weg. Wenn es um die Adressänderung bei der Kfz-Zulassungsstelle gegangen wäre, dann hätte man ihm die Bescheinigung elektronisch schicken können. Die würde er ausdrucken und den Ausdruck seiner Zulassung hinzufügen. Das wäre ein Beispiel für einen Vorgang, der komplett online abgewickelt werden kann. Dies ist allerdings zur Zeit noch die absolute Ausnahme.

Von daher kann man gut verstehen, wenn sich die Oberstadtdirektoren und Bürgermeister noch nicht so intensiv mit diesen Dingen beschäftigen, da sie damit kurzfristig wenig vorweisen können. Allerdings wäre es kurzsichtig, daraus abzuleiten, dass eine solche Beschäftigung auch in Zukunft nicht notwendig sein wird.

Online Angebote in wirtschaftlicher Perspektive

Voraussetzung, um das alles anbieten zu können, sind drei in Bild 2 dargestellte Säulen:

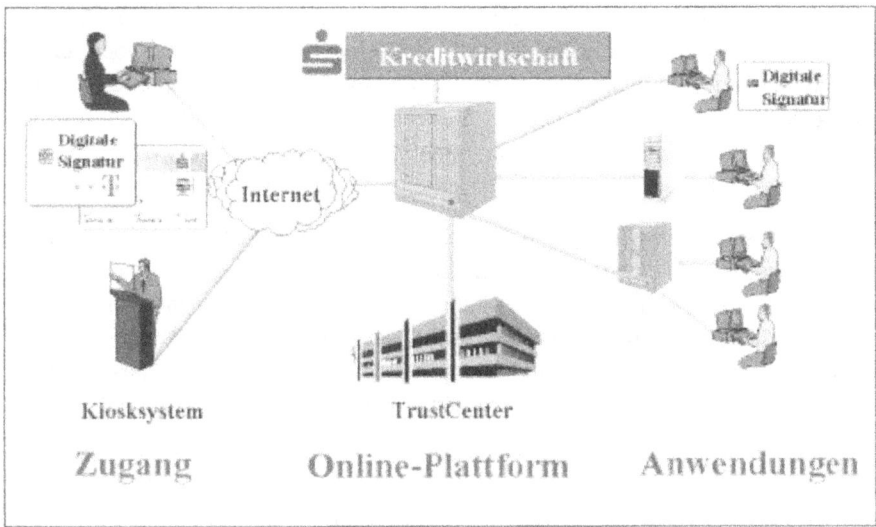

Bild 2: Drei Säulen für ein Online-Angebot

Im Mittelpunkt steht eine Online-Plattform, technisch ein Verbund aus mehreren Servern mit einigen Ergänzungen:

- einem Web-Server und Datenbankserver mit Orientierungsinformationen (Stadtinformationssystem / Dienstleistungs- bzw. Behördenwegweiser/lokale Suchmaschine),
- einem Formularserver zum Herunterladen der jeweils relevanten Formulare,
- einem Security-Server mit den Querschnittsfunktionen für digitale Signaturen und sichere Übertragung,
- einem Payment-Server für das Bezahlen mit Geld- oder Kreditkarte,
- einem Verteiler und Konverter, der die eingegangenen Daten in die für die jeweilige Weiterverarbeitung erforderlichen Formate umwandelt und
- einer Hotline oder Helpdesk.

Über diese Plattform sollen die Bürgerinnen und Bürger zu für sie attraktiven Online-Angeboten verschiedener Verwaltungsstellen gelangen. Dazu müssen Schnittstellen zu den bestehenden und eventuell neu entwickelten DV-Verfahren der Verwaltungen geschaffen werden. Dies sind sehr aufwendige und mehrjährige Softwareentwicklungsprojekte. Die heute angebotenen Online-Transaktionen wie die Anforderung von Personenstandsurkunden, von Anwohnerparkausweisen oder Bio-Tonnen wurden nicht deswegen ausgewählt, weil die Verwaltungen dafür die größte Nachfrage erwarten, sondern weil es dafür keine Altverfahren gibt und sie aus diesem Grunde schnell(er) zu realisieren sind.

Um diese Angebote nutzen zu können, müssen die Bürgerinnen und Bürger selbst über die erforderlichen technischen Zugangsmedien verfügen. Neben einem Computer mit Internetanschluss sind dazu noch eine Signaturkarte und ein Kartenleser erforderlich. Wenn sich die Verwaltung nicht auf den noch kleinen Teil der Bevölkerung mit eigenem Internetzugang beschränken will, muss sie zusätzlich öffentliche Zugangsmöglichkeiten schaffen.

Das alles ist zunächst nur mit zusätzlichen Kosten verbunden. Die Trust-Center, die Betreiber von Payment-Servern, die Anbieter von Stadtinformationen und Formularservern, sie alle bieten zusätzliche Dienstleistungen an und wollen damit Geld verdienen. Abstrakt kann man sagen, dass sich zwischen den Kunden und den primären Dienstleistern sekundäre Dienstleister als Mediatoren positionieren. Sie können von den Kunden und/oder den primären Dienstleistern bezahlt werden.

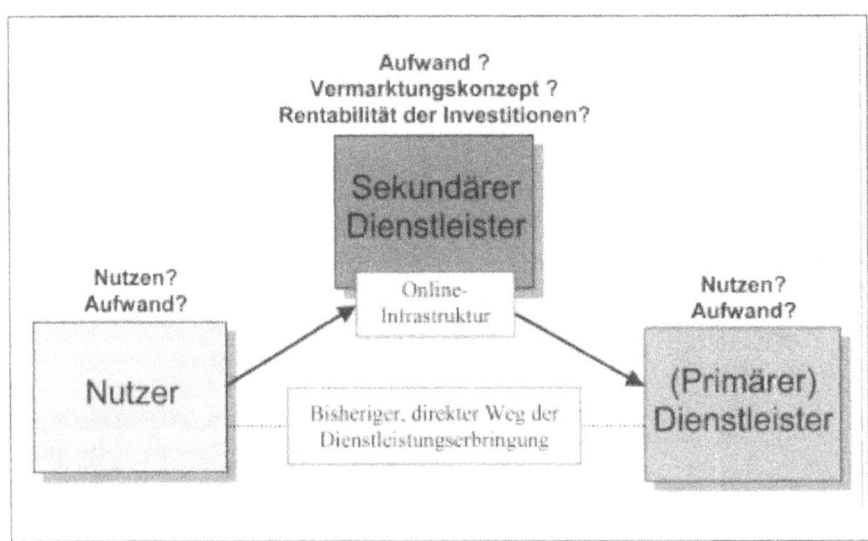

Bild 3: Primäre und sekundäre Dienstleister bei Online-Transaktionen

Doch soll die Verwaltung wirklich wie der Handel Kreditkartengebühren und Provisionen für die Geldkartenzahlung entrichten und auch die Kosten für die Authentifizierung tragen? Oder sind die Bürgerinnen und Bürger bereit, für die Chipkarte und eine Zertifizierung durch ein Trust-Center 50 bis 100 DM pro Jahr zu zahlen? Tragen die Kreditinstitute einen Teil dieser Kosten?

Die Antworten auf diese Fragen hängen maßgeblich davon ab, wie groß der Nutzen für die potentiellen Nutzer und die primären Dienstleister ist und wie die Kosten möglichst niedrig gehalten werden können. Das Bremer Konzept versucht, den Nutzen zu maximieren und die Kosten zu minimieren.[6]

Kostensenkung durch Integration

Manche Städte und einige Bundesländer arbeiten an der Entwicklung einer eigenen Bürgerkarte und planen die Einrichtung eines eigenen Trust-Centers. Die dafür erforderlichen Investitionen und laufenden Kosten amortisieren sich nach unseren Schätzungen mittelfristig nicht. Daher wird im Bremer Projekt eine Integration mit anderen Systemen verfolgt:

Trust-Center, Chipkarten und ähnliche Komponenten sind in keinerlei Hinsicht auf die öffentliche Verwaltung und/oder bestimmte Regionen beschränkt. Im Gegenteil gibt es hier deutliche Kostendegressionseffekte. Daher wurde in Bezug auf die Trust-Center-Funktion eine Kooperation mit dem Bereich TeleSec der Deutschen Telekom AG vereinbart.

Eine eigene Signaturkarte neben einer Karte mit Bezahlfunktion erhöht nicht nur die Kosten für Herstellung und Distribution, sondern ist in der Anwendung auch umständlicher. Daher sieht das Bremer Konzept eine Integration von Signaturfunktion und Bezahlfunktion auf der Basis der Geldkarte in einem Chip vor. Als Partner wurde dazu die Sparkasse in Bremen gewonnen. Dabei wird nur vorweggenommen, was die deutsche Kreditwirtschaft ohnehin plant:

Im Jahr 2001 wird eine Reihe von Kreditinstituten Geldkarten mit Signaturfunktionen herausgeben. Inzwischen hat der Zentrale Kreditausschuss, das gemein-same Koordinationsgremium der Geschäftsbanken, der Raiffeisen- und Genossen-schaftsbanken und der Sparkassen beschlossen, die nächste Eurocheck-Karten-Generation, die je nach Laufzeit der heute gültigen Karten Ende 2001/Anfang 2002 ausgegeben werden wird, mit einer Signaturfunktion auszustatten. Dies ist ein wichtiger Eckpunkt für die Planung der Verwaltungen. Zu diesem Zeitpunkt werden knapp 40 Mio. Menschen in Deutschland über eine Signaturfunktion auf ihrer ec-Karte verfügen und dann fragen, was sie damit machen können. Die Verwaltungen sollten sich vor diesem Hintergrund nicht mit eignen Chipkarten und Trust-Center-Phantasien abmühen, sondern heute mit der Entwicklung der Online-Angebote beginnen, die in einem bis eineinhalb Jahren dann konkret in Betrieb genommen werden können.

---

[6] Vgl. das ursprüngliche Konzept aus dem Januar 1999 unter http://infosoc.informatik.uni-bremen.de/internet/fgtk/OnlineInfos/mediakomm/home.html.

Um Formulare elektronisch an mehrere Stellen zu versenden, müssen bestimmte Datenaustauschformate verwendet werden. Die Standardisierung von bestimmten Nachrichtentypen nach der EDIFACT-Norm kommt nicht voran. Das Bremer Konzept setzt auf der Entwicklung eines neuen und einfacheren HBCI-Standards (Home-Banking Computer Interface) der Kreditwirtschaft auf und entwickelt diesen zum Online Services Computer Interface (OSCI) weiter. Inzwischen hat sich herausgestellt, dass die Verwaltungsprozesse in Struktur und Ablauf doch etwas komplexer sind als die klassischen Banktransaktionen und OSCI daher selbständig spezifiziert werden muss. Dieser Prozess wird in Kürze abgeschlossen sein. Bremen Online Services fungiert in Abstimmung mit dem Deutschen Städtetag als OSCI-Leitstelle und richtet für die Definition einzelner Verwaltungsgeschäftsvorfälle jeweils Arbeitsgruppen ein, an denen sich auch andere Städte beteiligen können und sollen.

Nutzensteigerung durch Integration

Die elektronische Abwicklung eines einzelnen Verwaltungsvorgangs erzeugt für den Bürger in der Regel keinen Nutzen, der hinreichend groß ist, um den dazu erforderlichen Vorbereitungsaufwand zu rechtfertigen. Im Bremer Konzept soll der zusätzliche Nutzen durch die Bündelung von Dienstleistungen erzeugt werden.

Diese Idee lag der Bildung von Bürgerämtern in den 70er Jahren zugrunde, war dort aber auf die Bündelung einiger einfacher kommunaler Dienstleistungen begrenzt. Eine sehr viel weitergehende, konsequent an den Kundenbedürfnissen orientierte Vision haben wir in einem Projekt des US Postal Service mit dem Namen WINGS (Web-Integrated Network-Government Services) gefunden, in dem alle in einer bestimmten Lebenslage (life event) anfallenden Anträge, Anfragen etc. über eine Schnittstelle erledigt werden können sollten. Die Amerikaner sprechen von One-Stop Government. Dieser Ansatz geht insofern weit über die deutschen Bürgerämter und auch den Bereich des E-Government hinaus, als neben kommunalen Verwaltungsdienstleistungen auch die von Landes- und Bundesbehörden, freien Trägern und privatwirtschaftlichen Dienstleistern integriert werden sollen. Auswahlkriterium ist allein die Lebens- und Problemlage des Bürgers und nicht mehr die Organisation und Zuständigkeitsverteilung der Verwaltung. Die Hypertextfunktionalität und das problemlose Wechseln von einem Rechner zu einem anderen im Internet eröffnen hier neue Möglichkeiten für eine konsequente Nutzer- bzw. Kundenorientierung. Das Bremer Konzept steht daher unter dem Motto "Kundenorientierung durch Integration elektronischer Verwaltungsdienstleistungen für Bürger und Wirtschaft aus einer Hand". Am Beispiel der auch im Projekt WINGS behandelten Lebenslage Umzug soll das *Integrationskonzept hier* erläutert werden (vgl. auch Bild 4)

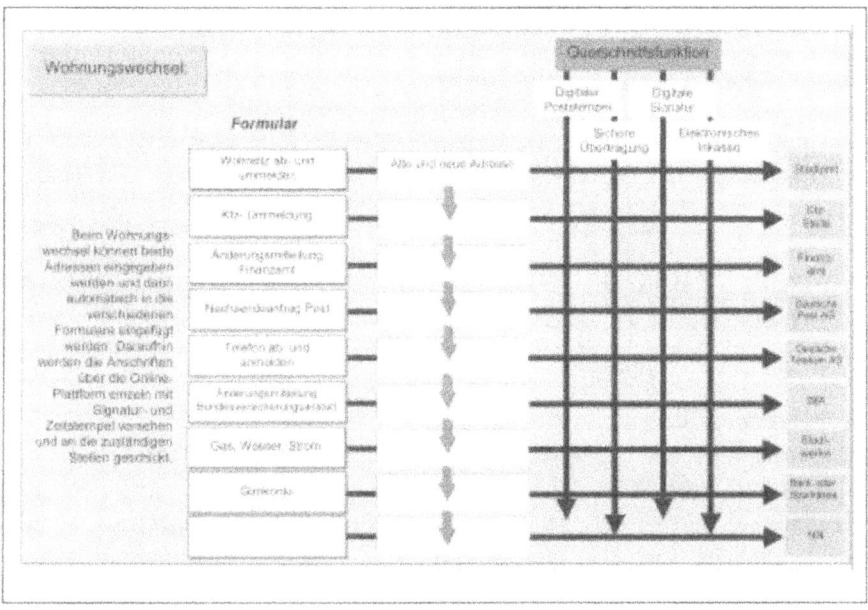

Bild 4: One Stop Government am Beispiel Wohnungswechsel

Wenn jemand umzieht, muss er oder sie nicht nur sich selbst, sondern je nach Besitzstand auch das Auto, das Telefon, den Hund und das Fernsehgerät ummelden, einen Nachsendeantrag bei der Post stellen und die Adressenänderung einer Reihe von Stellen mitteilen. Diese zu versendenden Nachrichten sind in hohem Maße redundant, weil sie stets die alte und die neue Adresse beinhalten. Eine deutliche Zeitersparnis und ein echter Zusatznutzen kann erreicht werden, wenn die Betroffenen aus einem elektronischen Menu die Vorgänge auswählen können, die in ihrer konkreten Situation zutreffen, und das erste Formular aufrufen, ausfüllen, verschlüsseln und signieren. Wenn dann das zweite Formular aufgerufen wird, muss man dort nur noch die zusätzlichen Felder ausfüllen, weil identische Felder bereits übertragen wurden.

In der konkreten Planung im Rahmen des Bremer Projektes wurde allerdings deutlich, dass die Nutzungssituation komplexer wird als zunächst angenommen. Die verschiedenen im Beispiel Umzug genannten Mitteilungen werden nämlich in der Praxis nicht alle an einem Tag erstellt und versandt. Manche Dinge, wie z.B. die Ummeldung des Telefons, veranlasst man schon einige Tage vor dem Umzug, während andere Dinge, wie die Adressänderung bei der Kfz-Zulassungsstelle, erst einige Tage nach dem Umzug erledigt werden. Daher müssen bestimmte Daten zwischengespeichert werden, um beim jeweils nächsten Schritt darauf zurückgreifen zu können. Wird dadurch die Online-Plattform doch zur virtuellen Gesamtbehörde und damit auch zum „Großen Bruder"?

Informationelle Gewaltenteilung durch doppelte Verschlüsselung

Ein grundlegender Unterschied zwischen E-Commerce und E-Government besteht in den sehr verschiedenen Anforderungen an die Integration bzw. Abschottung einzelner Teilleistungen. Bei E-Commerce-Anwendungen geht der Kunde virtuell mit einem Einkaufskorb durch die verschiedenen Abteilungen eines Online-Shop und fügt ein Produkt zu dem anderen. In den ersten Entwürfen wollten die Software-Entwickler auch die One-Stop-Government-Anwendungen nach diesem Modell des Einkaufskorbs realisieren. Doch im Bereich der öffentlichen Verwaltung ist ausdrücklich verboten, was im Handel besonders geschätzt wird. Würde man im Handel für jeden einzelnen Artikel eine eigene Rechnung erhalten, die separat zu bezahlen wäre, würde dies weder bei den Händlern noch den Kunden auf Verständnis stoßen. In der Regel enthält die integrierte Rechnung allerdings auch keine personenbezogenen Daten. Und man kann als Kunde auch das Warenhaus wechseln. Dies geht bei vielen Verwaltungskontakten zumeist nicht. Und die Daten über die Verwaltungsdienstleistungen sind in aller Regel personenbezogen. Daher gilt im deutschen Datenschutzrecht für den öffentlichen Bereich ein strenges Zweckbindungsgebot, das auch entsprechend technisch umgesetzt werden muss. Personenbezogene Daten dürfen nur für einen konkreten Zweck erhoben und dann auch nur für diesen Zweck verwendet werden. Wenn sie aufgrund einer gesetzlichen Erlaubnis für mehrere Zwecke verarbeitet werden dürfen, müssen diese verschiedenen Verfahren wirksam voneinander abgeschottet werden. Dies war der Kern des Volkszählungsurteils, wo ursprünglich die erhobenen Daten sowohl für statistische Zwecke als auch für Planungszwecke verwendet werden sollten. Nach dem Urteil wurden dann sogar unterschiedliche physische Rechnersysteme für die Verarbeitung der getrennt erhobenen Daten eingesetzt.

Nach dem heutigen Stand der Technik und der Rechtsinterpretation muss die Abschottung nicht mehr durch unterschiedliche Hardwaresysteme gewährleistet werden, sondern kann auch softwaretechnisch erfolgen. Die erwähnten asymmetrischen Verschlüsselungsverfahren bilden den Schlüssel zu wirksamen und praxisgerechten Lösungen (vgl. Bild 5).

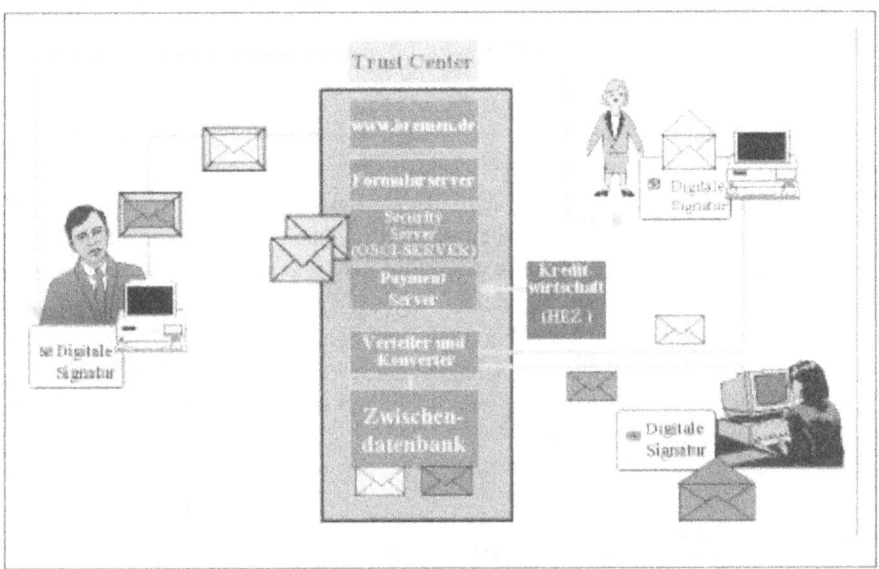

Bild 5: Informationelle Gewaltenteilung durch doppelte Verschlüsselung

Wie oben kurz dargestellt erfolgt die Verschlüsselung einer Nachricht nach diesen Verfahren mit Hilfe des öffentlichen Schlüssels des Empfängers. Nur er kann diese Nachricht dann mit seinem geheimen Schlüssel entschlüsseln. Im Falle der verschiedenen Meldungen in der Lebenssituation Umzug bedeutet dies, dass der Bürger die Ummeldung mit dem öffentlichen Schlüssel der Meldestelle, den Postnachsendeantrag mit dem öffentlichen Schlüssel der Deutschen Post AG und die Abmeldung von Gas, Wasser und Strom mit dem öffentlichen Schlüssel der Stadtwerke chiffriert. Auch wenn diese Mitteilungen alle über dieselbe Plattform laufen und dort zwischengespeichert werden, können sie dort von niemandem entschlüsselt werden. Sie sind softwaretechnisch voneinander abgeschottet, selbst wenn sie auf demselben Rechner in demselben Verzeichnis liegen.

Der Rechner der Plattform muss allerdings wissen, wohin er eine Nachricht weiterleiten soll. Und er soll vielleicht einen Zeitstempel hinzufügen, damit später ein entsprechender Beweis geführt werden kann. Um dies zu ermöglichen, wird den elektronischen Formularen mit den personenbezogenen Daten noch ein elektronischer Laufzettel hinzugefügt. Jedes Formular selbst wird, wie geschildert, mit dem öffentlichen Schlüssel des jeweiligen Dienstleisters chiffriert, die Laufzettel hingegen alle mit dem öffentlichen Schlüssel der Bremen Online Services Plattform. Bildlich gesprochen wird zunächst das Formular wie der Wahlschein bei der Briefwahl in einen Umschlag gesteckt, der dann in einem zweiten Umschlag versendet wird. So bleiben die Nachrichten auch auf dem Weg vom Bürger zur Plattform für Dritte nicht einsehbar und manipulierbar. Und die Plattform kann nur den äußeren Umschlag mit ihrem geheimen Schlüssel öffnen sowie den Laufzettel lesen und ergänzen, während ihr der Formularinhalt verschlossen bleibt.[7]

Die einzelnen Formulare werden also Ende-zu-Ende verschlüsselt. Die identischen Angaben wie alte und neue Adresse werden dementsprechend auf dem Client-Rechner von einem Formular ins nächste übertragen. Die Online-Formulare werden nach dem derzeitigen Stand als Java-Applets realisiert, die auf den Rechner des Bürgers heruntergeladen werden und dort registrieren, welche Formulare aus einem Bündel bereits ausgefüllt worden sind und in diesen nach identischen Feldern suchen, wenn ein weiteres Formular aufgerufen wird, um diese dann zu importieren. Jedes Formular wird dann vor dem Abschicken einzeln signiert und mit dem öffentlichen Schlüssel der jeweils empfangenden Dienststelle verschlüsselt und kann nur jeweils von dieser mit dem entsprechenden geheimen Schlüssel entschlüsselt werden.

Online-Fähigkeit von Verwaltungsprozessen

Doch keineswegs alle Verwaltungsprozesse sind gleichermaßen gut geeignet, um online bereitgestellt zu werden. Folgende Voraussetzungen sind zu nennen:

1. Es muss ein einfaches Formular sein. Meine These ist, dass die durchschnittliche Formularausfüllungskompetenz der Deutschen bei einem Überweisungsformular endet. Das hat etwa 12 Felder, von denen 10 gut bekannte Dinge, wie Name, Adresse und Kontonummer sind. Es gibt nach meiner Erfahrung keinen einzigen Fall, wo Bauanträge, Anträge auf Sozialhilfe oder Anträge auf Wohngeld von Menschen wirklich allein online zuhause oder an einem Kiosk komplett und richtig aufgefüllt werden.

2. Die rechtliche Zulässigkeit digitaler Signaturen in den jeweiligen Verwaltungsverfahren muss durch Anpassung der Formvorschriften geschaffen worden sein. Dies ist bisher in Bremen und im Anschluss daran in Baden-Württemberg durch ein Experimentiergesetz prinzipiell für die jeweiligen Landesvorschriften ermöglicht worden - in Bayern hingegen noch nicht. Die beiden Experimentiergesetze ermächtigen die jeweiligen Senatoren bzw. Minister, die digitale Signatur der Schriftform per Verordnung sachlich, zeitlich und räumlich begrenzt gleichzustellen. Diese Verordnungen müssen erst noch formuliert werden.

3. Dann muss das Problem der Anlagen gelöst werden: Wir wollten die Immatrikulation an der Bremer Universität online ermöglichen. Aber sollen die dabei vorzulegenden Kopien der Abiturzeugnisse mit der Post

---

[7] Die Idee des Laufzettels unterscheidet OSCI von dem ursprünglich als Vorbild dienenden HBCI.

nachgeschickt werden? Dies hat die Verwaltung abgelehnt, weil das Verfahren viel komplizierter wird als vorher, wenn man die Online-Formulare und die Anlagen auf Papier nachträglich zusammenführen muss. In jedem zweiten geprüften Verwaltungsvorgang spielen derartige nicht digitale Anlagen eine Rolle. Es wird noch Jahre dauern, bis auch viele dieser Anlagen in digitaler Form vorliegen. Zu prüfen wäre allerdings, ob diese Anlagen wirklich in jedem Fall erforderlich sind und ob nicht auf sie verzichtet werden kann. Dies erfordert allerdings wiederum Anpassungen der jeweiligen Rechtsvorschriften.

4. Es sollten relativ hohe Fallzahlen sein, damit sich die Investitionen in die entsprechenden Maßnahmen auch rentieren.

5. Die Kundengruppe, die das jeweilige Verfahren überwiegend in Anspruch nimmt, müsste über eine entsprechende Technikausstattung und Technikkompetenz verfügen.

6. Die bestehenden EDV-Verfahren, die teilweise aus den 70er Jahren stammen und, wenn per Geldkarte bezahlt werden soll, auch das Kassenwesen müssten angepasst werden. Im Moment ist z.B. in den SAP-Haushalts- und Kassen-Anwendungen die Geldkartenzahlung noch nicht vorgesehen. Dieser Back-Office-Bereich ist deswegen so wichtig, weil dort über den tatsächlichen Nutzen entschieden wird. Was nützt es etwa, wenn die Beantragung eines Personalausweises online möglich ist, aber die Kommune den Antrag auf herkömmliche Weise an die Bundesdruckerei weitergibt und die Bearbeitung sechs bis acht Wochen dauert? Wenn die Kommune den Antrag online zur Bundesdruckerei weitergeben kann, verkürzt sich die Zeit weiter. Entscheidend wäre jedoch eine Beschleunigung des Herstellungsverfahrens. Daher muss letztlich ein Re-Engineering des Gesamtprozesses erfolgen.

Prüft man nach dieser Liste Verwaltungsdienstleistungen auf ihre Geeignetheit, so bleiben nicht viele übrig. Die Voraussetzungen können zum Teil verbessert werden, aber dies braucht Zeit. Auf der anderen Seite kann man heute Verwaltungsdienstleistungen online anbieten, die diese Voraussetzungen erfüllen und gar keine digitalen Signaturen erfordern. Die Konzentration des Media@Komm Wettbewerbs auf die Anwendung digitaler Signaturen darf den Blick nicht für kurzfristig schon wirtschaftliche Bereiche verschliessen und diese nicht aus dem Angebot der entsprechenden Städte ausschließen. Ein gutes Beispiel sind Melderegisterauskünfte. In einem Projekt mit der Landeshauptstadt Stuttgart wurde festgestellt, dass dort jährlich 200.000 Melderegisterauskünfte per Brief oder Telefax beantragt werden. Die übermittelten Daten werden im Amt für Öffentliche Ordnung in ein Terminal eingetippt. Die vom Melde-Verfahren ausgegeben Adressdaten der gesuchten Personen werden ausgedruckt und zusammen mit einer Zahlkarte in einen Briefumschlag gesteckt und versandt. Dies kostet alleine 220.000 DM Porto pro Jahr. Wenn nur die Hälfte dieser Auskünfte elektronisch eingeht und per E-Mail beantwortet wird, führt dies zu einer Portoersparnis von 110.000 DM pro Jahr. Und eine solche Online-Quote ist nicht unrealistisch, weil die Anfragen überwiegend von Bausparkassen, Versicherungen, Anwälten und anderen professionellen und institutionellen Nutzern kommen, die über E-Mail-Anschlüsse verfügen. Soweit eine Unterschrift weiterhin für erforderlich gehalten wird, bietet es sich an, zunächst solche Verwaltungsvorgänge online zu bringen, die nicht vom einzelnen Bürger, sondern von einem professionellen Publikum der Verwaltungen in Anspruch genommen werden. Dazu zählen im Bremer Konzept die Kommunikation der Rechtsanwälte mit dem Amtsgericht, die der Steuerberater mit den Finanzämtern, der Architekten mit der Bauverwaltung, die der Kfz-Händler mit der Zulassungsstelle. Für diese Kunden der Verwaltung sind auch 140 Mark für die Karte kein Problem, und angesichts der hohen Fallzahlen lohnt sich auch die Anpassung der Verfahren durch die Verwaltung.

Konkurrenz und Konzentration als zwingende Konsequenzen

Dies alles klingt wohl durchdacht und schafft sicher deutlich bessere Voraussetzungen für eine dauerhaft tragfähige Lösung. Und dennoch bin ich als Aufsichtsratsmitglied von Bremen Online Services noch keineswegs beruhigt, dass das Geld der Freien Hansestadt Bremen gut angelegt ist und diese Gesellschaft über den Förderzeitraum hinaus fortbestehen wird. In dem Business-Case, der den Gesellschaftern vor Abschluss des Gesellschaftsvertrages vorgelegt wurde, war erkennbar, dass trotz der 16 Millionen Bundesförderung das Gesellschaftsvermögen 2004/2005 aufgebraucht sein würde und die Gesellschaft Konkurs anmelden müsste. Die innerhalb Bremens erzielbaren Erlöse, von wem auch immer bezahlt, reichen nicht aus, um die laufenden Kosten zu decken, geschweige denn die Investitionen rentabel zu machen. Daher wurden schon im Vorfeld Kooperationsvereinbarungen mit den niedersächsischen Datenzentralen geschlossen. Ihnen wie auch den Kommunen selbst wird angeboten, einzelne Verwaltungsvorgänge unter ihrem Logo und mit ihrer Benutzungsoberfläche auf der Plattform von Bremen Online Services laufen zu lassen und dafür nur pro Transaktion zu bezahlen. So können diese Partner Erfahrungen mit Online-Transaktionen machen, ohne eigene hohe Investitionen tätigen zu müssen. Und wenn dann die Nachfrage wächst, kann die Plattform in Lizenz übernommen werden. Diese Idee muss nun bundesweit ausgedehnt werden. Heute würde man sagen: Bremen Online Services wird ein bundesweit agierender Application Service Provider (ASP), der rechtverbindliche Verwaltungstransaktionen anbietet. Wie das Beispiel der Lebenslage Umzug zeigt, ist dieses Angebot jedoch nicht auf Verwaltungsleistungen begrenzt. Beim Beispiel Heirat wird man konsequent der Kundensicht folgend die Bestellung des Aufgebots mit den Angeboten von Juwelieren, Brautausstattern und Restaurants verknüpfen, E-Government und E-Commerce also miteinander integrieren. Dabei konkurrieren nicht nur die drei Media@Komm-Städter miteinander, sondern diese insgesamt mit einer ganzen

Reihe anderer Anbieter von sogenannten virtuellen Marktplätzen. Auch der von der Bayerischen Landesregierung initiierte und von Siemens und SAP realisierte Virtuelle Marktplatz Bayern hat kein gesichertes Gebietsmonopol. Letztlich werden sich, wie in allen anderen Geschäftsfeldern auch, nur einige wenige ASPs für rechtsverbindliche Online-Transaktionen am Markt behaupten. Bremen Online Services hat im Moment einen gewissen Vorsprung und u.a. als erster die Geldkartenzahlung über das Internet mit einer Landes- oder Stadtkasse Anfang September realisiert. Doch dieser Vorsprung muss jeden Tag neu behauptet werden. Gegenüber dem ursprünglichen Konzept haben wir bereits eine ganze Reihe von Plänen ändern und anpassen müssen, zum Teil weil sich die Umwelt geändert hat, zum Teil weil wir aufgrund der gewonnenen Erfahrungen Zusammenhänge inzwischen besser verstehen und Chancen und Risiken besser abschätzen können. Diese Lernfähigkeit und nicht die Höhe des eingesetzten Kapitals wird letztlich über den Erfolg entscheiden. Und da man nur durch praktisches Ausprobieren, durch Trial und Error lernen kann, sind die Bundesmittel für Media@Komm eine gute Investition, die letztlich allen Kommunen zugute kommen wird.[8]

Literatur

Bütow, Steffi/Holger Floeting (1999): Elektronische Stadt- und Wirtschaftsinformationssysteme in den deutschen Städten. Stuttgart: Deutscher Sparkassen Verlag.

Hagen, Martin/Herbert Kubicek (Ed.)(2000): One-Stop-Government in Europe. Results from 11 National Surveys. University of Bremen, Bremen 2000

Kubicek, Herbert et al. (Hg.) (1999): Multimedia@Verwaltung : Jahrbuch Telekommunikation und Gesellschaft. Heidelberg: Hüthig.

Kubicek, Herbert/Martin Hagen (1999a): Gesellschaftliche Partizipation per Internet? Zur Anschlussbedürftigkeit interaktiver Medien. In: Breisig, Thomas (Hg.): Mitbestimmung. München: Rainer Hampp Verlag, S. 374-406.

Kubicek, Herbert/Martin Hagen/Stephan Klein/Gisela Schwellach: Kundenoriehntierung durch Integration elektronischer Dienstleistungen für Bürger nd Wirtschaft aus einer Hand. Die Bewerbung der Rreien Hansestadt Bremen beim Multimedia Städtewettbewerb Media@^omm. Kurzfassung. Bremen Januar 1999 (s.a. http://infosoc. informatik.unibremen.de/internet/fgtk/OnlineInfos/mediakomm/home.html)

Kubicek, Herbert et al. (1998): Interaktive Rathäuser in Deutschland. Eine Evaluation kommunaler Verwaltungsangebote im World Wide Web. Bremen: Universität Bre-

---

[8] Über die gemachten Erfahrungen berichtet die gemeinsame Begleitforschung unter Federführung des Deutschen Instituts für Urbanistik (http://www. Mediakomm. net/ns4_index.html) und speziell über die Erfahrungen in Bremen zusätzlich der Newsletter von Bremen Online Services, der online bestellt werden kann (http://www.bos-bremen.de).

men.Bericht Nr. 5/98, Universität Bremen, Fachbereich Mathematik und Informatik (http://www.informatik.uni-bremen.de/grp/interact)

13 Media@Komm
Projekt der Städte Esslingen am Neckar und Ostfildern

Andreas Kraft

Stadt Esslingen

Warum heißt Media @ Komm in Esslingen nur MediaKomm?

Wir haben das @ aus dem Namen Media @ Komm herausgenommen und als unser Logo in die Stadtfarben Esslingens gelegt. Das @ Zeichen, als ein Zeichen der Verbindung. Ein Symbol für die sicheren Verbindungen im Internet, welche wir aufbauen werden, und als ein Symbol der Verbindungen unserer Partner, welche wir aufgebaut haben.

Beginnen möchte ich mit dem Status Quo im Bereich Internet in den deutschen Städten und Gemeinden. Eine Studie des Deutschen Städte- und Gemeindetags zeigt im Juli 2000, dass 12% der untersuchten Stadtverwaltungen ein Strategiekonzept für den Umgang mit dem Internet haben, 33% haben ein Finanzierungskonzept und 11% eine Personal-planung für ihre Web-Aktivitäten. 68% beklagen die rechtlichen Rahmenbe-dingungen. 89% kennen die Wünsche ihrer Bürger nicht. Man stelle sich solch ein Ergebnis in der Wirtschaft vor, 89% der Unternehmen kennen die Bedürfnisse Ihrer Kunden nicht: Fatal allein nur der Gedanke.

Was kann ein Projekt wie Mediakomm Esslingen tun?

Wir müssen mit dem Internet die Balance zwischen Wirtschaft, Verwaltung und Bürger/Kunden herstellen! Integrationsprozesse sind gefragt, aber zuerst brauchen wir Initiativen, die die Prozesse ändern. Die Herausforderung besteht darin, diese Prozesse auf der lokalen Ebene anzusiedeln. Denn dort sind die Ergebnisse für die Bürger transparent.

Dies erreichen wir, indem wir die Rechtsverbindlichkeit und Sicherheit der Transaktionen im Netz durch die Digitale Signatur sicher stellen. Die Datensicherheit gewährleistet, dass Netznutzer authentifizierbar sind. Die Digitale Signatur ist dabei das entscheidende Instrument.

Wir beweisen mit dem Projekt Mediakomm Esslingen, dass die Abwicklung der Geschäftsprozesse über das Datennetz möglich ist.

Für die Verwaltungen der Städte Esslingen a. N. und Ostfildern wird der Medienbruch vom Papier zur digitalen Akte zur eigentlichen Herausforderung. Die Prozesse müssen dahin geändert werden, dass in Zukunft die digitale Kommunikation „gleichberechtigt" wird.

Ein Beispiel: Wir wollen den Bauantrag digitalisieren, so dass die Pläne digital ausgetauscht und digital genehmigt werden können. Das sind die technischen Herausforderungen, denen wir uns in den nächsten zweieinhalb Jahren stellen.

Wir streben eine hohe Akzeptanz bei den Bürgern an und garantieren eine Übertragbarkeit der Projektergebnisse auf andere Kommunen bis 100.000 Einwohner. Wir wollen Prozesse initialisieren und Lösungen präsentieren, die für Städte dieser Größenordnung möglich sind.

Das beginnt mit den Lizenzpreisen bei der Produktevaluation. Es gibt geeignete Produkte, aber die Lizenzen kosten über 250.000 Mark. Dann sind sie nicht auf kleinere Kommunen übertragbar. Es ist doch klar: Es kann kein virtuelles Rathaus in mittleren und kleineren Städten entstehen, wenn erst einmal eine viertel Million Mark für Lizenzen ausgeben werden muss? Damit wollen wir keine Lösungen realisieren.

Projektstruktur

Wir haben sechs Teil-Projekte: Kommunale Dienste, E-Commerce, Bildung, Kultur, Soziales und Querschnitt als Technikdienstleister im Projekt. Die fünf inhaltlichen Teilprojekte haben eine riesige Menge von Anwendungen. Es ist wie *in einem Blumenbeet*. Wir setzen die Samen und gießen sie mit unseren Aktivitäten. Dann düngen wir und realisieren die Anwendungen. Heute schon zu sagen, welcher Samen tatsächlich Profit bringt, ist allerdings sehr schwer.

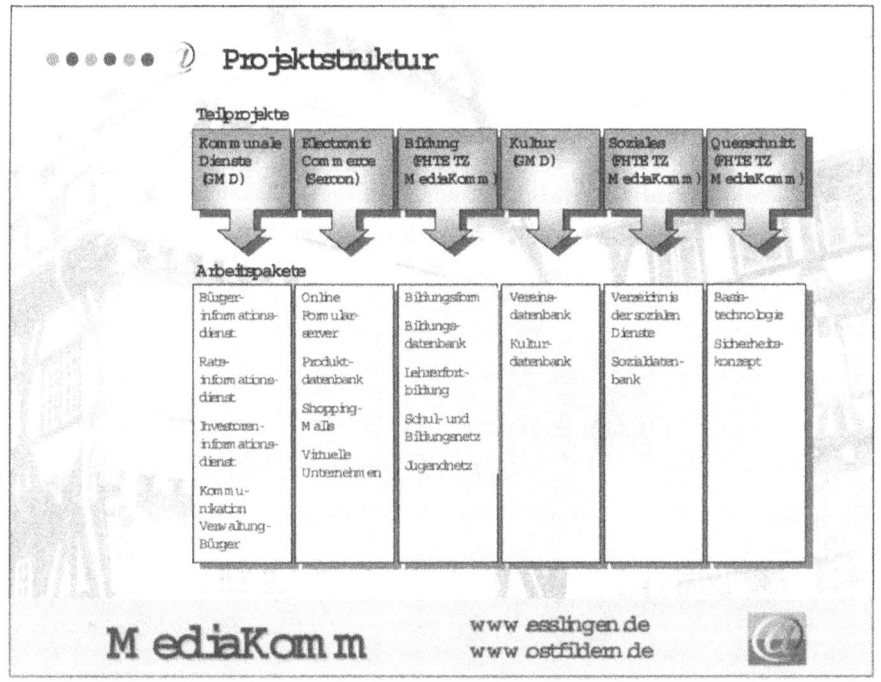

Nehmen wir das Teilprojekt Soziales: Angeblich ein Bereich, in dem man kein Geld verdienen kann. Aber woher nehmen wir diese Erkenntnis? Vielleicht erzielen die Sozialträger dank der digitalen Kommunikation doch Effekte, die einen Nutzen haben und sich wirtschaftlich rechnen. Beispielsweise könnte ein koordinierter Einsatz von Pflegekräften finanzielle Synergien freimachen.

Projektorganisation

Das Projekt hat eine Laufzeit von drei Jahren. Die Projektorganisation ist deshalb im Unterschied zu den anderen beiden Städten zeitlich begrenzt. Wir haben eine temporäre Projektorganisation gewählt, während die beiden anderen Städte eigene Betreibergesellschaften gegründet haben.

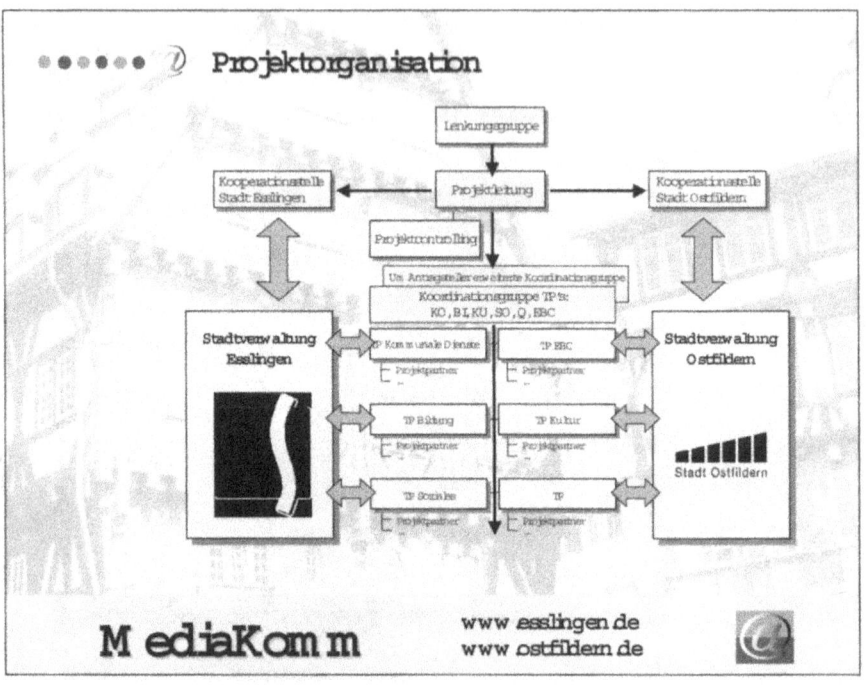

Die Lenkungsgruppe ist besetzt mit den beiden Oberbürgermeistern von Ost-Fildern und Esslingen, der Projektleitung und Vertretern aus dem Projekt.

Die sechs Teilprojekte wiederum haben projektspezifische Entscheidungs- und Koordinierungsgremien. Diese Projektorganisation wird sich am 31.12.2002 auflösen. Was passiert dann mit dem Projekt? Dienstleistungen und Services werden in die Stadtverwaltung Esslingen übergehen, zur Esslinger Zeitung, zur Kreissparkasse, zu den Sozialträgern und weiteren regionalen Institutionen. Dort finden sie dann ihre Anwendung, ihren Nutzen und ihre Verwertbarkeit. Die Projektergebnisse werden auch für andere Kommunen anwendbar sein.

Volumina der Teilprojekte

Das Teilprojekt Querschnitt stellt mit 14,5 Millionen DM die größte Position. Dort sind alle technischen Investitionen und Konzepte enthalten, die zu realisieren sind. Der zweite große Posten mit 8,5 Millionen DM sind die Kommunalen Dienste. Dahinter steht das virtuelle Rathaus. Wir haben dazu im letzten halben Jahr die Amtsleiter aller städtischen Ämter besucht und Diskussionsforen gegründet. Wir haben Befragungen durchgeführt und besitzen heute einen vollständigen individuellen Produktkatalog, an dem wir uns orientieren. Nach und nach werden jetzt

Verfahren und Anwendungen in der Stadtverwaltung Esslingen realisiert. Das Setzen von Prioritäten in diesem Katalog erfordert auch einen Prozess in der Bürgerschaft, bei den Mitarbeitern in der Stadtverwaltung Esslingen, in der Verwaltungsspitze und im Projekt. Welche Verfahren wir jetzt und in den nächsten zweieinhalb Jahren in den Kommunalen Diensten realisieren werden, ist auch ein Thema in der Bürgerschaft in Esslingen.

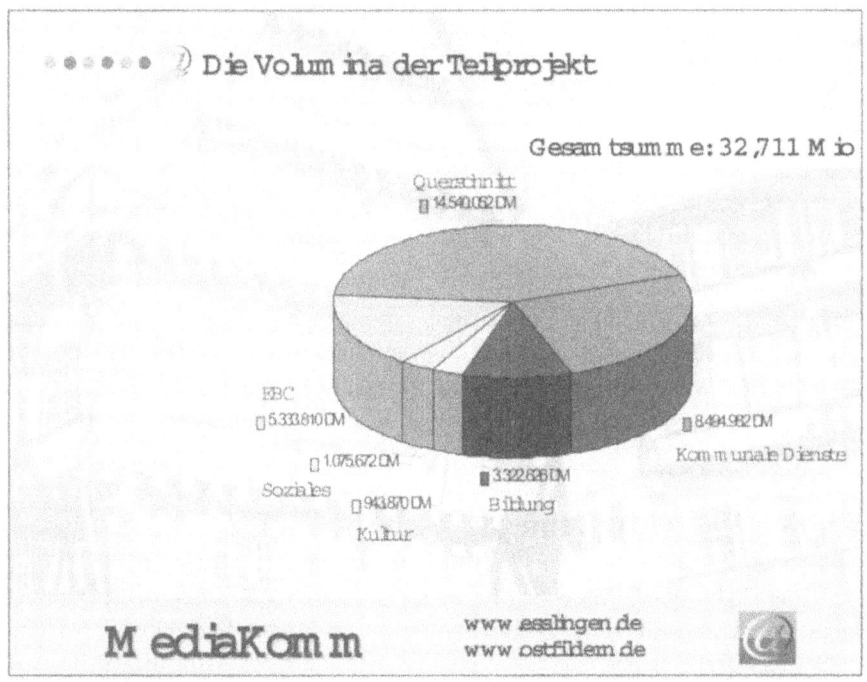

Wenn man davon ausgeht, dass der Bürger 1,7 mal im Jahr ins Rathaus geht, dann ist er nicht unbedingt primär an einem virtuellen Rathaus interessiert. Wir gewinnen den Bürger für das Thema „Virtuelles Rathaus" nur, wenn wir ihm darüber hinaus einen Zusatznutzen durch unterschiedliche Angebote eröffnen. Sei es in Form eines Informationsaustausches, des Nutzens von kommerziellen Angeboten oder des digitalen Erfahrungsaustausches mit anderen Esslinger Bürgern. Die Interessen sind sehr differenziert. Wir müssen mit unserem Projekt und vor allem mit unseren Fördermitteln diese Interessen ernst nehmen und die Bürger und Unternehmen in unsere Prozesse integrieren.

Die Schulen

Wir haben gesagt, dass die Schulen an unserem Projekt teilhaben müssen. Wir wollen die Schulen als zukünftige Bürgerräume öffnen. Da entstehen Fragen: Wie sieht der Versicherungsschutz aus? Wer schließt die Schule abends ab? Was passiert mit den Rechnern? Diese Detailfragen sind nicht die Hemmnisse. Es reicht nicht, die Schulen am Abend zu öffnen und zu sagen: Ihr Schüler könnt euch mit euren Eltern in das PC-Labor setzen, und wir zeigen euch, wie die Signatur funktioniert oder wie das Web funktioniert. Wir machen nicht nur Internetführerscheine, wir vermitteln Inhalte und den Spass Neues erlernen zu können.

Ähnliches gilt für die Kultur. Jede Stadt hat ihre Kulturtreibenden. Jeder plant seine Veranstaltungen. Wenn wir jetzt alles in eine gemeinsame Kulturdatenbank packen, kommen schon Fragen, warum das so gemacht wird. Wo sind denn die Pirmärinteressen von MediaKomm?

Das Leben in der Stadt muss sich in unterschiedlichen Anwendungen widerspiegeln: im Sozialen, in der Kultur, im virtuellem Marktplatz bis hin zum E-Commerce. Nur dann erreichen wir die Akzeptanz für das virtuelle Rathaus!

Zu den Projektpartnern

Wir sind ein Verbundprojekt und haben nicht einen, sondern zehn Förderanträge beim Bund gestellt. Die Stadt Esslingen mit ihrer Kommunalverwaltung einerseits. Daneben Institute und Verbände wie die GMD-IBE, die GMD-IPSI, das Fraunhofer Institut, das Steinbeis Transferzentrum MediaKomm. Die Wirtschaftsregion Stuttgart, sie spielt eine sehr dominante Rolle, was das Thema Standortinformationssystem angeht. Wir werden dort Projektergebnisse gemeinsam mit der Wirtschaftsregion Stuttgart erarbeiten und mit Inhalten der Region Stuttgart füllen.

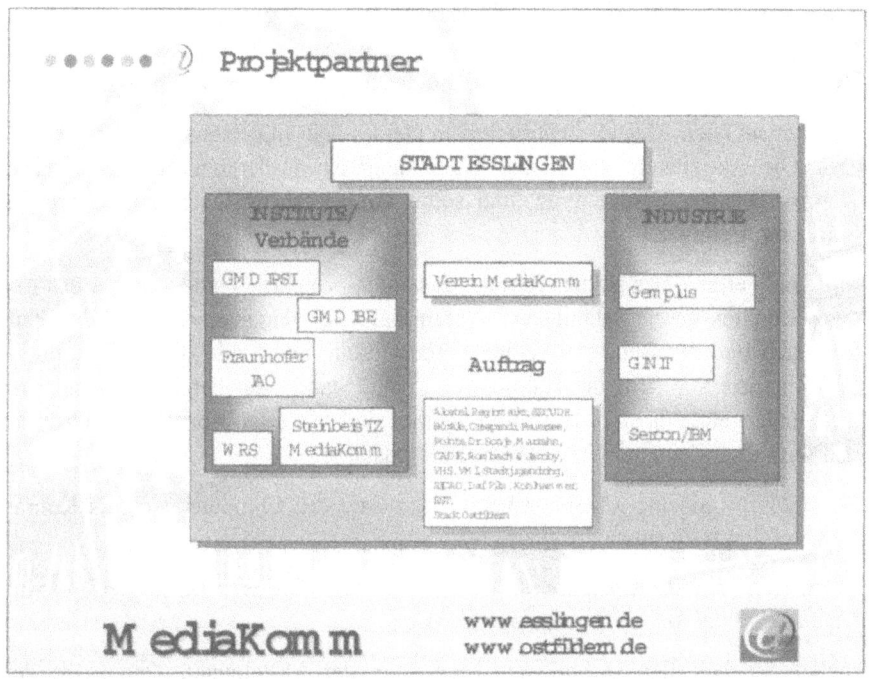

Die Industrie

Hier haben wir Gemplus, einen der größten Kartenhersteller weltweit als Partner, die Firma Ginit, ein kleines Softwarehaus in Karlsruhe, und die Sercon, eine 100% IBM-Tochter, sowie den Verein MediaKomm, der jetzt als virtuelles Unternehmen agiert.

Zuvor hatten wir eine lange Diskussion mit den Fördergebern. Eigentlich wollten wir keine Betreibergesellschaft gründen. Ursprünglich hatten wir den Ansatz, die kleinen und mittelständischen Unternehmen in einem gemeinsamen Projekt zu sammeln. Damit wollten wir unseren Projektauftrag gleich in unserer Projektstruktur übernehmen und in der Förderstruktur abwickeln. Wir dachten an ein virtuelles Unternehmen, das einen Förderantrag stellt.

Nun gibt es in den Förderrichtlinien kein virtuelles Unternehmen. So waren wir gezwungen, eine juristische Form zu finden – sei es in Form einer Kapitalgesellschaft oder einer Arbeitsgemeinschaft.

Schwaben, die wir sind, gründeten wir einen Verein. Dieser Verein ist gemeinnützig und bündelt sämtliche Aktivitäten, damit die Fördermittel über den Verein verwaltet werden können und haftungstechnisch beim Verein liegen.

Erwähnt sei noch Alcatel, sicherlich kein kleines oder mittelständisches Unternehmen. Die Aktivitäten von Alcatel lagen unter der förderungswürdigen Finanzgrenze für einen Förderantrag, und somit konnte Alcatel auch keinen eigenen Förderanrag stellen.

Mit dem Verein – das ist der Kern des gesamten Projektes – sind wir aber erst seit zwei Monaten geschäftsfähig. Der Verein hat zwei Hauptkapitalgeber, die Stadt Esslingen und der Bund mit seinen Fördermitteln. Die Stadt, die den Verein zu 50% finanziert, vertritt die Haltung, erst dann Stadtgelder bereitzustellen, wenn die Bundesgelder da sind. Die Bundesgelder sind seit zwei Monaten eingetroffen, und seit dieser Zeit sind wir erst richtig aktionsfähig.

Zum Schluss möchte ich Ihnen noch einen Satz des Computererfinders Konrad Zuse auf den Weg geben.

Die Gefahr, daß der Computer so wird wie der Mensch, ist nicht so groß, wie die Gefahr, daß der Mensch so wird wie der Computer.

Stellen Sie bei aller Technik den Mensch in den Mittelpunkt. Zeigen Sie den Menschen den Nutzen, welchen er durch die Technik erreichen kann, erst dann erhalten Sie eine nachhaltige Akzeptanz.

14 Media@Komm
Projekt Region Nürnberg

Dr. Ralf Ehrhardt

Curiavant Internet GmbH, Nürnberg

Ziel des MEDIA@Komm-Projektes der Region Nürnberg

Ein wichtiger Unterschied, auch zu meinen beiden Vorrednern ist - wir haben von Anfang an auf die Region gesetzt, und das war auch ein wesentlicher Grund, warum wir einer der drei Preisträger wurden. Schon während der dreijährigen Förderlaufzeit, der Erstellung der Konzeption, haben wir die Übertragbarkeit unserer Lösungen angestrebt. Wir wollen nicht, dass Lösungen speziell für eine Stadt entwickelt werden, sondern für verschiedene Städte. Derzeit setzen wir Projekte für Nürnberg mit ungefähr 500.000 Einwohnern, Fürth und Erlangen mit je 100.000 Einwohnern sowie Bayreuth und Schwabach mit ca. 40.000, 50.000 Einwohnern um. Ziel ist es, die verschiedenen Größenordnungen, die verschiedenen innerverwaltungsgemäßen Organisationen, die unterschiedlichen Strukturen abzubilden und daraus Erfahrungen zu sammeln. Ein weiteres Ziel ist es, dass die Lösungen, die wir entwickeln, danach sehr schnell in die Breite, auf verschiedene Städte und Regionen übertragen werden können.

Die Curiavant Internet GmbH ist die Betreibergesellschaft, Projektträgergesellschaft, die die fünf Städte Nürnberg, Fürth, Erlangen, Schwabach und Bayreuth als 100 % kommunale GmbH gegründet haben. Im Anschluss an die Förderlaufzeit werden wir mit hoher Wahrscheinlichkeit mit weiteren privaten Gesellschaftern auf den Markt gehen. Auch dies ist ein großer Unterschied zu meinen beiden Vorrednern. Wir setzen von Anfang an auf die Public Private Partnership. Wir wollen gemeinsam mit unseren Partnern in der Industrie, den Finanzinstituten, der DV-Technik Lösungen entwickeln, weil – wie Herr Prof. Kubicek speziell dargestellt hat – eine rein kommunale Lösung auch finanziell nicht aufzustellen ist.

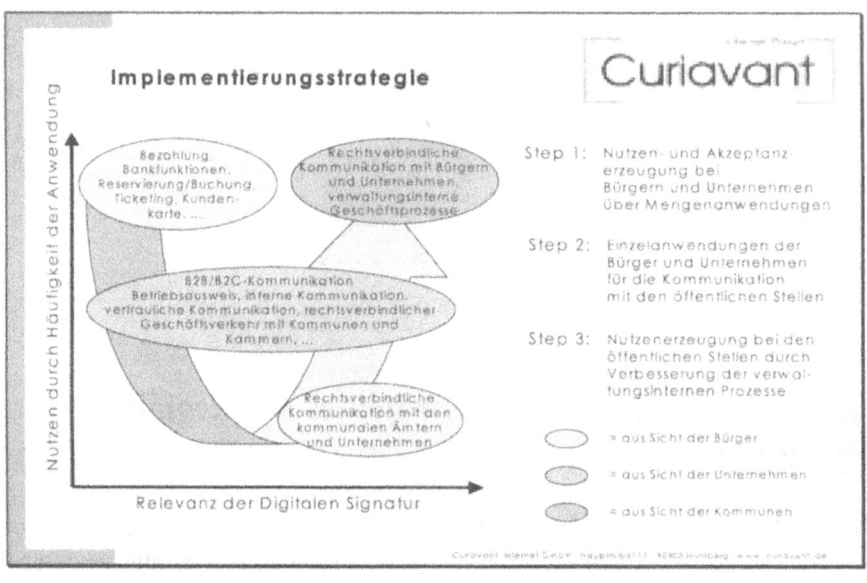

Bild.1: Implementierungsstrategie

Implementierungsstrategien

Auf Bild 1 sieht man ganz gut die Häufigkeit der Anwendung in Verbindung zur Relevanz der digitalen Signatur. Die digitale Signatur ist der Kern unseres Media@Komm-Prozesses: Für bestimmte hoheitliche Prozesse wird die höchste Stufe dieser Signatur nach deutschem Signaturgesetz gefordert.

Neben dem kommunalen Bezug steht natürlich auch der privatwirtschaftliche Bezug. Schauen Sie sich die Anwendungen an, die ein Bürger heute oder auch in Zukunft mit dem Internet nutzen kann: Sehr viele privatwirtschaftliche Anwendungen, wie z.B. Bezahlen, Homebanking, Karten oder Reservierung sind Anwendungen, die wirklich im Jahr sehr häufig vorkommen; Homebanking sogar wöchentlich. Manche nutzen es täglich. Durch die Häufigkeit entsteht für die beteiligten Partner und Bürger ein hoher Nutzen.

Obwohl derzeit im Finanzbereich die digitale Signatur nicht die ganz hohe Rolle spielt sind auch die Banken daran interessiert, höhere Sicherheitsstandards als im Augenblick zu etablieren. Viele Bürgerinnen und Bürger haben gerade beim Bezahlen mit Kreditkarte noch Hemmungen, ihre persönlichen Daten preiszugeben.

Im Gegensatz dazu haben einige unserer kommunalen Projekte - zumindest in Teilbereichen - sehr hohe Anforderungen an die digitale Signatur, aber die Nutzungshäufigkeit mit durchschnittlich zweimal pro Jahr ist sehr gering.

Aus Sicht der Verwaltung ist das etwas anders. Allein in der Region Nürnberg werden in den verschiedenen Einwohnermeldeämtern 150.000 An-, Um- und Abmeldungen pro Jahr durchgeführt. Durch eine Automatisierung in den Prozessen ist dort ein gewaltiges Einsparungspotenzial vorhanden. Aus diesem Grund haben die Kommunen durchaus ein großes Interesse, hier medienbruchfrei die Daten vom Bürger zu erhalten und in den internen Systemen weiter verarbeiten zu können, um manuelle Eingaben überflüssig zu machen.

Privatwirtschaftliche Aspekte

Die Privatwirtschaft, die Unternehmen, die bei uns mit in dem Projekt beteiligt sind, haben ein ganzes Bündel von Anforderungen, von Projekten: Einerseits sind in den Bereichen B-to-B und B-to-C teilweise Anwendungen notwendig mit sehr hohem Sicherheitsniveau. Es laufen Projekte, in denen es um das Thema Einsatz digitaler Signaturen bei Betriebsausweisen, als Zugangsberechtigungen, als Zugriffsberechtigungen zu Netzen, aber auch für interne Workflows, Unterschriftenregelungen über das Netz etc. geht. Auch dort werden digitale Signaturen eingesetzt.

Multifunktionale Chipkarte mit Digitaler Signatur und Bezahlfunktion

Zielsetzung der Curiavant Internet GmbH ist es, ein System aufzubauen, als erstes für die Region Nürnberg, aber letztendlich auch übertragbar auf andere Städte und Kommunen, in dem all diese Punkte und Anforderungen der verschiedenen Partner, Bürger, Unternehmen und Verwaltung abgedeckt werden.

Deshalb setzen wir ganz stark auf eine Karte, auf die digitale Signatur als Trägermedium. Ganz wichtig ist, dass wir keine neue Karte erfinden werden. Es sind schon so viele Karten im Umlauf. Wir setzen darauf, die Curiavant-Philosophie zu verbreiten, d.h. dass der technische Standard bei den umlaufenden Karten harmonisiert wird und die digitale Signatur sowie die Geldkartenfunktion integriert werden. Was hilft es, wenn ich meinen Einwohnerparkausweis über das Netz online beantragen kann, aber zum Bezahlen der 60 Mark dann doch wieder zur Stadtkasse muss.

Die Bezahlfunktion, die bei sehr vielen der kommunalen und privatwirtschaftlichen Anwendungen nötig ist, zu integrieren, ist natürlich eine sehr anspruchsvolle Aufgabe. Durch Standardisierungen bei verschiedenen Zusatzanwendungen werden wir dies jedoch erreichen.

Welche Karten gibt es? An erster Stelle steht natürlich die Bankkarte, die EC-Karte. Zusammen mit unseren Partnern aus der Kreditwirtschaft wollen wir auch auf diese setzen, um in die Breite zu kommen. Denn EC-Karten hat fast jeder Bürger. Dies erreichen wir hoffentlich bis Ende 2001 und nicht erst 2002, denn dann ist unsere Förderlaufzeit eigentlich fast zu Ende. Zusätzlich sprechen wir mit den Banken über vorgezogene Lösungen.

Regionale Zusatzanwendungen

Zusatzanwendungen habe ich gerade schon angesprochen. Lassen Sie mich noch ganz kurz auf bestimmte regionale Aspekte eingehen, die wir mit integrieren wollen. Da geht es z.B. auch um das Thema Ticketing, d.h. den ÖPNV-Fahrschein auf unsere Multifunktionale Chipkarte zu bekommen. Eine sogenannte Bildungscard schwebt uns ebenso vor wie eine Kulturcard, bei der die Bürger sich über Internet verschiedene Berechtigungen zum Besuch von Museen oder Bildungseinrichtungen runterladen können und dann über die Karte den Zugang haben.

Noch ein kurzer Schwenk zu den generellen Media@Komm-Projekten und den Bezug zu den kommunalen Themen. Letztendlich habe ich mit diesen Service-Online-Angeboten die Möglichkeit, wirklich weltweit auf diese Systeme zuzugreifen. Ein Beispiel: Man ist gerade in Australien im Urlaub, hat ein Buch bei der Städtischen Bibliothek ausgeliehen und stellt fest, dass es gerade während des Urlaubs abläuft. Man geht dann in Australien in ein Internetcafe und kann es dort verlängern. Das ist vielleicht ein bisschen ‚weit' hergeholt, stellt aber diese weltweite Dimension ganz gut dar. Natürlich kann man auch von zuhause, vom Arbeitsplatz die zeitliche Unabhängigkeit erreichen – das wurde gestern ja schon thematisiert.

24-h-Service, 365 Tage im Jahr

Damit komme ich zu den nächsten Punkt: die zeitliche Unabhängigkeit. Die existiert derzeit bei den Kommunalen Beziehungen zwischen Bürgern und ihrer Kommune nicht. Und das stört die Bürgerinnen und Bürger. Umfragen bestätigen, obwohl die Nutzung kommunaler Ämter im Schnitt wirklich nur zweimal im Jahr stattfindet, stören die Öffnungszeiten, die Warte- und die Wegezeiten.

Fragt man die Bürger jedoch, welche Leistungen sie über das Internet noch stärker nutzen würden oder was es im Augenblick noch nicht gibt, dann steht an aller erster Stelle der Wunsch, kommunale Anwendungen online durchzuführen. Es nervt eben, einen halben Tag Urlaub zu nehmen, in der Schlange zu stehen und Nummern zu ziehen. Viele dieser Prozesse werden deshalb in Zukunft online abgebildet.

Durch die Leistungen der Curiavant Internet GmbH in den nächsten Monaten erwarten sich die Bürgerinnen und Bürger natürlich eine erhebliche Beschleunigung ihrer Vorgänge durch den Wegfall von Wege- und Wartezeiten.

Die Verwaltung erwartet ebenfalls eine Beschleunigung, eine Arbeitserleichterung durch die medienbruchfreie Weiterverarbeitung. Das steht jetzt so einfach da: medienbruchfreie Weiterverarbeitung. Was der Bürger außen sieht, ist das front end - und das sind vielleicht 10 % der ganzen Arbeit.

Viele Themen müssen auch innerkommunal gelöst werden: Verfahren müssen angepasst werden; intelligente Dokumentenmanagementsysteme etabliert werden, Workflowsysteme angeschafft und bereitgestellt werden. Zwanzig, dreißig Jahre alte DV-Verfahren, die hervorragend angepasst sind und funktionieren - wo auch gar nicht das Geld vorhanden ist, sie auszutauschen - müssen angebunden werden.

All die Themen, die gestern angesprochen wurden, wie finanzielle Schwierigkeiten, Prozessreengineering, Qualifikation der Mitarbeiter kommen hier zum Tragen. Eine generelle Strategie der Städte, wie komme ich zu einem virtuellen Rathaus, wie muss ich mich aufstellen, die spielen dort alle eine Rolle.

Die Curiavant Internet GmbH ist mit den Oberbürgermeistern der fünf Städte in intensiver Diskussion. Zum Teil sehen sie wirklich die Brisanz, da ist das dann Chefsache. Sie engagieren sich persönlich, damit wir dieses Projekt, das letztendlich weit über den Media@Komm-Ansatz hinaus reicht, auch realisieren können.

Sicherheitskonzepte

Thema Sicherheit: Der Bürger fordert es. Die digitale Signatur und die damit verbundenen Möglichkeiten gewährleisten die Authentizität, die Vertraulichkeit der Datenübermittlung und auch die Integrität der übertragenen Informationen, d.h. wir haben zumindest nach dem heutigen Stand der Technik dort ein System, was nicht knackbar ist. Deswegen setzen wir uns dafür ein, dass wir die höchste Stufe der digitalen Signaturen in unserer Region auch umsetzen. Herr Rossnagel wird sicherlich gleich zu diesem Thema referieren.

Bürger- und Kundenfreundliches Rathaus

Generell brauchen wir eine Verbesserung der Kunden- und Serviceorientierung in den Kommunen. Daher ein kurzer Überblick über die Anwendungen, die wir realisieren wollen und die diesen Anspruch umsetzen werden. (Bild 2)

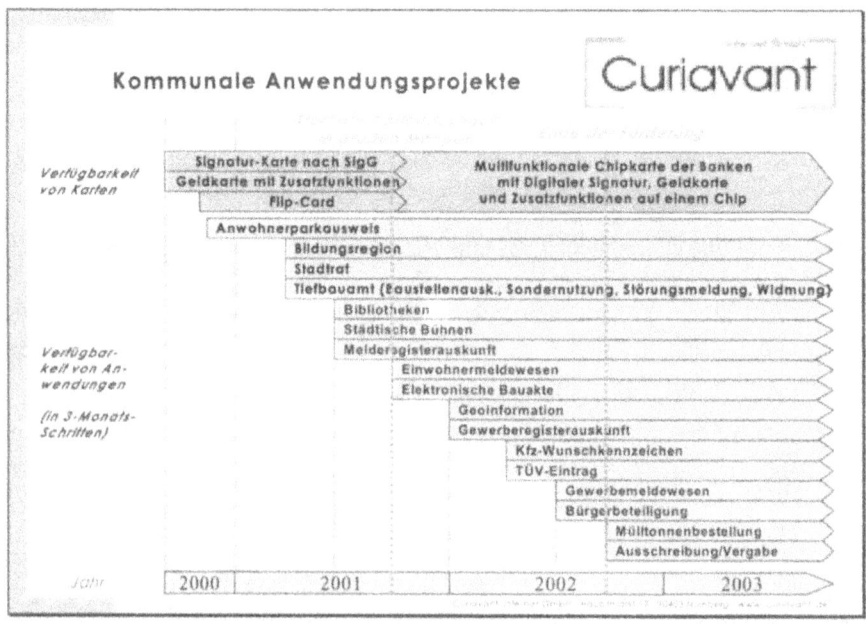

Bild 2: Kommunaler Projekte

Einerseits sind da die Bürger, andererseits die Unternehmen als Kunden der Verwaltung. Zudem habe ich die Relevanz der digitalen Signatur angesprochen. In einigen Kommunen ist die online-Buchung, z.B. in den Volkshochschulen, schon möglich. Was in den meisten Fällen jedoch noch nicht funktioniert, ist die gleichzeitige Bezahlung und damit letztendlich die verbindliche Buchung online. Also nicht nur eine Email schicken zum Anmelden, sondern der sekundengenaue Abgleich, ob tatsächlich auch noch Plätze frei sind und die gleichzeitige Bezahlung. Dort brauche ich eigentlich nicht die digitale Signatur, denn es würde z.B. der Volkshochschule reichen, wenn sich einer anmeldet und auch bezahlt. Da ist die Missbrauchsgefahr auch relativ gering. Beim Einwohnermeldewesen ist es genau umgekehrt. Dort muss 100%ig sichergestellt sein, dass wirklich derjenige, der sich an- und ummeldet sich nicht für jemand anders ausgeben kann.

Lassen Sie mich Ihnen aus dem privatwirtschaftlichen Bereich das Projekt Geoinformation vorstellen. Ziel ist es, die verschiedensten Informationen, die aus den Bauämtern für Unternehmen, Architekten, Notare, Baubetriebe herausgegeben werden – und das sind die digitale Stadtgrundkarte, Kaufpreissammlungen, verschiedene andere Kataster – über das Netz in digitaler Form abrufbar zur Verfügung zu stellen und auch dafür bezahlen zu können.

Ein sehr anspruchsvolles Projekt ist die elektronische Bauakte, wo die Thematik, integrierte Dokumentenmanagement/Workflowsysteme, eine Rolle spielt. In Nürnberg wurde gerade ein großer Businesstower errichtet. Bei dem Bauantrag waren insgesamt 38 kommunale und auch überkommunale Stellen mit eingebunden. Wenn man dort erreichen kann, dass nicht sequentiell, sondern parallel und auch mit technischer Unterstützung digital solche Anträge abgewickelt werden, kann man eine sehr deutliche zeitliche Beschleunigung des Prozesses erreichen.

Insgesamt haben wir in unserem Projekt 62 Anwendungen in den fünf Städten. Bei den fünf beteiligten Städten haben wir sehr stark darauf geachtet, dass wir keine Alleinstellung der Projekte haben. Denn gerade indem wir die Beteiligten aus den Städten zusammen bringen bei Geschäftsprozessanalysen, Geschäftsprozessmodellierung lernen wir sehr viel. Wie sieht ein idealer neuer Prozess digital technisch unterstützt aus? Dieser Frage gehen wir nach und wollen unsere Erfahrungen nutzen, um Lösungen zu erarbeiten, die nicht singulär für uns passen, sondern grundsätzlich übertragbar sind auf alle Unternehmen und Kommunen in Bayern, deutschlandweit oder sogar europaweit.

Weitere Projektlaufzeit

Wie sieht die Zeitschiene aus? Die Problematik der Einführung der Multifunktionalen Chipkarte mit Digitaler Signatur und Bezahlfunktion über die Kreditwirtschaft wurde schon einmal angesprochen.

Die Curiavant Internet GmbH wollte eigentlich keine eigene Karte herausgeben, aber um diesem Zeitpunkt bis Ende 2001, Anfang 2002 zu überbrücken, bis Bankkarten im großem Maße herauskommen, haben wir eine Multifunktionale Chipkarte entwickelt mit einer ersten Auflage von 1.000.

Die bekommen ausgewählte Bürgerinnen, Bürger und Unternehmen, die die ersten Anwendungen mit uns realisieren. Der Trick an dieser Karte ist, dass ich auf der einen Seite die digitale Signatur nach deutschem Signaturgesetz habe. Im Hintergrund ist es die Digitale Signaturkarte der Post. Auf der Rückseite wurde von uns noch ein zweiter Chip eingebaut und hier arbeiten wir mit einer Geldkarte der Sparkasse. D.h. wir haben jetzt nur noch eine Karte mit der der Kunde sowohl rechtsverbindlich signieren als auch bezahlen kann.

Diese Karte wird im Oktober 2000 herausgegeben. Dann werden wir unsere erste Anwendung präsentieren. Bürgerinnen und Bürger können dann erstmals rechtsverbindlich ihren Anwohnerparkausweis beantragen und über das Internet bezahlen. Das ist natürlich nicht so die spannende Anwendung, aber wir wollen davon auch lernen. Wir haben jetzt eine herausgegriffen, wo die rechtliche Problematik nicht so auftritt und wollen vorrangig unsere technischen Themen dort verifizieren: Das ganze Thema der digitalen Signatur, Sicherheitskonzepte, das Bezahlfunktionsthema, auch die Anbindung z.B. an die Hintergrundsysteme, Einwohnerdatenbank, um auch die Abprüfung der Daten zu verifizeren.

Ganz wichtig: Auch auf der Benutzerseite wollen wir sehen, in wie weit diese Anwendungen, diese graphischen Oberflächen, dort gibt es ja auch Vorgaben vom Signaturgesetz, die eingehalten werden müssen, vom Kunden angenommen werden und wo sie verbesserungsfähig sind. Die weitere Zeitschiene sehen Sie auf Bild 2. Wir wollen bis Ende 2002 alle 62 Anwendungen realisiert haben.

Public-Private-Partnership

Zum Schluss möchte ich noch kurz auf die gerade gezeigten Public Private Projekte zu sprechen kommen (Bild 3). Ich will die beiden ersten herausgreifen. Das erste Projekt „Existenzgründerbetreuung" hat indessen schon bundesweiten Charakter. Dort werden wir zusammen mit dem BMWi eine bundesweite Plattform aufbauen, die den Existenzgründer im Kontakt mit den jeweiligen IHKs unterstützt, ihre Existenzgründung so professionell wie möglich durchzuführen, auch mit der digitalen Signatur, um eine vertrauliche Information, Datenaustausch zwischen dem IHK-Berater und dem Existenzgründer zu ermöglichen.

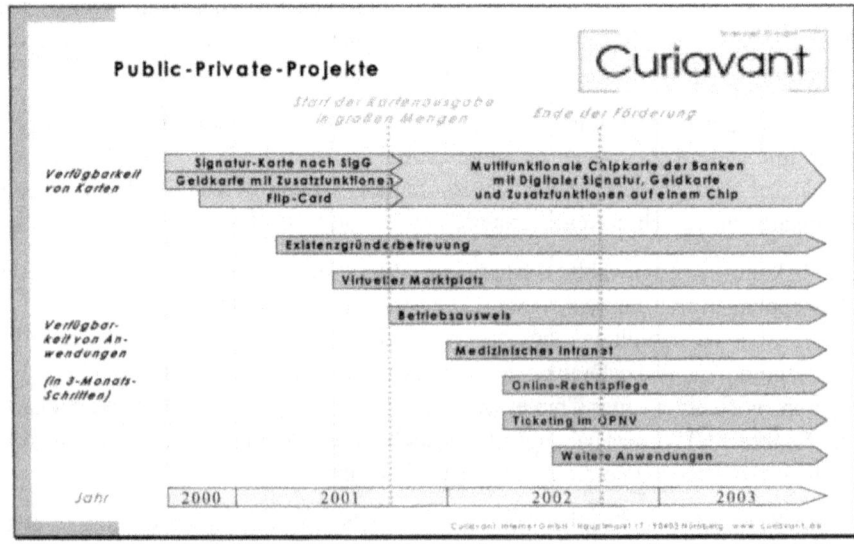

Bild 3: Public-Private-Projekte

Das virtuelle Marktplatzthema hieß bei uns früher das Projekt Frankenmall. Wir sind im Gespräch mit SBS / SAP, um zusammen zu arbeiten. Wir sehen das als Riesenchance auch für unser Projekt. Denn durch diesen virtuellen Marktplatz Bayern, durch den Behördenwegweiser, durch die Formularserver, die aufgebaut werden, erhalten die Kommunen in Bayern flächendeckend die Möglichkeit alle ihre Informationen ins Netz zu stellen. Wir gehen noch einen Schritt darüber hinaus - auch die Transaktionen zur Verfügung zu stellen. Deswegen erhoffen wir uns gerade aus diesem virtuellen Marktplatz für uns als Unternehmen eine breite Vermarktungschance.

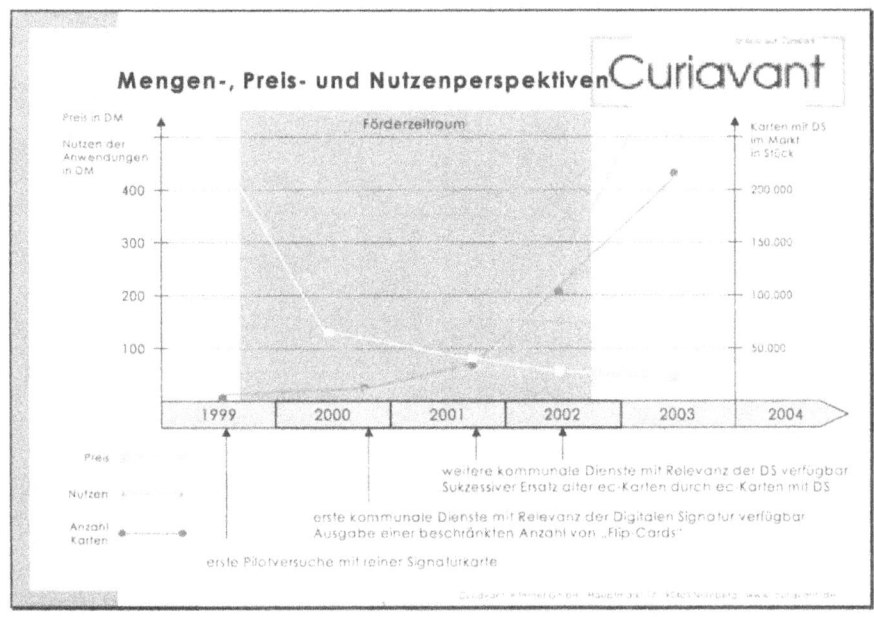

Bild 4: Mengen-, Preis- und Nutzenperspektiven

Das Bild 4 zeigt noch einmal die verschiedenen Kurven bezüglich der Mengen, Nutzen, Anwendungen, die wir vorhaben, auch das Thema der Preise. Die Karte mit Lesegerät und Software muss für den Kunden so günstig werden, dass sie vielleicht noch 50 Mark kostet. Ansonsten werden wir nicht in die Verbreitung kommen. Deswegen kooperieren wir mit den Kreditinstituten, vorrangig der Sparkasse und der Hypovereinsbank als unsere Partner, das Thema gemeinsam voranzubringen. Ich bedanke mich sehr für Ihr Interesse.

Informationsquellen:

www.curiavant.de

www.mediakom.net

15 Bürgernähe und Verwaltungseffizienz - Praxiserprobte Lösungen für die Öffentliche Hand

Dr. Rolf Kunkel

Siemens Business Services, München

Wir stehen heute mitten in einem internationalen Wettbewerb der Standorte: Welcher Standort ist am leistungsfähigsten für die Bürger, die Wirtschaft, die Dienstleistungsorganisationen seines Umfeldes – sei es einer Gemeinde, einer Stadt, einer Region oder eines Landes. Und damit ist auch ganz wesentlich die Leistungsfähigkeit der öffentlichen Verwaltung, also der politischen Organe und seiner Behörden, angesprochen. Deren Wettbewerbsfähigkeit wird heute keineswegs nur noch durch die Stellung von Anschubfinanzierungen, Subventionen, Steuererleichterungen oder Finanzierung excellenter Ausbildungsstätten geprägt. Leistungsfähigkeit bedeutet – eine gesamtheitlich höchst effiziente Gestaltung, Anwendung und Vermittlung von öffentlich-rechtlichen Aufgaben im Sinne bürger-, wirtschafts- und non profitorganisationsnahen Verwaltungsdienstleistungen. Dies bedingt als Basis bei einer Vielzahl der Beteiligten einen Wandel der Einstellung hin zu dem Credo: so wenig „Obrigkeit" wie nötig und soviel Dienstleistung wie möglich.

Aber es erfordert vor allem auch:

1. Zentrale und lokale Verwaltungen müssen bei gleichzeitig knappen bis reduzierten Budgets zum Teil drastisch modernisiert werden. Begleitend dazu systematisches Veränderungs-Management, damit nicht nur Struktur und Ablaufprozesse deutlich verbessert werden, sondern die Menschen, die sie anwenden und prägen, dahinterstehen und sie leben.

2. Die Nutzung der Möglichkeiten, die die Informations- und Kommunikationstechnologie heute bietet, um komplexe Verwaltungsprozesse zu vereinfachen und zu beschleunigen, die Kosten zu reduzieren und gleichzeitig die Dienstleistungsqualität zu erhöhen.

3. Bei diesen Veränderungsprozessen wird der IuK-Anbieter immer häufiger Partner der öffentlichen Verwaltung. Er hilft interne und externe Verwaltungsprozesse zu verbessern, diese durch umfassende Lösungen zu unterstützen und durchgängig zu gestalten. Darüber hinaus übernimmt er gegebenenfalls auch die Verantwortung und Durchführung für komplette Verwaltungsprozesse und entwickelt Finanzierungsmodelle für öffentliche Dienstleistungen.

„Verwaltungen ans Netz" – ist heute wahrscheinlich einer der besten verfügbaren Wege zu mehr Bürgernähe und Verwaltungseffizienz – denn auf dem Weg müssen eingefahrene Prozesse überdacht und erneuert werden und die Beteiligten sich mit den notwendigen Veränderungen auseinandersetzen.

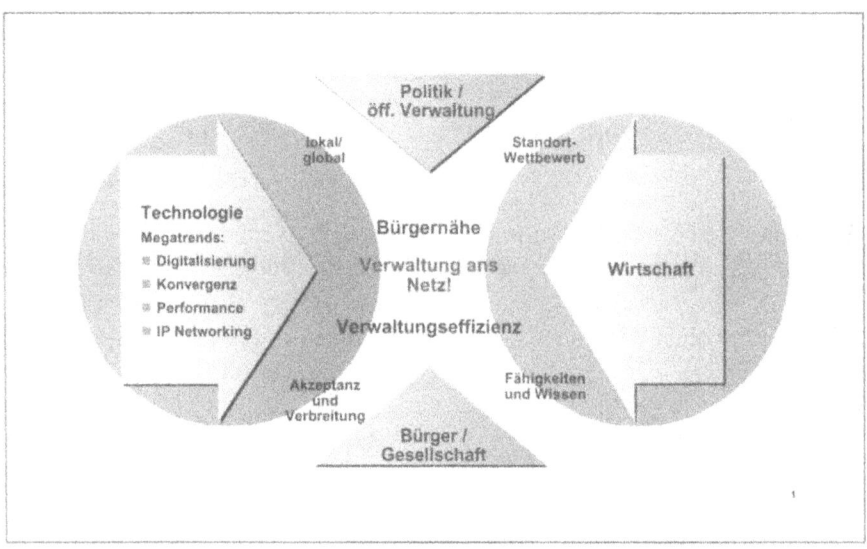

Bild 1: Die Treiber für Bürgernähe und Verwaltungseffizienz

Die Politik und die öffentliche Verwaltung sind Nutzer und Treiber in diesem Prozeß. Sie sind allerdings keineswegs nur „getriebene" im Rahmen dieser Trends. Nein! Sie sind ganz wesentliche Treiber.

Erinnern wir uns: Es war das Verteidigungsministerium der USA, das den Auftrag zum Aufbau eines Internets gab. Erinnern wir uns an die Initiative von Al Gore zum Aufbau des „Information Highway" oder an die positive Rolle der Weltbank zur Förderung einer Internet-basierten Schulung und Ausbildung in den ärmsten Ländern; sowie an andere vielfältige Initiativen in Deutschland; wie hier in Bayern an „Bayern online"; die vielfältigen Multimedia-Initiativen, D 21 und die entsprechenden Initiativen in den Bundesländern – um nur einige zu nennen.

Die Technologie ermöglicht und treibt die globale Verknüpfung von Infomationen, Wissen und Prozessen in einem Ausmaß, daß wir mit Recht von einer „knowledge based society" oder auch von dem Beginn des „e-Business Zeitalters" sprechen können, in dem sich „lokal" und „global" verknüpfen.

Die Konvergenz der Informations- und Kommunikations-Technologie, das weltweit existierende Internet und das extreme Wachstum der Technologie-Performance ist gleichzeitig auch Grundlage für das Entstehen völlig neuer Industriesegmente, Dienstleistungen und Wirtschaftsprozeß-Abläufe.

15 Bürgernähe und Verwaltungseffizienz   137

Drei Beispiele sollen dies veranschaulichen:

Das Internet related gross domestic product wird in diesem Jahr auf mehr als 300 Mrd. US$ geschätzt; vergleichbar also dem gross domestic product von der Schweiz.

1. Der Einsatz von e-Business verändert teilweise daramatisch die Transaktionskosten in einzelnen Branchen und damit ganze Branchen: So verursacht eine Banküberweisung in der traditionellen Form über eine Filiale mit ausgefülltem Überweisungsformular ca. 1 Euro an Kosten. Die gleiche Transaktion über das Internet vom PC des Überweisers über die Zentralcomputer der involvierten Banken kostet nur 1 bis 2 Euro Cents.

2. Wir befinden uns nach 100 Jahren wieder in einer neuen Gründerzeit. Diesmal aber unter anderen Voraussetzungen. Um 1900 war das Kapital knapp; der Engpaßfaktor. Die Erfinder, das Wissen mußte das Kapital suchen. Heute ist das Kapital reichlich vorhanden und sucht nach Wissen / Erfindern. Gründungswille und Neugründungen steigen derzeit deutlich jedes Jahr.

Große Teile der Gesellschaft haben die neuen Technologien adaptiert und akzeptiert. Man rechnet mit rund 350 Mio. Internet-Nutzern weltweit in 2000, eine Zahl, die sich in 4 Jahren verdoppelt haben wird. 40 % der amerikanischen Haushalte verfügten im vergangenen Jahr bereits über einen Internet-Anschluß. Auch die deutschen Anschlüsse wachsen rapide.

Dies drängt geradezu die Verwaltungen, schleunigst Anschluß an Bürger und Wirtschaft zu finden, sich mit ihnen zu vernetzen.

Die entscheidenden Faktoren für die Weiterentwicklung von Bürgernähe und Verwaltungseffizienz sind also gegeben: Die Akzeptanz und Verbreitung der Technologie als Basis, die entsprechenden Fähigkeiten und Wissen der Menschen und Organisationen, die Notwendigkeit erfolgreich im Standortwettbewerb zu sein, sowie die globale Vernetzung lokaler Organisationen.

Verwaltungen ans Netz – ein evolutionärer Prozeß

In dem Bestreben, Bürgernähe und Verwaltungseffizienz zu verbessern, sind in den letzten 6-8 Jahren bereits zahlreiche Verwaltungen ans Netz gegangen. Mit one-stop-shop Lösungen, Call Centers, dem virtuellen Rathaus, Tele-Lernen, City Card oder dem Elektronischen Marktplatz sind sie auf dem Weg zu umfassenderem und qualitativ besserem Service, sowie Verfügbarkeit des Dienstleistungsangebot rund um die Uhr.

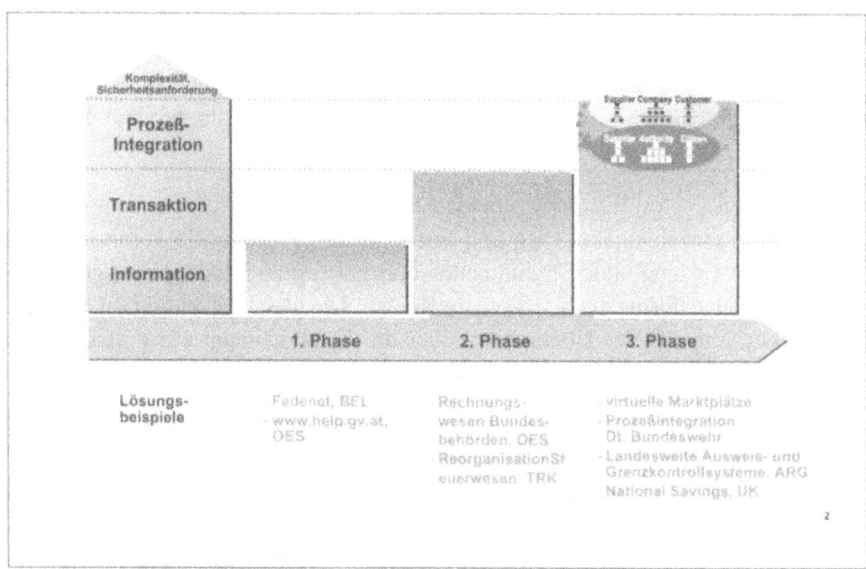

Bild 2: Verwaltung ans Netz – die Evolution der elektronischen öffentlichen Dienstleistungen

In der ersten Hälfte der 90er Jahre haben innovative lokale und zentrale Verwaltungen den ersten Schritt ins Netz getan: sie haben eine „Web-Präsenz" aufgebaut, die ihren Kunden – Bürgern, Wirtschaft, anderen Verwaltungen, Interessensvertretungen, etc. – die jeweilige Organisation und die von ihr angebotenen Dienstleistungen präsentiert. Diese erste Phase des reinen Informationsangebots ist charakterisiert durch online Recherche mittels einfacher Web Browser.

In der zweiten Hälfte der 90er Jahre haben die Verwaltungen begonnen, mehr aus ihrem „Web-Auftritt" zu machen. Es wurde technisch möglich, das Angebot an öffentlichen Dienstleistungen nicht nur im Internet darzustellen, sondern es direkt zugänglich zu machen. Die Durchführung von Transaktionen begann den zeitraubenden „Amtsweg" abzulösen, und hat die Behörde näher zum Bürger gebracht. Dank spezieller Internet-basierter Anwendungen können im Wohnzimmer oder Büro, auch außerhalb der Amtsstunden ausgewählte Verwaltungsprozesse angestoßen und durchgeführt werden; z.B. die elektronische Abgabe der Steuererklärung oder die Zahlung der Hundesteuer oder Prüfverfahren bei Baugenehmigungen.

Ende der 90er Jahre ist zum Angebot von Informationen und Transaktionen die Prozeßintegration dazugekommen. Die eigenen internen Prozesse werden mit den Prozessen der Zulieferanten und/oder mit den Prozessen des Kunden elektronisch verknüpft.

15 Bürgernähe und Verwaltungseffizienz

Voraussetzung ist allerdings, daß die internen Prozesse durchgängig elektronisch ablauffähig sind und ggf. neu geordnet wurden, um so die Verknüpfung mit anderen Organisationen bzw. Kunden unmittelbar zu ermöglichen.

Beispiele sind die elektronische Beschaffung durch Behörden, Einsatzleitsysteme bei der Polizei, Ambulanz, Feuerwehr oder der Luftwaffe sowie künftig das sogenannte one stop shop für eine Lebenslage, z.B. bei einem Umzug, bei einer Heirat.

Wie vielfältig das Beziehungsgeflecht öffentlicher Verwaltungen am Netz heute ist, zeigt uns anschaulich dieses Bild:

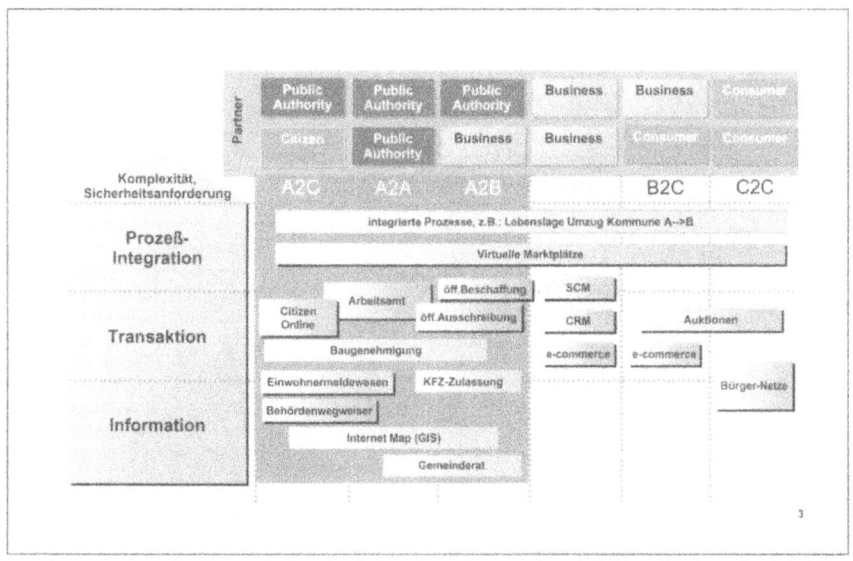

Bild 3: Verwaltungen am Netz haben vielfältige Beziehungen zu ihren Kunden und Partnern

Verwaltungen führen elektronisch Informationsaustausch und Transaktionen mit anderen Behörden: A2A – Authorities to Authorities, mit Bürgern: A2C – Authorities to Citizen, und Unternehmen: A2B - Authorities to Business durch. Mit dem steigenden Komplexitätsgrad von reiner Informationsbereitstellung über Transaktionsfähigkeit zu organisationsübergreifender Prozeßintegration steigen verständlicherweise auch die Sicherheitsanforderungen, sowie die Anforderungen an die internen Voraussetzungen, d.h. an Prozesse und Organisation einer Verwaltung.

Fit for e-Public Services

Bevor die Verwaltung ans Netz gehen kann und über Internet auf Geschäftsprozeßebene mit ihren Partnern Bürger und Wirtschaft interagiert, müssen die internen Prozesse dafür vorbereitet, optimiert werden, sowie die Organisation entsprechend angepaßt, zu einer prozeßorientierten Organisation umgeformt werden.

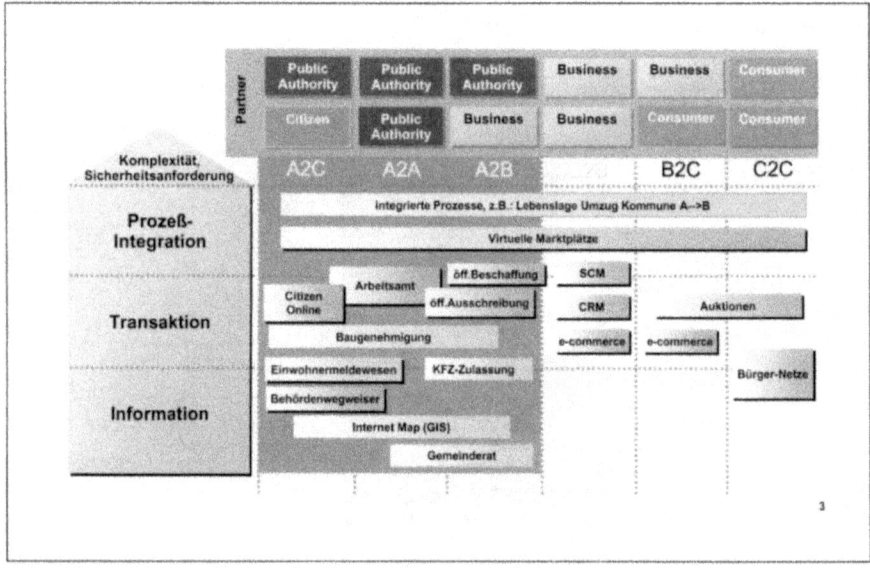

Bild 4: Bevor die öffentliche Verwaltung ans Netz gehen kann, müssen die internen Prozesse optimiert werden

ERM – Enterprise Resource Management und BIM – Business Information Management sind die Schlüsselprozesse, die für einen Gang ans Netz vorbereitet werden müssen.

- Budgetierung und Haushaltskontrolle
- Kosten-/Leistungsrechnung
- Personalwesen und
- Materialverwaltung

ebenso wie

- Schriftgutverwaltung, elektronische Archivierung und Vorgangsbearbeitung
- Knowledge Management und
- DataWarehouse/Business Intelligence

müssen in einfacher und effizienter Form elektronisch ablauffähig und verknüpfbar sein, sowie durch homogene und integrierte Lösungen unterstützt werden. Dann erst können in einem zweiten Schritt die externen Lieferanten- und Kunden-orientierten Prozesse - öffentliche Beschaffung, e-Commerce, Customer Relationship Management – reibungslos auf ihnen aufsetzen und mit ihnen integriert werden.

Sicherheit – Voraussetzung für Akzeptanz und Verbreitung

Sicherheit ist unabdingbar, nicht nur aus gesetzlichen Gründen, sondern vor allem auch um alle Partner zu überzeugen, daß interaktive online Dienstleistungen der öffentlichen Hand allen einen Vorteil verschaffen.

Wie zuvor bereits erläutert, sind Sicherheitsanforderungen durchaus abgestuft zu sehen. Während reine Informationsangebote, wie z.B. touristische Stadtinformationen nicht geschützt bzw. vor unberechtigtem Zugriff bewahrt werden müssen, stellen Transaktionen wesentlich höhere Anforderungen an die integrierte Sicherheit. Zum Beispiel muß bei einer Wahl über Internet sichergestellt sein, daß der Wähler sich identifiziert, wie er es auch vor der Wahlbehörde tun muß, daß aber die von ihm abgegebene Stimme anonym ausgewertet wird, um das Wahlgeheimnis zu gewährleisten, daß bei der Übertragung seiner Wählerstimme diese nicht manipuliert wird, daß er nicht mehrfach die Stimme abgibt, usw. Genauso sind bei organisationsübergreifenden integrierten Prozessen, wie wir sie zum Beispiel bei elektronischer Beschaffung zwischen bestellender Behörde und Lieferant finden, verständlicherweise hohe Sicherheitsvorkehrungen notwendig.

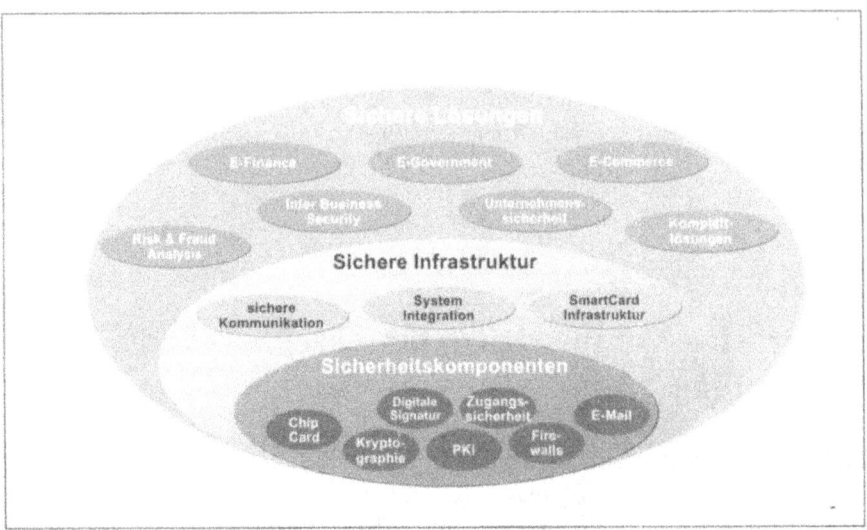

Bild 5: Sicherheit ist die Grundvoraussetzung für die Verbreitung von elektronischer Kommunikation und Transaktion

Jede Lösung muß so sicher sein, wie das Gesetz bzw. der Nutzer es fordert. Dazu sind integrierte Sicherheitsarchitekturen notwendig, die auf Sicherheitskomponenten wie Firewalls oder ChipCard/Trustcenter aufsetzen, die zu einer Sicherheitsinfrastruktur integriert werden, auf denen sichere Lösungen aufsetzen. Praxiserprobte Lösungen – einige internationale Beispiele aus den drei Phasen des Evolutionsprozesses „Verwaltungen ans Netz".

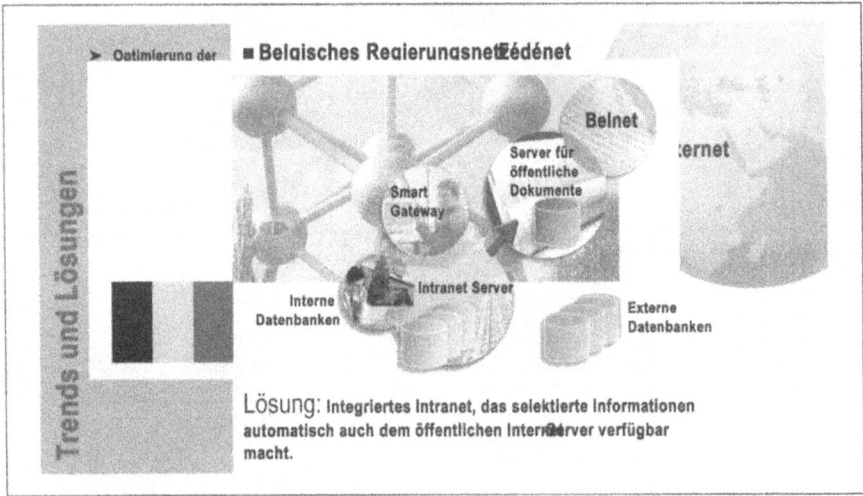

Bild 6: Behörden-Intranet mit Bürgerschnittstelle

15 Bürgernähe und Verwaltungseffizienz

Die belgische Regierung gehört zu einer der ersten, die die Bedeutung von Intra- und Internet für Bürgernähe und Verwaltungseffizienz erkannt hat. Insellösungen und voneinander isolierte Datenbestände mehrerer Behörden wurden durchforstet, vereinheitlicht, integriert. Mehrfachdatenhaltung wurde ausgemerzt, Medienbrüche wurden entfernt, die Verfügbarkeit der Informationen beschleunigt, der Zugang vereinfacht, und vieles mehr. Die Effizienz der internen Abläufe wurde nennenswert verbessert, und durch die Bereitstellung selektierter Informationen am Internet hat die belgische Regierung mehr Bürgernähe gewonnen.

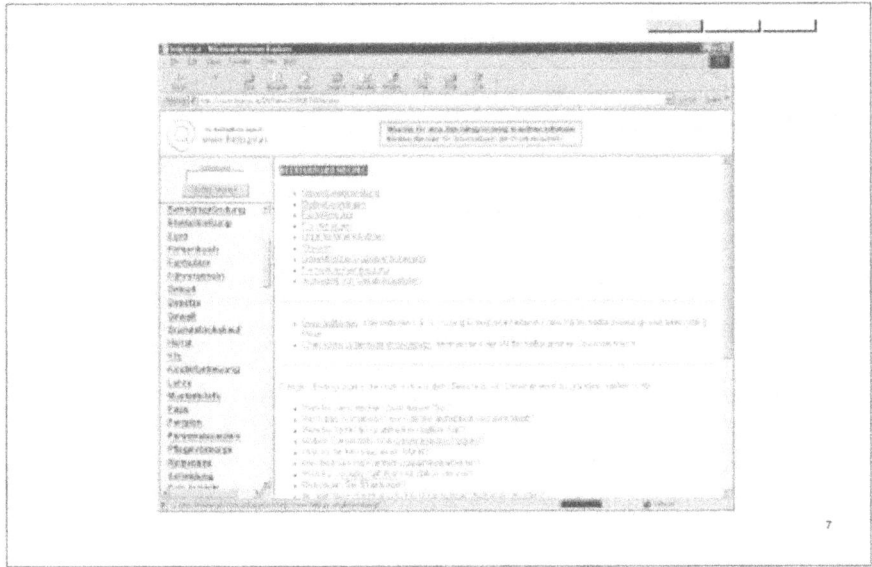

Bild 7: Der österreichische Behördenwegweiser strukturiert das Informationsangebot nach Lebenslagen

Der österreichische Behördenwegweiser ist ein Musterexemplar für die Darbietung umfangreicher Informationsbestände in leicht zugänglicher und verständlicher Form. Informationen über die österreichischen Behörden und ihre Dienstleistungen, sowie ergänzende Services der Privatwirtschaft wird Bürgern und Unternehmen über Lebenslagen angeboten. So erhält der Bürger zum Stichwort Geburt oder der angehende Jungunternehmer zum Thema Unternehmensgründung alles, was er wissen muß.

Bild 8: Standardisierung von Verwaltungsabläufen

Noch einmal Österreich, denn dieses Beispiel zeigt, wie die internen Prozesse fit für e-Business gemacht werden können. In der österreichischen Bundesverwaltung wurden und werden die Prozesse im Rechnungswesen reorganisiert und vereinheitlicht, sowie auf Basis eines erprobten Industriestandards unterstützt. Transaktionen zwischen Behörden und Wirtschaft können nun über Internet-basierte Schnittstellen durchgeführt werden – schneller und kostengünstiger.

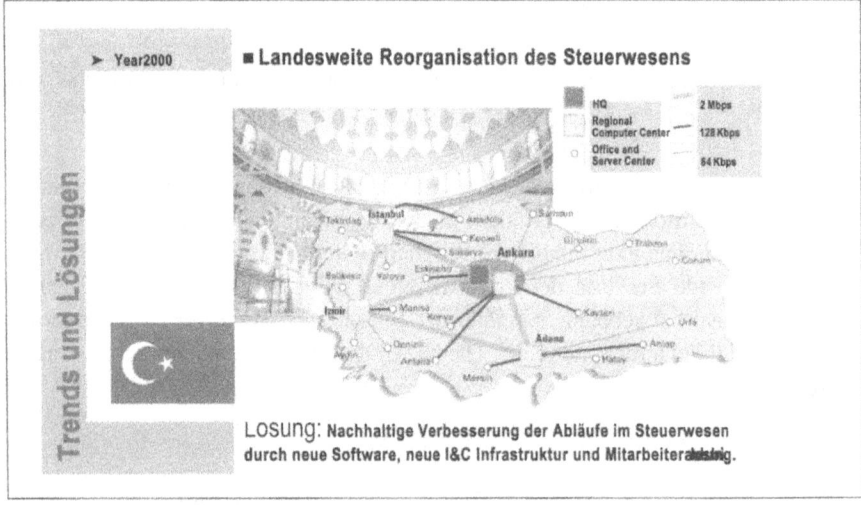

Bild 9: Effizientes Steuerwesen

15 Bürgernähe und Verwaltungseffizienz 145

Die neue Komplettlösung für das türkische Steuerwesen ist ein weiteres Beispiel. Durch eine landesweite Reorganisation wurden die Abläufe im Steuerwesen verbessert. Diese optimierten Prozesse werden durch eine maßgeschneiderte Lösung optimal unterstützt. Eine komplett neue IuK-Infrastruktur, sowie Schulung der Anwender in den Umgang mit den neuen Verfahren stellen eine effektive Nutzung im täglichen Geschäft sicher. Nun sind alle Finanzämter landesweit miteinander vernetzt, können elektronische Transaktionen durchführen, und der nächste Schritt – Transaktionen mit Privatwirtschaft (elektronisches Bankenclearing) und Bürgern, z.B. elektronische Steuererklärung, sind schon vorbereitet.

Wir kennen in der Praxis aber auch schon Beispiele aus der Phase 3 der Evolution, Beispiele für organisationsübergreifende integrierte Prozesse.

Bild 10: Durchgängige Prozeßketten – Standardsoftware statt Insellösungen

Die Deutsche Bundeswehr ist eines der interessantesten. Die gewachsene IT-Infrastruktur besteht aus einer Vielzahl zum Teil älterer Eigenentwicklungen, die Änderungen von Verfahrensabläufen schwierig und aufwendig machen. Zahlreiche Schnittstellen können doch nur teilweise Medienbrüche überwinden. Eine wirtschaftlichere Gesamtlösung mit unvergleichbar größerer Integrationstiefe kann durch eine Ablösung durch Standardsoftware erzielt werden. So könnten beispielsweise die Materialbewirtschaftungprozesse der Teilstreitkräfte soweit vereinheitlicht werden, daß sie mit einer Teilstreitkräfte-übergreifenden Lösung unterstützt werden können, die die Integration aller Logistikbereiche der Bundeswehr möglich macht. Diese Prozeßintegration über mehrere Bereiche hinweg erzielt durchgängige Prozeßketten ohne Medienbrüche und ermöglicht eine wesentlich effektivere Arbeit und Zusammenarbeit der Teilbereiche der Organisation.

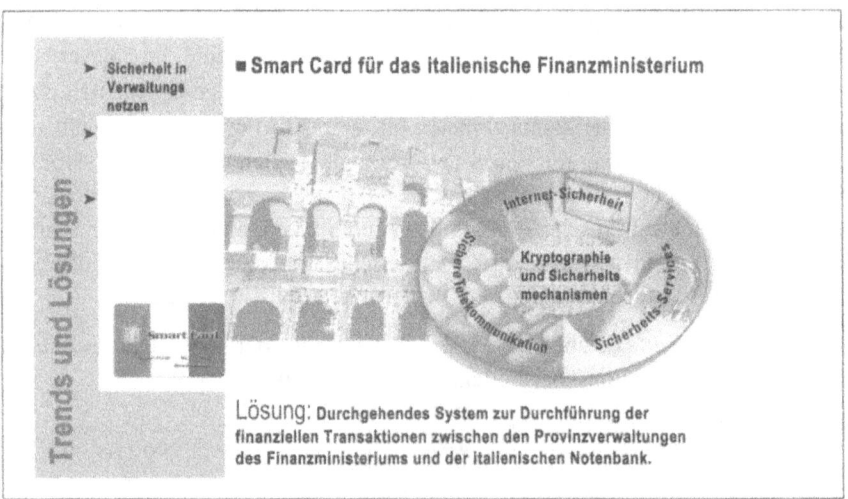

Bild 11: Sicherheit bei Finanztransaktionen durch SmartCard

Auch das italienische Finanzministerium konnte behördenübergreifende Transaktionen realisieren. Ein durchgängiges System ermöglicht elektronische Finanztransaktionen zwischen Provinzverwaltungen des Finanzministeriums und der Notenbank. Daß die Sicherheitsanforderungen an eine solche Lösung extrem hoch sind, ist evident. Daher wurde in die Lösung ein umfassendes Sicherheitssystem integriert, das mittels SmartCard, Kryptographie und weiteren Sicherheitsmechanismen sichere Kommunikation und Transaktion über Internet gewährleistet.

Public-Private-Partnership – die Verantwortung endet nicht bei der IT-Lösung, sondern umfaßt den gesamten Geschäftsprozeß.

Die Verantwortung für organisationsübergreifende, integriert elektronisch ablauffähige Prozesse endet für IuK-Anbieter immer häufiger nicht beim Aufbau solcher Lösungen. Vielmehr übernimmt er auch die Verantwortung für den Betrieb und die Weiterentwicklung kompletter Verwaltungsprozesse und für die (Re)Finanzierung der Lösung.

Solche Public-Private-Partnership genannten Modelle bei IuK-Lösungen für öffentliche Verwaltungen haben sich insbesondere in England bereits stark durchgesetzt. (Beispiele: National Savings, Immigration Office, etc.). Sie finden zunehmend Verbreitung in einer Vielzahl von Ländern, insbesondere bei innovativen Infrastruktur-Projekten. (Beispiele: Ministry of Flemish Government / MVG, Belgien; Kooperation zwischen Bundeswehr und Wirtschaft). Auf den „Virtuellen Marktplatz Bayern" als hochinnovatives Beispiel für e-Business zwischen Behörden, Wirtschaft, Organisationen, Städten, Gemeinden und Bürgern wurde im Vortrag „Bayern online" bereits hingewiesen. Ein wesentlicher Vorteil für die

15 Bürgernähe und Verwaltungseffizienz

öffentliche Verwaltung ist, daß sie durch dieses partnerschaftliche Modell rasch Lücken schließen kann:

- Effizienz-Lücken
- Wissens-Lücken bzw. das Fehlen qualifizierter Mitarbeiter
- Finanzierungs-Lücken

und sich auf ihre hoheitlichen Kernaufgaben konzentrieren kann.

Ein Beispiel sei kurz dargestellt: Die Einführung fälschungssicherer Personalausweise für Argentiniens Bürger, in Verbindung mit der Modernisierung des Grenzkontrollsystems.

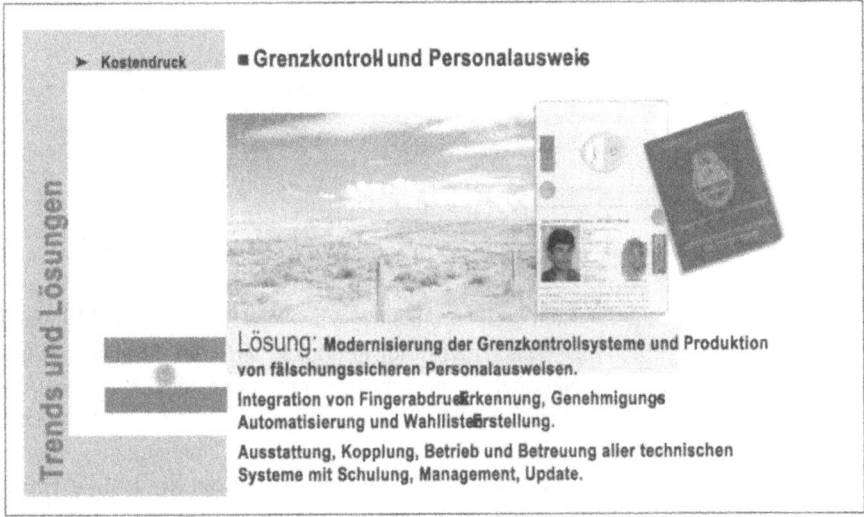

Bild 12: Aufbau und Betrieb eines landesweiten Personalausweissystems

Dafür werden 62 dezentrale Datenerfassungszentren, sowie ein zentrales Produktionszentrum aufgebaut und betrieben. Monatlich können bis zu 840.000 Personalausweise produziert und ausgeliefert werden. Das Grenzkontrollsystem wird reorganisiert und IT-mäßig modernisiert, so daß bei den bis zu 120.000 Ein- und Ausreisenden pro Tag die Daten der Reisenden mit einem Zentralsystem abgeglichen werden können. Integriert in die Gesamtlösung sind überdies Subsysteme für die Erkennung der Fingerabdrücke und die Verwaltung der Wählerverzeichnisse. Siemens Business Services betreibt das System für zunächst sechs Jahre und refinanziert den Aufbau des Systems durch die Beträge, die sie pro ausgegebenem Personalausweis erhält.

Ein weiteres Beispiel: National Savings UK, ein Public Private Partnership Auftrag mit 15 Jahren Laufzeit.

Bild 13: Integrierte Prozesse als strategischer Erfolgsfaktor – National Savings, UK

National Savings, eine britische „Government Agency", bietet ihren 30 Millionen Kunden im Retailbanking Finanzinvestitionsprodukte an. Im Rahmen eines Outsourcing Vertrages hat National Savings die Verantwortung für die gesamte IT-Infrastruktur an einen privaten Betreiber (Siemens Business Services) übergeben. Durch die Verbesserung der Geschäftsprozesse, deren Unterstützung durch Modernste IT-Infrastruktur und neue Anwendungen ist die Servicequalität gegenüber den Kunden von National Savings dramatisch gestiegen. Informationstechnologie ist so zu einem strategischen Hebel zur Erreichung der Geschäftsziele geworden. Outsourcing ermöglichte National Savings die Konzentration auf ihre Kernaufgaben, wobei der private Betreiber 3.800 Mitarbeiter übernommen hat, und nun seine Kernkompetenz im Management komplexer IT-Infrastruktur und Lösungen für National Savings einbringt, und dafür Sorge trägt, daß diese sich mit der Organisation und neuen Anforderungen mitentwickeln. Mitarbeiter wurden nicht entlassen, sondern inzwischen mehr als ein Drittel in neuen, ihren Kernfähigkeiten entsprechenden Aufgaben außerhalb von National Savings eingesetzt.

15 Bürgernähe und Verwaltungseffizienz

Verwaltung ans Netz! – Sechs Erfolgsfaktoren

1. I+K-Planung muß Teil der Geschäftsstrategie sein
2. Partnerschaftliche Zusammenarbeit mit I+K Anbietern
3. Höchste Sicherheitsniveaus sind unverzichtbar
4. Verbessern Sie Prozesse und Organisation
5. Kundenorientierung heißt Verfügbarkeit rund um die Uhr
6. Benchmarken Sie Ihre Bürgernähe und Effizienz

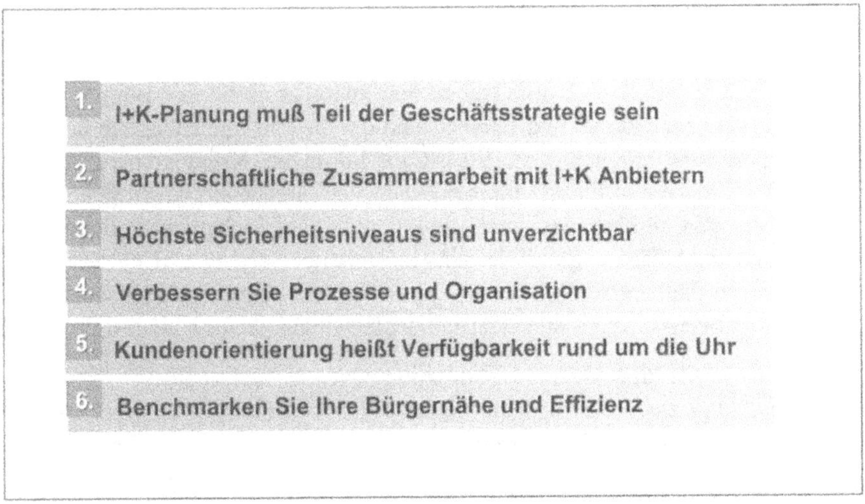

Bild 14: Verwaltung ans Netz! – Sechs Erfolgsfaktoren – was man aus praxiserprobten Lösungen lernen kann

IuK-Planung muß Teil der Geschäftsstrategie sein. Wenn eine Verwaltung ans Netz gehen will, und dies nicht nur mit einem einfachen Web-Auftritt, sondern ihre Dienstleistungen über Internet anbieten will, so bedeutet dies einen Transformationsprozeß für diese Verwaltung. Das Top-Management ist dafür verantwortlich. Denn diese Transformation der Organisation geht Hand-in-Hand mit einer Neuausrichtung der Geschäftsstrategie. Die Prozesse und mit großer Wahrscheinlichkeit auch die Aufbauorganisation der Verwaltung müssen für diese Neuausrichtung vorbereitet werden. Erst auf dieser Basis kann eine Internet-basierte Lösung effizient unterstützen; und es ist die Entscheidung zu treffen, ob die Verwaltung selbst diese Lösung betreibt, ob sie shared services in Anspruch nimmt oder Dritten Betrieb und Weiterentwicklung überträgt.

1. Partnerschaftliche Zusammenarbeit mit erfahrenen IuK-Anbietern
   Sie haben an den Praxisbeispielen sehen können, wie dramatisch die Komplexität und die Sicherheitsanforderungen steigen, je integrierter die Verwaltung mit ihren Angeboten und Prozessen ans Netz geht. Das bringt im selben Ausmaß Veränderungen und neben Chancen auch Risiken, die genau bewertet und straff gemanaged werden müssen. Und dies gemeinschaftlich mit dem IuK-Partner. Das bedeutet häufig eine veränderte mentale Einstellung im Auftrag-geber-/Auftragnehmerverhältnis. Denn eine partnerschaftliche Zusammenarbeit bei dieser Art von Projekten ist unverzichtbar, wenn man Erfolg haben will. Auch weil die Internet-basierten Technologien sich so dramatisch schnell weiterentwickeln. Daher braucht man IuK-Partner, die über die

aktuellsten Erfahrungen bei der Anwendung der Technologie in Prozessen der öffentlichen Verwaltung verfügen, um den Weg ans Netz zukunftssicher zu gestalten.

2. Höchste Sicherheitsniveaus sind absolut unverzichtbar
Sie sind Grundvoraussetzung für Akzeptanz und Verbreitung der elektronischen Kommunikation und Transaktion zwischen Behörde / Bürger / Wirtschaft, die über Internet und Intranet rund um die Uhr und außerhalb der Verwaltungsräume möglich wird. SmartCard Lösungen, Kryptographie, digitale Signatur, sowie der Einsatz biometrischer Verfahren und andere Sicherheitsmechanismen, insbesondere auch die Beratung über Einbettung in die organisatorischen Abläufe, gewährleisten Informationssicherheit, Unternehmenssicherheit, Authentizität, Übertragungssicherheit, Schutz personenbezogener Daten und vieles mehr – entsprechend der jeweiligen Anforderungen.

3. Verbessern Sie Prozesse und Organisation
„Verwaltung ans Netz" bedeutet einen Transformationsprozeß, auf den sich die Verwaltung sorgfältig vorbereiten muß. Denn nur dann können die Ziele, mehr Bürgernähe und Verwaltungseffizienz auch tatsächlich erreicht werden. Das heißt: Nicht die eingefahrenen Prozesse webfähig machen, sondern die Prozesse verbessern und elektronische Verknüpfungen mit Zulieferanten und Kunden ermöglichen. Das heißt auch: die Mitarbeiter in diesen Transformationsprozeß einbeziehen, systematisches Veränderungsmanagement begleitend betreiben, so daß sie positiv mit den neuen Instrumenten arbeiten.

4. Kundenorientierung heißt Verfügbarkeit rund um die Uhr
Das bedeutet keine längeren Arbeitszeiten für die öffentliche Verwaltung, sondern durch e-Business Lösungen das Angebot der öffentlichen Verwaltung rund um die Uhr – online – abrufbar, bearbeitbar zu machen, Transaktionen zu ermöglichen. Hoffentlich in der Zukunft auch als weitere Portale Call Center einzurichten, die außerhalb der Behörden Öffnungszeiten den Bürgern Hilfestellung geben, die noch nicht online kommunizieren können, oder Hilfe bei der Navigation durch das online Angebot brauchen. Verfügbarkeit rund um die Uhr heißt gleichfalls die Installation von Kiosk- oder Info-Terminals an wichtigen Plätze, die Zugriff auf das Angebot ermöglichen. Etliche Verwaltungen bieten hier schon gute Lösungen an (Beispiel: Arbeitsamt online) und ermöglichen Bürger und Wirtschaft eine effizientere Nutzung ihrer Zeit.

5. Benchmarken Sie Bürgernähe und Effizienz
Kosten- und Leistungsbenchmarks helfen öffentlichen Verwaltungen zu erkennen, wo sie bei der Entwicklung elektronisch verfügbarer Dienstleistungen stehen und welche nicht-hoheitlichen Aufgaben von anderen Behörden oder von privaten Unternehmen kundenorientiert und effizienter erbracht werden. Im Wettbewerb der Standorte ist eine solche Bestandsaufnahme und das Lernen voneinander nur zu empfehlen.

Verwaltungen ans Netz!
Die Technologie ermöglicht es –
Die Politik treibt und fördert es –
Bürger und Wirtschaft fordern und begrüßen es –
in der öffentlichen Verwaltung mehren sich die erfolgreichen Lösungsbeispiele.

Lassen Sie uns gemeinsam die Chance des Wandels ergreifen.

16 Elektronische Signatur in der öffentlichen Verwaltung - Notwendige Anpassungen im öffentlichen Recht

Prof. Dr. Alexander Roßnagel

Universität GH Kassel und Institut für Europäisches Medienrecht (EMR), Saarbrücken

1 Die multimediale interaktive Verwaltung als Vision

Mit Multimedia-Diensten verbinden sich für die öffentliche Verwaltung große Hoffnungen. Durch die mehrere Darstellungsformen verknüpfende interaktive Online-Kommunikation zwischen Verwaltung, Bürgern und Wirtschaftsunternehmen sollen die Dienstleistungen der öffentlichen Verwaltung qualitativ verbessert, zeitlich und räumlich unbegrenzt angeboten, transparenter, effizienter, flexibler und unbürokratischer sowie zu geringeren Kosten erbracht werden. Die konsequente Nutzung dieser Techniken soll die Möglichkeit bieten, die Herausforderung durch die wachsende Kluft zwischen steigenden Ansprüchen nach Verwaltungsleistungen und abnehmenden finanziellen und personellen Ressourcen zu bewältigen.

Die Modernisierung der Verwaltung hat auch unmittelbare Auswirkungen auf die Wirtschaft. Sie ist eine wichtige Voraussetzung dafür, dass Unternehmen ihre Prozesse auf elektronische Bearbeitung ohne Medienbruch umstellen können. Jedes Unternehmen hat vielfältige alltägliche Kommunikationskontakte mit der öffentlichen Verwaltung. Bestehen einzelne Behörden weiterhin auf Papier-Kommunikation nutzt die unternehmensinterne Umstellung auf elektronische Vorgangsbearbeitung oft nur wenig, weil die Vorgänge zugleich in Papierform bearbeitet werden müssen. Dass die Verwaltung eindeutige Schritte zur eigenen Modernisierung unternimmt, ist für die Planungs- und Investitionssicherheit vieler Unternehmen von entscheidender Bedeutung.

Die Bundesregierung strebt daher an, dass alle Bürger und Unternehmen für das tägliche Leben wichtige Transaktionen mit der Verwaltung via Internet abwickeln können. In der Umsetzung dieses Ziels soll der öffentliche Sektor sogar der Motor für eine beschleunigte Anwendung von Internettechniken werden, indem er selbst als Modell für beispielhafte Initiativen vorangeht.

Soll die Verwaltung über das Internet nicht nur informieren und kommunizieren, sondern auch rechtsverbindliche Transaktionen abwickeln, bedarf dies der Absicherung. Aus technischer Sicht müssen zur Sicherung der Integrität der Daten, zur Authentifizierung ihrer Urheber und zum Schutz ihrer Vertraulichkeit elektronische Signatur- und Verschlüsselungsverfahren eingesetzt werden. Die technische Absicherung rechtsverbindlicher elektronischer Transaktionen muss aber auch durch eine rechtliche Absicherung ergänzt werden. Nur wenn das Recht elektronische Willenserklärungen zulässt und an sie die erforderlichen Rechtsfolgen knüpft, kann elektronische Verwaltung Wirklichkeit werden.

Dabei ist es notwendig, nicht nur den Kontakt zu Bürgern und Unternehmen elektronisch abzuwickeln, sondern den gesamten „Workflow" – von der Antragstellung, über die Unterlagen, Beweisführung, Behörden- und Bürgerbeteiligung, die Aktenführung, die Verwaltungsentscheidung, die Zustellung bis hin zur behördeninternen Dokumentation und Archivierung – ohne Medienbruch für die elektronische Bearbeitung zu organisieren. Für die Einführung elektronischer Signaturen ist dieser gesamte Bereich des Verwaltungshandelns zu berücksichtigen.

2 Gegenwärtige Zulässigkeit elektronischer Transaktionen

Ist eine so weitgehende Umstellung der Verwaltung von Papier auf Multimedia rechtlich zulässig? Bisher ist die Verwaltung bei allen Schritten eines rechtsverbindlichen Verwaltungsverfahrens noch nahezu vollständig auf das Medium Papier eingestellt. Auch die einschlägigen Rechtsregelungen setzen weitgehend – ausdrücklich oder stillschweigend – Papier als materielle Grundlage des Verwaltungshandelns voraus.

Zwar bestimmt das Verwaltungsverfahrensgesetz (VwVfG) in § 10, dass das Verwaltungsverfahren an bestimmte Formen nicht gebunden und einfach, zweckmäßig und zügig durchzuführen ist. Für die Verwaltung gilt damit der Grundsatz der Formfreiheit. Anträge und Eingaben von Bürgern können danach auch in elektronischer Form eingereicht werden. Die Antworten der Verwaltung sind ebenfalls in elektronischer Form zulässig. Selbst für Verwaltungsakte ist nach § 37 Abs. 2 Satz 1 VwVfG grundsätzlich jede geeignete Form zulässig.

Aber: dies gilt alles nur grundsätzlich. Die Regelungen des Verwaltungsverfahrensgesetzes sind subsidiär. Spezialregelungen in einzelnen Verwaltungsbereichen gehen ihnen vor. Im konkreten Fall fordert meist eine Spezialregelung dann doch die Einhaltung der Schriftform, die Vorlage von Unterlagen, die Aushändigung einer Urkunde, die Vorlage einer Unterschriftenliste oder die Zustellung eines Schriftstücks.

Betrachten wir ein spezielles Verwaltungsverfahren wie etwa das immissionsschutzrechtliche Genehmigungsverfahren nach § 10 des Bundes-Immissionsschutzgesetzes (BImSchG) und in der 9. Bundes-Immissionsschutzverordnung (BImSchV). Das Genehmigungsverfahren wird durch einen *Antrag* eingeleitet, der nach § 10 Abs. 1 Satz 1 BImSchG schriftlich eingereicht werden muss. Schriftform fordert die Verkörperung einer Gedankenerklärung in sprachlicher Form unter Verwendung von Schriftzeichen, die eigenhändig vom Aussteller mit seinem Namen unterschrieben ist. Mangels Verkörperung und Eigenhändigkeit kann diese Anforderung nicht von einer elektronischen Datei erfüllt werden – auch nicht, wenn sie digital signiert ist. Zwar lassen sich mit elektronischen Signaturen alle Funktionen der Schriftform nachbilden. Dennoch wird das elektronisch signierte Dokument nach der gegenwärtigen Rechtslage mangels Verkörperung und Eigenhändigkeit der Unterschrift nicht als Erfüllung der Schriftform anerkannt. Dem Antrag sind die in §§ 4 bis 4e der 9. BImSchV geforderten *Antragsunterlagen* beizufügen. Diese setzen die Verkörperung der Angaben in Form von Papierunterlagen voraus. Als „Unterlagen" müssen sie die unmittelbare, objektive und zuverlässige Wahrnehmbarkeit und jederzeitige Verfügbarkeit gewährleisten. Die *Eingangsbestätigung* des Antrags und eine eventuell notwendige *Aufforderung zur Nachbesserung* der Antragsunterlagen können dagegen formlos und damit auch über das Internet erfolgen.

Wenn die zur Auslegung erforderlichen Unterlagen vollständig sind, erfolgt die *Bekanntmachung* des beantragten Vorhabens im amtlichen Veröffentlichungsblatt und außerdem in örtlichen Tageszeitungen, die im Bereich des Standortes der Anlage verbreitet sind, – also in Papiermedien. Die nachfolgende *Auslegung* des Antrags und der Antragsunterlagen hat in den angegebenen Behördenräumlichkeiten zu den üblichen Dienstzeiten zu erfolgen. Die *Einsichtnahme* in die ausgelegten Unterlagen oder eine spätere *Akteneinsicht* sind wiederum formlos möglich. Will ein Betroffener jedoch *Einwendungen* gegen das Vorhaben geltend machen, kann er dies nur in schriftlicher, also nicht in elektronischer Form. Die *Mitteilung der Einwendungen* an den Antragsteller, die *Aufforderung zur Stellungnahme* gegenüber zu beteiligenden Behörden, deren *Stellungnahme* sowie der *Gutachtenauftrag* für Sachverständige können formlos und damit auch in elektronischer Form erfolgen. Die Ergebnisse werden in einem schriftlichen *Gutachten* zusammengefasst, für das der verantwortliche Gutachter mit seiner Unterschrift die Verantwortung übernimmt. Die rechtzeitig gegen das Vorhaben erhobenen Einwendungen sind mit den Antragstellern und denjenigen, die Einwendungen erhoben haben, in einem *Erörterungstermin* zu erörtern. Grundlage des Erörterungstermins sind die schriftlichen Einwendungen, Antragsunterlagen, Gutachten und Stellungnahmen. Der *Genehmigungsbescheid* ist schriftlich zu erlassen und schriftlich zu begründen. Zwar kann die eigenhändige Unterschrift dadurch ersetzt werden, dass der Name des verantwortlichen Beamten wiedergegeben wird oder über Hinweise im Bescheid ermittelt werden kann. Doch muss die Erklärung der Behörde verkörpert sein, so dass ein elektronischer Bescheid ausscheidet. Die

Zustellung des Bescheids hat durch die körperliche Übergabe des Schriftstücks zu erfolgen.

Das Beispiel des immissionsschutzrechtlichen Genehmigungsverfahrens zeigt, dass nach geltendem Recht viele Handlungen des Bürgers oder der Behörde bereits elektronisch zulässig sind, viele aber – zumindest nach herrschender Meinung – ein Papierdokument, meist mit eigenhändiger Unterschrift, voraussetzen. Bei der Überprüfung anderer Verwaltungsverfahren kommt man ebenfalls zu ähnlichen Ergebnissen. Die Handlungen, die bereits nach geltendem Recht multimedial möglich wären, könnten zwar im Einzelfall gewisse Erleichterungen bringen, wenn zum Beispiel eine Aufforderung zu einer Stellungnahme oder die Stellungnahme selbst ohne Medienbruch erstellt und übermittelt werden könnte. Weder für sich noch zusammen genommen ermöglichen sie jedoch, die Vorteile eines multimedialen Verwaltungsverfahrens zu nutzen.

In all den Fällen, in denen die herrschende Auffassung Multimediatechnik heute noch nicht zulässt, ist festzustellen, dass die jeweilige Regelung – mangels Alternative zum Zeitpunkt ihrer Entstehung – auf Papier als Informationsträger bezogen ist. Insofern ist Papier bisher die materielle Grundlage unserer Rechtsordnung. Diese Bezugnahme stellt keine bewusste Entscheidung gegen elektronische Dokumente oder elektronische Handlungen dar. Dennoch ist etwa die Regelung zur Bekanntmachung, in der als Träger der Information Amtsblätter und Tageszeitungen genannt werden, so eindeutig auf Papiermedien bezogen, dass eine Interpretation, die den Wortlaut als Grenze der Auslegung respektiert, die Papiermedien nicht durch elektronische Medien ersetzen kann. Denkbar ist zwar, dass sich im Lauf der Zeit eine funktionale Betrachtungsweise der Begriffe „Unterlage", „Auslegen", selbst sogar „schriftlich" durchsetzt. So haben die Gerichte für Anwaltsschriftsätze, für die nach § 130 Nr. 6 Zivilprozessordnung (ZPO) Schriftform vorgeschrieben ist, in funktionaler Auslegung auch die Einreichung durch Fax zugelassen. Allerdings war dies ein mühsamer Prozess, in dem wechselvolle Interpretationen vorgenommen wurden und in dem viele Details umstritten bleiben. Es hat mindestens ein Jahrzehnt gedauert, bis durch die Rechtsprechung wirklich Rechtsklarheit in den meisten Streitfragen geschaffen werden konnte. Daher erscheint der Weg einer Uminterpretation der papierorientierten Vorschriften nicht geeignet, um die erforderliche Rechtssicherheit in überschaubarer Zeit herbeizuführen.

Hinzu kommt, dass nach allgemeinen Grundsätzen eine Behörde nicht zur elektronischen Kommunikation verpflichtet ist. Eine solche Verpflichtung kann sich derzeit nur im Einzelfall – etwa durch Angabe einer Email-Adresse im Briefkopf – oder aus den Umständen des jeweiligen Verfahrens ergeben. Dies könnte sich ändern, wenn das Internet in der Gesellschaft zum vorrangigen Instrument der Informationsaufnahme und -weitergabe geworden ist. Bis dahin wird eine Verpflichtung aller Behörden zur elektronischen Kommunikation mit Bürgern und Unternehmen sowie untereinander nur auf gesetzlicher Grundlage zu erreichen sein.

Solche Regelungen der Mitgliedstaaten ist auch das Ziel des Art. 5 der europäischen Richtlinie für elektronische Signaturen. Nach dieser Regelung sollen die nationalen Rechtsordnungen die elektronische Signatur als Ersatz für die eigenhändige Unterschrift und elektronisch signierte Daten als Beweismittel vor Gericht anerkennen. Zwar bestimmt die Richtlinie nicht, wo die Mitgliedstaaten im öffentlichen Bereich elektronische Signaturen mit welchen Anforderungen zulassen sollen, strebt aber eine gesetzliche Anerkennung elektronischer Signaturen auch im öffentlichen Bereich an.

Um der Verwaltung im rechtsverbindlichen Bereich eine umfassende elektronische Vorgangsbearbeitung zu ermöglichen, genügen jedoch ein oder zwei kleine Änderungen – etwa zur Schriftform oder zum Beweisrecht – nicht. Vielmehr wird eine Modernisierung der Verwaltung ohne eine umfassende Modernisierung auch des Verwaltungsrechts nicht möglich sein.

3 Lösungen

Notwendig sind vor allem Regelungen zur Verwendung elektronischer Signaturen und deren Rechtsfolgen.

3.1 Wahl der Signaturverfahren

Bevor der Gesetzgeber Regelungen zur Verwendung elektronischer Signaturen im Verwaltungsrecht treffen kann, muss er entscheiden, welche Signaturverfahren er für welche Willenserklärung vorsehen will. Diese Auswahlentscheidung ist durch die europäische Richtlinie für elektronische Signaturen nicht leichter, sondern schwerer geworden. Die Richtlinie wird in Deutschland durch das ab 2001 geltende neue Signaturgesetz (SigG) umgesetzt, das den folgenden Betrachtungen zugrunde gelegt wird. Nach dem neuen Signaturgesetz ist zwischen drei Stufen elektronischer Signaturverfahren mit unterschiedlichem Sicherheitsniveau zu unterscheiden:

- *Sonstige elektronische Signaturverfahren* (untere Stufe): Nach § 1 Abs. 2 SigG sind sonstige Signaturverfahren, die nicht den Anforderungen des Signaturgesetzes entsprechen, weiterhin zulässig.
  - Sie können frei angeboten und genutzt werden und unterliegen keiner staatlichen Kontrolle.
  - Sie können aber mangels Kenntnis ihrer Qualität keine spezifische Handlungsform erfüllen und keine Beweiserleichterung genießen.
- *Qualifizierte elektronische Signaturverfahren* (mittlere Stufe): Diese Signaturverfahren entsprechen den europaweit geltenden Anforderungen der

Richtlinie für elektronische Signaturen. Sie erfüllen jedoch nicht die Voraussetzungen, die das ursprüngliche Signaturgesetz von 1997 an digitale Signaturverfahren gestellt hat. Von diesen unterscheiden sie sich im Wesentlichen in folgenden drei Punkten:

- Qualifizierte Signaturverfahren müssen zwar die Anforderungen erfüllen, die §§ 4 bis 10 SigG an sie stellen. Die Einhaltung der Anforderungen wird jedoch nicht vorab überprüft. Vielmehr müssen Zertifizierungsdiensteanbieter nach § 4 Abs. 3 SigG die Aufnahme ihres Betriebs der Regulierungsbehörde mit der Betriebsaufnahme nur anzeigen. Gleichzeitig haben sie in geeigneter Form darzulegen, dass die Betriebsvoraussetzungen vorliegen. Sie unterliegen zwar der Aufsicht der Regulierungsbehörde, doch kann mangels systematischer Prüfung daraus nicht verlässlich geschlossen werden, dass jede Zertifizierungsstelle auch tatsächlich alle gesetzlichen Voraussetzungen erfüllt. Qualifizierte Signaturverfahren bieten somit keine geprüfte organisatorische Sicherheit.

- Für qualifizierte Signaturverfahren, deren Sicherheit nicht überprüft wurde, kann die Regulierungsbehörde nicht die Funktion der Wurzel-Zertifizierungsstelle übernehmen. Zertifizierungsdiensteanbieter, die wegen Konkurs oder aus anderen Gründen ihren Betrieb einstellen, können ihr auch nicht die ausgestellten Zertifikate übergeben. Findet der Zertifizierungsdiensteanbieter keinen anderen Anbieter der seine Zertifikate übernimmt, hat er sie nach § 13 Abs. 1 Satz 2 SigG zu sperren. Nach der Betriebseinstellung ist keine weitere Überprüfung der bereits verwendeten Zertifikate mehr möglich. Qualifizierte elektronische Signaturen bieten somit keine Gewähr für eine langfristige Prüfbarkeit der Authentizität.

- Qualifizierte Signaturen müssen zwar mit einer „sicheren Signaturerstellungseinheit" erzeugt worden sein. Nach § 17 Abs. 4 SigG sind für qualifizierte Signaturverfahren aber nur die Signaturerstellungseinheiten vorab zu überprüfen, nicht jedoch die Signaturprüf- und Signaturanwendungskomponenten und auch nicht die technischen Komponenten für Verzeichnis-, Sperr- und Zeitstempeldienste. Ob in qualifizierten Signaturverfahren ausreichend sichere Komponenten eingesetzt worden sind, kann nach dieser Rechtslage nicht unterstellt werden. Für Signaturprüf- und Signaturanwendungskomponenten wird es nach § 17 Abs. 2 SigG sogar dem Nutzer überlassen, ob er die dort beschriebenen sicheren Komponenten benutzt. Deren Einsatz ist ausdrücklich nicht Voraussetzung für qualifizierte elektronische Signaturen. Qualifizierte Signaturverfahren bieten somit keine umfassend geprüfte technische Sicherheit.

- *Akkreditierte elektronische Signaturverfahren* (höchste Stufe): Nach § 15 SigG akkreditierte Signaturverfahren entsprechen dem geprüften Sicherheitsniveau des ursprünglichen Signaturgesetzes. Nach den dort genannten Voraussetzungen werden sie nur in Deutschland akkreditiert. Doch können auch ausländische Anbieter die Akkreditierung erlangen, wenn sie die Voraussetzungen erfüllen. Im Gegensatz zu qualifizierten elektronischen Signaturverfahren bieten sie in folgenden drei Punkten weitergehende Sicherheit:

- Akkreditierte Zertifizierungsdiensteanbieter werden von Prüf- und Bestätigungsstellen sowie der Regulierungsbehörde vor Betriebsaufnahme geprüft und können damit den „Nachweis der umfassend geprüften administrativen Sicherheit" (§ 15 Abs. 1 SigG) erbringen.

- Akkreditierte Signaturverfahren gewährleisten eine langfristigere Verfügbarkeit der Zertifikate. Stellt ein akkreditierter Zertifizierungsdiensteanbieter seinen Betrieb ein, werden die von ihm ausgestellten Zertifikate von der Regulierungsbehörde übernommen. Dadurch ist sichergestellt, dass alle Zertifikate von akkreditierten Zertifizierungsdiensteanbietern mindestens 35 Jahre lang überprüft werden können.

- Akkreditierte Signaturverfahren verfügen auch über den Nachweis umfassender technischer Sicherheit. Nach § 15 Abs. 8 SigG müssen alle technischen Komponenten für den Einsatz in akkreditierten Signaturverfahren vorab überprüft. werden.

Für die Bewertung des organisatorischen und technischen Sicherheitsniveaus qualifizierter Signaturverfahren ist zu berücksichtigen, dass diesen nach § 23 SigG ausländische Signaturverfahren und Produkte gleichgestellt werden müssen. Nach § 23 Abs. 1 SigG sind alle Signaturen mit Zertifikaten aus der Europäischen Union oder aus einem anderen Vertragsstaat des Abkommens über den Europäischen Wirtschaftsraum, die Art. 5 Abs. 1 der Richtlinie für elektronische Signaturen erfüllen, qualifizierten elektronischen Signaturen gleichgestellt. Für diese europäischen qualifizierten Signaturverfahren dürfte vielfach kein mit §§ 4 und 19 SigG vergleichbares Überwachungssystem bestehen. Noch weniger kann eine gleichwertige Sicherheit angenommen werden, wenn nach § 23 Abs. 2 Signaturen, die auf Zertifikaten aus Drittstaaten beruhen, deshalb qualifizierten elektronischen Signaturen gleichgestellt werden müssen, weil ein in der Europäischen Gemeinschaft niedergelassener Zertifizierungsdiensteanbieter für die Zertifikate seines internationalen Partners einsteht. Dies begründet nur einen zusätzlichen Haftungsschuldner, nicht aber einen Nachweis ausreichender Sicherheit. Nach § 23 Abs. 3 SigG müssen Produkte für elektronische Signaturen – dies betrifft vor allem Signaturerstellungseinheiten, weil nur diese nach Art. 3 Abs. 4 der Richtlinie für elektronische Signaturen einer Vorabprüfung unterliegen – als für qualifizierte Signaturverfahren ausreichend anerkannt werden, wenn in einem anderen Mitgliedstaat der Europäischen Union oder in einem anderen Vertragsstaat des Abkommens über den Europäischen Wirtschaftsraum festgestellt wurde, dass sie den Anforderungen der Richtlinie entsprechen. Umfang und Intensität der Überprüfung sind weder bekannt noch beeinflussbar.

Dagegen sind ausländische elektronische Signaturen mit Signaturen aus einem akkreditierten Signaturverfahren und ausländische Produkte mit geprüften Produkten für akkreditierte Signaturverfahren nach §§ 23 Abs. 2 und 15 Abs. 8 SigG nur dann gleichgestellt, wenn für sie eine gleichwertige Sicherheit nachgewiesen worden ist.

In der Wahl der jeweiligen Signaturverfahren für bestimmte Verwaltungsvorgänge ist die Bundesrepublik Deutschland allerdings nicht ganz frei, sondern muss für die Wahl akkreditierter elektronischer Signaturverfahren die Anforderungen des Art. 3 Abs. 7 der europäischen Signaturrichtlinie beachten. Diese bestimmt: „Die Mitgliedstaaten können den Einsatz elektronischer Signaturen im öffentlichen Bereich möglichen zusätzlichen Anforderungen unterwerfen. Diese Anforderungen müssen objektiv, transparent, verhältnismäßig und nicht diskriminierend sein und dürfen sich nur auf die spezifischen Merkmale der betreffenden Anwendung beziehen. Diese Anforderungen dürfen für grenzüberschreitende Dienste für den Bürger kein Hindernis darstellen." Die Europäische Kommission hat angekündigt, die Einhaltung dieser Vorschrift sehr genau zu beobachten.

Nach der Richtlinie muss im allgemeinen Rechtsverkehr die qualifizierte elektronische Signatur genügen, wenn das Recht elektronische Signaturen vorsieht. Da der Europäischen Gemeinschaft für den öffentlichen Bereich jedoch die Regelungskompetenz fehlt, musste sie in Art. 3 Abs. 7 der Richtlinie vorsehen, dass die Mitgliedstaaten in diesem Bereich eigene Anforderungen stellen können. Durch diese Vorschrift wird klargestellt, dass der Einsatz elektronischer Signaturen im öffentlichen Bereich aus dem Anwendungsbereich der Richtlinie ausgenommen ist. Die Mitgliedstaaten können unter den Voraussetzungen der Vorschrift über das Sicherheitsniveau qualifizierter elektronischer Signaturen hinausgehende Anforderungen an Signaturverfahren stellen.

Nach Satz 1 von Art. 3 Abs. 7 der Richtlinie kann die Bundesrepublik Deutschland für Verwaltungsvorgänge akkreditierte Signaturverfahren verlangen, wenn es für den jeweiligen Vorgang auf die Unterschiede im Sicherheitsniveau zwischen qualifizierten und akkreditierten Signaturen ankommt, wenn also die höhere Beweiseignung, die langfristige Prüfbarkeit oder die verlässliche administrative und technische Sicherheit elektronischer Signaturen bedeutsam sind. Nur für akkreditierte Verfahren sind diese Sicherheitseigenschaften nachgewiesen und nicht nur behauptet.

Allerdings ist zu beachten, dass Satz 2 der Vorschrift darauf zielt, jedem Bürger der Europäischen Union die diskriminierungsfreie Wahl seines Signaturverfahrens zu ermöglichen. Für den Bürger müssen Signaturverfahren im grenzüberschreitenden Verkehr genutzt werden können. Dies kann allerdings nicht so verstanden werden, dass jede auch nur denkbare grenzüberschreitende Nutzung erfasst ist, da ansonsten die nach Satz 1 zulässigen Anforderungen an den elektronischen Rechtsverkehr zwischen Verwaltung und Bürger ausgeschlossen wären. Vielmehr kann sich diese Regelung nur auf gezielte oder typische grenzüberschreitende

Kontakte beziehen wie etwa europaweite Ausschreibungen. Ein Hindernis würde eine Anforderung für grenzüberschreitende Zertifizierungsdienste für den Bürger dann darstellen, wenn er sie von einem anderen Mitgliedstaat aus nicht erfüllen kann. Die Anforderung zum Beispiel, Zertifikate von in Deutschland akkreditierten Diensteanbietern zu verwenden, stellt dann ein Hindernis dar, wenn diese in dem anderen Mitgliedstaat nicht angeboten werden. Soweit dies noch nicht gewährleistet ist, fordert Art. 3 Abs. 7 der Richtlinie in praktischer Hinsicht die im jeweiligen Mitgliedstaat angebotenen qualifizierten elektronischen Signaturverfahren auch hier zu akzeptieren.

Im Grundsatz dürfte daher zu empfehlen sein, vom Bürger bis auf wenige Ausnahmen nur qualifizierte elektronische Signaturen zu fordern. Dies muss zumindest für alle Verfahren, in denen auch aus anderen Mitgliedstaaten Anträge kommen können gelten. Für rein deutsche Verwaltungsvorgänge, wie etwa das Staatsan-gehörigkeitsrecht, könnten auch vom Bürger akkreditierte elektronische Signa-turen ohne Verstoß gegen Art. 3 Abs. 7 der Richtlinie gefordert werden.

Für das rechtsverbindliche Handeln der Behörden sollten dagegen im Regelfall akkreditierte elektronische Signaturen gefordert werden. Dies ist europarechtlich zulässig, weil die Richtlinie nur „Dienste für die Bürger" regelt, die Anforderungen an Signaturverfahren für den öffentlichen Dienst aber den Mitgliedstaaten überlässt. Die Wahl akkreditierter Signaturverfahren ist im Regelfall erforderlich, weil nur sie über eine nachgewiesene organisatorische und technische Sicherheit verfügen und eine langfristige Verfügbarkeit gewährleisten. Nur bei der Verwendung akkreditierter Signaturverfahren als höchster verfügbarer Stufe von Signaturverfahren können Amtshaftungsansprüche vermieden werden, die entstehen könnten, wenn Signaturverfahren verwendet werden, deren ungeprüfte Sicherheitsvorkehrungen Manipulationen ermöglichen oder deren Signaturen nach einer gewissen Zeit nicht mehr prüfbar sind.

3.2 Elektronische Form

Das Gesetz zur Anpassung der Formvorschriften des Privatrechts an den modernen Rechtsgeschäftsverkehr sieht in § 126 Abs. 3 BGB die Anerkennung der elektronischen Form als Ersatz für die Schriftform vor. Um die elektronische Form zu erfüllen, muss nach § 126a Abs. 1 BGB der Aussteller der Erklärung seinen Namen hinzufügen und das elektronische Dokument mit einer qualifizierten elektronischen Signatur nach dem Signaturgesetz (mittlere Stufe) versehen. Da nach der gewählten Regelungsstruktur die elektronische Form im Privatrecht überall dort eingesetzt werden kann, wo das Gesetz nichts anderes ergibt, sieht das Gesetz zur Anpassung der Formvorschriften des Privatrechts an den modernen Rechtsgeschäftsverkehr in vielen Regelungen ausdrücklich den Ausschluss der elektronischen Form vor. Diese Regelungen für das Privatrecht haben im öffentlichen Recht keine unmittelbare Geltung. Für die Einführung eines elektronischen Äquivalents für die Schriftform oder anderer Formen der obligatorischen Verwendung des Informationsträgers Papier sind daher eigenständige Regelungen im öffentlichen Recht notwendig.

Für diese stellt sich die Grundsatzfrage, ob – wie im Privatrecht – eine allgemeine Regelung gefunden werden soll, für die dann im Einzelfall Ausnahmen getroffen werden, wenn die elektronische Form ausgeschlossen sein soll. Das alternative Vorgehen bestünde darin, in jeder Vorschrift jeweils explizit zu regeln, wenn die elektronische Form zulässig sein soll. Die erste Alternative erscheint gesetzgebungstechnisch eleganter. Im öffentlichen Recht besteht jedoch keine dem Privatrecht vergleichbare Systematik des Schriftformbegriffs. Es fehlte bisher eine Verweisnorm, wie sie § 126 BGB für das Privatrecht darstellt, auf deren Anforderungen implizit verwiesen wird, wenn eine „schriftliche" Erklärung gefordert wird. Im öffentlichen Recht sind die Anforderungen an die jeweilige Handlungsform von einander unabhängig, unsystematisch und jeweils aus den Anforderungen des einzelnen Verwaltungsbereichs heraus entwickelt worden. Die Notwendigkeit der Verkörperung einer Erklärung oder einer eigenhändigen Unterschrift wird – wie bereits die Untersuchung des immissionsschutzrechtlichen Genehmigungsverfahrens gezeigt hat – durch viele unterschiedliche Ausdrücke zur Geltung gebracht. Das Vorhaben, eine allgemeine Regelung einzuführen, die für alle öffentlich-rechtlichen Schriftformregelungen die Signatur als Äquivalent einsetzt, hat zur Vorbedingung alle über 3000 Schriftformregelungen und die vielen weiteren Anforderungen einer Verkörperung der Erklärung auf notwendige Ausnahmen hin zu überprüfen – ein Vorhaben, das die Modernisierung des Verwaltungsrechts auf lange Zeit blockieren würde.

Dagegen kann die ausdrückliche Umstellung einzelner Formerfordernisse schrittweise erfolgen und ist damit nicht nur gesetzestechnisch einfacher, sondern auch in absehbarer Zeit politisch durchsetzbar. Um elektronische Signaturen überall dort einsetzen zu können, wo derzeit noch Schriftform verlangt wird, sollten die entsprechenden Regelungen daher nach und nach umgestellt werden. Um hierfür am Anfang einen großen Schritt zu tun, sollte mit dem Verwaltungsverfahrensgesetz und dem Verwaltungszustellungsgesetz begonnen werden.

Hierfür sollten in einem neuen § 10a VwVfG für das Verwaltungsrecht eigene Definitionen der elektronischen Formen vorgesehen werden, die Anforderungen für die Verwendung qualifizierter und akkreditierter elektronischer Signaturverfahren beschreiben. Für die zum Beispiel in den §§ 17, 18, 64, 69 und 71 VwVfG vorgesehene Schriftform für Erklärungen der Bürger könnte dann jeweils auf die Formbeschreibung der qualifizierten elektronischen Signatur und für die in den §§ 37-39, 49a, 57, 58, 67, 67-69 VwVfG vorgesehene Schriftform für Erklärungen der Behörde auf die Formbeschreibung der akkreditierten elektronischen Signatur verwiesen werden. Dabei sollte für eidesstattliche Versicherungen nach § 27 VwVfG und für den öffentlich-rechtlichen Vertrag aufgrund ihrer hohen Relevanz in Verwaltungsverfahren auch vom Bürger eine akkreditierte elektronische Signatur gefordert werden.

Zugleich sollte das Verwaltungszustellungsgesetz so modernisiert werden, dass die telekommunikative Zustellung elektronischer Dokumente zulässig ist.

Aber bereits das Beispiel des Verwaltungsverfahrensgesetzes zeigt, dass allein Verweise auf die elektronische Form nicht ausreichen. Vielmehr sind zusätzlich Regelungen für den Übergang zwischen verschiedenen Medien oder Signaturverfahren notwendig wie zum Beispiel Regelungen zur Beglaubigung eines eingescannten Schriftstücks, zum Ausdruck einer elektronisch signierten Erklärung und zur „Veredelung" der qualifizierten elektronischen Signatur durch Signaturbeglaubigung mittels einer akkreditierten elektronischen Signatur.

Mit einer Modernisierung des Verwaltungsverfahrensgesetzes und des Verwaltungszustellungsgesetzes würde ein erster großer Schritt getan, der klarstellt, dass die öffentliche Verwaltung grundsätzlich elektronische Signaturen im rechtsverbindlichen Handeln verwenden kann. Weitere Bereiche wie das Steuer-, Bau-, Melde- oder Verkehrszulassungsrecht, in denen tatsächlich ein praktischer Bedarf für Telekooperation zwischen Verwaltung, Bürgern und Unternehmen besteht, sollten unmittelbar folgen.

3.3 Elektronische Aktenführung, Dokumentation und Archivierung

Einer elektronischen Aktenführung als solcher stehen keine Rechtsregeln entgegen. Der weite Aktenbegriff erfasst auch elektronische Dokumente, wenn sie Teil des Verwaltungsvorgangs werden. Allerdings muss die Akte die Originale der jeweiligen Vorgänge enthalten. Solange die Vorgänge in Schriftform bearbeitet werden oder für diese gar Schriftform vorgeschrieben ist, kann auch keine elektronische Akte eingerichtet werden. Der Einsatz der elektronischen Akte setzt allerdings voraus, dass die "Pflicht zur Führung wahrheitsgetreuer und vollständiger Akten" (Bundesverwaltungsgericht) in der konkreten Realisierung auch mit der elektronischen Akte erfüllt werden kann. Die Anträge, Entscheidungen und anderen Bestandteile der Akte dürfen nicht manipulierbar sein, müssen jeweils eindeutig den Aussteller einer Erklärung erkennen lassen und müssen den Zeitpunkt der Erklärung unveränderbar festhalten. Entfernungen aus der Akte und Hinzufügungen müssen erkennbar sein. Diese Anforderungen können mit elektronischen Signaturen und signierten Zeitstempeln erreicht werden. Werden die Signaturen aller elektronischen Dokumente einer Akte in einen signierten Index eingebunden, kann auch nachgewiesen werden, welches Dokument zu einem bestimmten Zeitpunkt Teil der elektronischen Akte war oder in ihr fehlte. Elektronische Signaturen vermögen somit grundsätzlich die für eine elektronische Akte notwendige Sicherheit zu gewährleisten. Verschlüsselungsverfahren können das zu wahrende Aktengeheimnis sicherstellen. Auch wenn für den Einsatz einer elektronischen Akte keine Rechtsänderungen unbedingt erforderlich sind, könnte es sich als sinnvoll erweisen, die Anforderungen an eine ausreichend sichere Aktenführung zu vereinheitlichen: Verwendung sicherer Anwendungssysteme, Einsatz elektronischer Signaturen und Zeitstempel, Technik der Aktenführung, Organisation der Aktenverwaltung (z.B. Umgang mit und Konsistenzwahrung von doppelten Akten, wenn Papierdokumente nicht zu vermeiden sind).

Die Dokumentation dient der nachträglichen Kontrolle rechtsgemäßen Handelns und ist eine Voraussetzung, um rechtsstaatliches und gesetzestreues Verhalten von Verwaltung und Bürgern zu sichern. Daher sind auch nach Abschluss eines Akten-Vorgangs alle Unterlagen der Verwaltungstätigkeit eine bestimmte, gesetzlich vorgegebene Frist – in der Regel zehn bis dreißig Jahre – aufzubewahren. Danach werden die Akten, die von besonderer Bedeutung sind, in Archive gegeben. Um ihre gesetzlichen Zwecke zu erfüllen, müssen elektronische Dokumentationen und Archive eine vollständige, unverfälschte und jederzeit verfügbare Sammlung der Verwaltungsvorgänge gewährleisten. Integrität und Vollständigkeit der Dokumentation können wie bei der elektronischen Akte durch elektronische Signaturen sichergestellt werden. Zwar haben auch die Zertifikate für Signaturschlüssel ein „Verfallsdatum" und die Sicherheit elektronischer Signaturen nimmt mit dem Zeitablauf ab. Für dieses Problem enthält aber § 18 Signaturverordnung (1997) bereits eine Regelung. Allerdings müssen die Zertifikate über lange Zeiträume überprüfbar sein. Dies ist nur bei akkreditierten Signaturverfahren gewährleistet. Denn selbst wenn der akkreditierte Zertifizierungsdiensteanbieter seinen Betrieb einstellt, verpflichtet § 15 Abs. 7 SigG die Regulierungsbehörde, dessen Zertifikate zu übernehmen und prüfbar zu halten.

Die Anforderungen an die spätere Dokumentation und Archivierung müssen sich auch bereits auf die Form der Verwaltungsvorgänge in ihrem Entstehungsprozess auswirken. Wenn die erforderliche Langzeitsicherheit nur mit akkreditierten Signaturverfahren sichergestellt werden kann, müssen alle Verwaltungsvorgänge – soweit dies europarechtlich zulässig ist – mit akkreditierten Signaturverfahren gesichert werden.

3.4 Beweiserleichterung

Das Gesetz zur Anpassung der Formvorschriften des Privatrechts an den modernen Rechtsgeschäftsverkehr hat in § 292a ZPO eine Regelung zur Erleichterung der Beweisführung mit elektronischen Signaturen eingeführt, die über die Verweisung des § 137 VwGO auch im Verwaltungsprozess gilt. Zum Schutz des Signaturempfängers ordnet die Vorschrift einen Beweis des ersten Anscheins von Gesetzes wegen an. Danach soll der Anschein der Echtheit einer in elektronischer Form vorliegenden Willenserklärung (mittlere Stufe), der sich auf Grund der Prüfung nach dem Signaturgesetz ergibt, nur durch Tatsachen erschüttert werden können, die es als ernsthaft möglich erscheinen lassen, dass die Erklärung nicht mit dem Willen des Signaturschlüssel-Inhabers abgegeben worden ist.

Die Absicht einer Beweiserleichterung für Erklärungsempfänger einer elektronischen Signatur ist zu begrüßen. Als regelmäßig beweispflichtige Partei benötigt der Empfänger einer signierten Willenserklärung Schutz vor unbegründeten Einwänden des Signaturausstellers, weil er keine praktischen Möglichkeiten hat, diese zu widerlegen. Insbesondere fehlt ihm ein Auskunftsanspruch gegenüber dem Zertifizierungsdiensteanbieter des Signaturausstellers. Diese Vorschrift erscheint jedoch in ihrer Ausgestaltung aus mehreren Gründen missglückt.

Zum Einen schafft die Vorschrift nicht die Beweiserleichterung, die sie verspricht. Sie setzt für den angeordneten Anschein voraus, dass die elektronische Form eingehalten ist, mithin nach § 126a BGB eine qualifizierte elektronische Signatur vorliegt. Eine solche setzt nach § 2 Nr. 3 SigG eine elektronische Signatur voraus, die ausschließlich dem Signaturschlüssel-Inhaber zugeordnet ist, die Identifizierung des Signaturschlüssel-Inhabers ermöglicht, mit Mitteln erzeugt wurde, die der Signaturschlüssel-Inhaber unter seiner alleinigen Kontrolle halten konnte, mit den Daten, auf die sie sich bezieht so verknüpft ist, dass eine nachträgliche Veränderung der Daten erkannt werden kann, auf einem zum Zeitpunkt ihrer Erzeugung gültigen qualifizierten Zertifikat beruht und mit einer sicheren Signaturerstellungseinheit erzeugt worden ist. Wenn der Signatur-empfänger alle sechs Voraussetzungen, die überwiegend im Einflussbereich des Signaturausstellers liegen, nachweisen kann, ist er auf den Anscheinsbeweis des § 292a ZPO nicht mehr angewiesen. Wenn ihm dies aber – was die Regel sein dürfte – nicht gelingt, hilft ihm auch § 292a ZPO nichts.

Zum Anderen knüpft § 292a ZPO die Beweiserleichterung an qualifizierte Signaturen, ohne dass dafür belastbare Grundlagen bestehen. Sie ordnet den Anschein der Echtheit für die drei erforderlichen Nachweise der Integrität, der Authentizität und der Autorisierung der signierten Willenserklärung an. Für den Anschein der Autorisierung fehlt bisher noch die Lösung des Darstellungsproblems. Der Signaturaussteller muss sich darauf berufen können, dass ihm vor dem Signieren der signierte Text nicht oder in einer anderen Form dargestellt worden ist, er also etwas anderes signieren wollte, als er tatsächlich signiert hat. Ohne technische Möglichkeit, nachträglich verlässlich nachweisen zu können, wie der Text, das Bild oder der Ton vor ihrem Signieren präsentiert wurden, kann es vorerst keine Vermutung hinsichtlich der Autorisierung geben. Ebenso fehlen belastbare Grundlagen für einen Anschein der Authentizität der elektronischen Willenserklärung. Wie oben dargestellt, unterliegen qualifizierte Signaturverfahren keiner Vorabprüfung. Anzuerkennende ausländische Signaturverfahren unterliegen unter Umständen nicht einmal einem Überwachungssystem. Dennoch unterstellt § 292a ZPO, dass die Anbieter qualifizierter Signaturverfahren alle technischen und organisatorischen Anforderungen des Signaturgesetzes und der

Signaturverordnung einhalten. Dadurch werden dem Signaturschlüssel-Inhaber unbegründete und daher ungerechtfertigte Beweisnachteile aufgebürdet.

Eine vorläufige Vermutung für den Nachweis der Integrität und Authentizität ist nur gerechtfertigt, wenn diese Bezug nehmen kann auf vorweggenommene belastbare Überprüfungen der Sicherheit der Zertifizierungsdienste und der eingesetzten technischen Komponenten. Nur auf diese kann in gerichtlichen oder behördlichen Beweisverfahren Kredit genommen werden und nach dem ersten Anschein zu Lasten des Signaturschlüssel-Inhabers der Nachweis der Integrität und Authentizität des elektronisch signierten Dokuments vermutet werden. Diese vollständigen Überprüfungen sind nur bei akkreditierten Signaturverfahren gegeben. Eine entsprechende Vermutung ist daher nur für diese gerechtfertigt. Eine Vermutung für die Autorisierung ist erst zulässig, wenn auch die Sicherheit der Anwendungskomponenten nachprüfbar ist.

Eine Beweisregelung wie in § 292a ZPO ist von der Richtlinie für elektronische Signaturen nicht gefordert. Europarechtlich ist es keineswegs geboten, ausländische Signaturverfahren, deren Sicherheit in keiner Weise überprüft ist, mit Beweisvermutungen zu versehen. Eine solche Regelung ist für die Zielsetzung des Signaturgesetzes, das hohe Sicherheitsniveau „zur Schaffung eines raschen Vertrauensschutzes im täglichen Rechts- und Geschäftsverkehr" zu fördern, kontraproduktiv. Da sie auch ausländische Verfahren mit der gleichen Rechtsfolge wie inländische versieht, lockt sie Zertifizierungsdiensteanbieter in die Mitgliedstaaten, in denen das Überwachungssystem am wenigsten effektiv ist. Innerhalb der Bundesrepublik Deutschland wird in ungerechtfertigter Weise die Beweiserleichterung an die mittlere Stufe der Signaturverfahren gebunden, statt, wie es dem Beweisproblem angemessen wäre, von dem Erreichen der höchsten Stufe abhängig gemacht. Damit wird auch für die gewünschte Förderung akkreditierter Signaturverfahren das falsche Signal gesetzt. Da § 15 Abs. 1 SigG bereits eine Vermutung für eine ausreichende technische und administrative Sicherheit erlaubt, ist § 292a ZPO überflüssig und sollte ersatzlos gestrichen werden.

4 Ausblick

Die Vorschläge zur Anerkennung der elektronischen Signatur als Mittel rechtsverbindlichen Handelns in der öffentlichen Verwaltung liegen auf dem Tisch. Rechtlich ist ihre Umsetzung kein Problem. Allerdings muss darauf geachtet werden, dass die politisch gewollten Lösungen – Verwaltung als Lokomotivfunktion, Wettbewerb der Standorte, Modernisierung der Verwaltung – nicht durch eine halbherzige rechtliche Modernisierung des Verwaltungsrechts verhindert wird. Umgekehrt muss aber auch die Politik durch Verteilung der Ressourcen dafür sorgen, dass wirklich in jeder Verwaltungsbehörde die mechanischen

Schreibmaschinen durch multimediafähige Computer mit Internet-anschluss ersetzt werden und die Mitarbeiter motiviert und geschult werden.

Weiterführende Literatur

Eifert, M./Schreiber, L.: Elektronische Signatur und der Zugang zur Verwaltung. Die Folgen der EU-Signaturrichtlinie für das Verwaltungsrecht und die Verwaltungspraxis, Multimedia und Recht 2000, 340 ff.

Idecke-Lux, S.: Der Einsatz von multimedialen Dokumenten bei der Genehmigung von neuen Anlagen nach dem Bundesimmissionsschutz-Gesetz, Reihe „Der elektronische Rechtsverkehr", Band 3, Nomos Verlag, Baden-Baden 2000.

Holznagel, B./Krahn, C./Werthmann, C.: Electronic Government auf kommunaler Ebene – Die Zulässigkeit von Transaktionsdiensten im Internet, Deutsches Verwaltungsblatt 1999, 1477 ff.

Roßnagel, A.: Die digitale Signatur in der öffentlichen Verwaltung, in: Kubicek, H./Braczyk H.-J./Klumpp, D./Müller, G./Neu K.-W./Raubold, E./Roßnagel, A. (Hrsg.), Multimedia@Verwaltung. Jahrbuch Telekommunikation und Gesellschaft 1999, Hüthig Verlag, Heidelberg 1999, 158 ff.

Roßnagel, A. (Hrsg.), Recht der Multimedia-Dienste, Kommentar zum Informations- und Kommunikationsdienste-Gesetz und Mediendienste-Staatsvertrag, Grundwerk 1999, 1. Ergänzungslieferung 2000, Beck Verlag, München.

Roßnagel, A.: Möglichkeiten für Transparenz und Öffentlichkeit im Verwaltungshandeln – unter besonderer Berücksichtigung des Internet als Instrument der Staatskommunikation, in: Hoffmann-Riem, W./Schmidt-Aßmann, E. (Hrsg.), Verwaltungsrecht in der Informationsgesellschaft, Nomos Verlag, Baden-Baden 2000, 257 ff.

Roßnagel, A.: Digitale Signaturen im europäischen elektronischen Rechtsverkehr, Kommunikation & Recht 2000, 313 ff.

Roßnagel, A.: Auf dem Weg zu neuen Signaturregelungen – Zu den Novellierungsentwürfen für das SigG, das BGB und die ZPO Multimedia und Recht 2000, 451 ff.

Roßnagel, A./Schroeder, U. (Hrsg.), Multimedia in immissionsschutzrechtlichen Genehmigungsverfahren, Heymanns Verlag, Köln 1999.

17 Empowerment by people – Sehnsüchte und Hoffnungen der Bürger im Informationszeitalter

Franz-Reinhard Habbel

Deutscher Städte- und Gemeindebund

Verwaltung ist immer im Wandel. Ohne Wandel gäbe es keine Entwicklung. Die Geschwindigkeit dieses Wandels ist in den Staaten aber auch in den Städten und Gemeinden weltweit sehr unterschiedlich. Aus meinen Erfahrungen stelle ich fest: Es sind immer einzelne Menschen, die den Wandel herbeiführen. Persönliches Engagement und Mut sind gefordert, Strukturen zu verändern. Die Verantwortung der Bürgermeister in den Städten und Gemeinden ist heute ungemein hoch. Sie haben es in der Hand, die Städte und Gemeinden neu für die Informations- und Wissensgesellschaft zu positionieren.

Das Thema „Möglichkeiten einer freundlichen Verwaltung" enthält eine Zielbestimmung: Es geht um eine kundenorientierte, auf die Zukunftsbedarfe der Bürger und Unternehmen ausgerichtete neuen Verwaltung. Verbunden damit sind strukturelle Veränderungen im gesamten public sector und eine Neuausrichtung öffentlicher Aufgaben. Damit verbunden ist aber auch eine Stärkung des Bürgers, seine Sehnsüchte und Hoffnungen im Informationszeitalter durch Empowerment by people einzulösen. Empowerment by people löst einen Schub zur weiteren Demokratisierung und zur Freiheitssicherung aus. Eines der Schlüsselworte dieses Prozesses lautet eGovernment.

Das Thema eGovernment ist in aller Munde. In allen Konferenzen zur Verwaltungsmodernisierung steht das Internet mit seinen Auswirkungen auf die Verwaltung auf der Tagesordnung. Initiativen wie D21 - Deutschlands Weg in die Informationsgesellschaft - rufen zu Veränderungen auf. Wöchentlich erscheint eine neue Studie oder eine weitere wird angekündigt. Zeitungen und Zeitschriften entdecken das Thema und berichten vom Amtsschimmel bis zum elektronischen Formular. Interview folgt auf Interview. Im Zentrum der eGovernmentstrategien und -initiativen steht das Ziel, Kosten zu senken und den Service zu erhöhen. Die Geschäftsprozesse sollen internetfähig gemacht werden. Bürgern und Unternehmern wird ein neuer komfortabler Zugangskanal rund um die Uhr an 7 Tagen in der Woche verfügbar gemacht. Elektronische Formulare sollen die Verwaltungs-prozesse beschleunigen und die Gebühren um bis zu 25 Prozent senken. Unter-nehmer, Politiker und Medien haben die Verwaltung entdeckt.

Diese Beschreibung und die daraus resultierenden Veränderungen der Verwaltung möchte ich nicht weiter fortführen. Ich könnte über die Zahl der Homepages, die ersten Application Service Center, neueste Software aus der Steckdose und die vielen Wettbewerbe berichten. Manche Stadt präsentiert mit Stolz die neueste Homepage ihrer Verwaltung, in der das Organigramm mit den Ämtern und Namen der Mitarbeiter dargestellt wird. Ist das der Nutzen? Will der Bürger wissen, in welchem Zimmer sein Problem gelöst wird oder wo er seine Leistung bekommt? Oder will er nicht sehr schnell und preiswert das Ergebnis haben? Wie kann er wo individuell beraten werden? Wie kann die Leistung individuell angepasst werden? Wo kann er auf Bescheinigungen direkt zugreifen und diese digital anderen Stellen verfügbar machen, anstatt umständlich einen Mitarbeiter zu bemühen, der eine Bescheinigung ausstellt, sie dem Bürger übergibt, er diese an die neue Stelle weiterleitet und diese dort die Information zu den Akten nimmt? Es ist ein weiter Weg zur freundlichen Verwaltung.

Vieles ist zu sagen, erst langsam öffnen sich die Köpfe der Führungskräfte und Mitarbeiter für neue und ganzheitliche Verfahren.

Ich möchte die Elektronifizierung der klassischen Verwaltung nicht zum Hauptgegenstand meines Vortrages machen. Die „normative Kraft des Digitalen" wird es schon richten. Ich möchte mich viel lieber mit Dingen beschäftigten, die in den nächsten Jahren auf Politik und die Verwaltung zukommen.

Gestatten Sie mir aber doch einige Bemerkungen zu den Wünschen der Bürger an die neue freundliche Verwaltung:

Nach einer repräsentativen Umfrage der Gesellschaft INRA aus Juli und August diesen Jahres befürworten mehr als zwei Drittel der Befragten die Möglichkeit von Behördendienstleistungen über das Internet. 80 v.H. wünschen sich allgemeine Informationen (z.B. Öffnungszeiten der Ämter, zuständige Sachbearbeiter) und Formulare über das Internet abrufen zu können. Speziell der jüngeren Hälfte der Bevölkerung (bis 44 Jahre) ist es offenbar besonders lästig, Formulare nur in den Ämtern selbst erhalten zu können: In dieser Gruppe findet die Studie zu diesem Punkt eine Zustimmung von über 90 v.H. Als mit Abstand wichtigsten Vorteil von elektronischen Behördengängen wird nach Aussage der Studie die davon erwartete Zeitersparnis beurteilt (70 v.H. der Bevölkerung und 80 v.H. der Internetnutzer). Sorgen bereitet den Bürgern die Übermittlung vertraulicher Informationen über das Netz. 44 v.H. der Befragten meinen, das die Übermittlung zu unsicher sei. Bei der alljährlichen Steuererklärung wären zwei Drittel der Bevölkerung (67 v.H.) demnach nicht dazu bereit, diese über das Internet auszufüllen und an das Finanzamt zu schicken – lediglich 29 v.H. geben an, damit keine Probleme zu haben. Auf dem Gebiet der Sicherheit ist also noch viel zu tun. Das Media@Komm Projekt konzentriert sich besonders auf dieses Gebiet, um das Vertrauen der Bevölkerung in die neue Technologie zu stärken. Erste erfreuliche Ergebnisse sind vor wenigen Tagen in Bremen vorgestellt worden.

Das Internet wird die Politik und Verwaltung an drei Fronten völlig neu herausfordern:

1. Alle Geschäftsprozesse und damit die gesamte Binnenkommunikation werden künftig komplett im Internet abgewickelt, mit direkten Auswirkungen auf Organisation und Personal.
2. Die Außenkommunikation (Produkte und Dienste) zum Bürger und zum Unternehmen wird individueller und zielorientierter. Einzelprodukte verschiedener Verwaltungsebenen werden zu ganzheitlichen Services zusammengefasst und personalisiert. Lebensbegleitende Government-Portale entstehen. Zuständigkeiten werden für die Kunden zunehmend unbedeutend. Lösungen stehen im Vordergrund, nicht Aufgaben.
3. Neue Mitwirkungsmöglichkeiten an politischen Entscheidungsprozessen stärken die Macht der Bürger.

Die dritte „Front" - also die Mitwirkungsmöglichkeiten der Bürger an politischen Entscheidungsprozessen - ist viel tiefgreifender als alles Bisherige. Wie können wir das Netz für mehr Beteiligung der Bürger nutzen? Welche Angebote müssen die Verwaltungen machen? Warum werden bisher nur verhalten Planungsvorhaben in das Netz gestellt und in Foren mit Bürgern diskutiert?

Die Informations- und Wissensgesellschaft fordert den Staat und damit auch die Kommunen in den Grundstrukturen und Aufgaben neu heraus. Das Verhältnis zwischen Staat, Markt und Zivilgesellschaft muss neu austariert werden. Die Menschen wollen sich weiter emanzipieren, wollen teilhaben, wollen ihre Interessen vertreten, wollen die Dinge, die Ihnen wichtig sind, selbst in die Hand nehmen.

Die weltweiten zentralen Trends wie Individualisierung, zunehmende Mobilität, Öffnung und Vernetzung von Systemen sowie weltweite Echtzeitkommunikation führen zu einem umfassenden Wertewandel, zu mehr Eigen- und Selbstverantwortung und damit zu einer grundlegenden Herausforderung öffentlicher Strukturen und Aufgaben. Hierarchien werden durch Netzwerke ersetzt. Ganzheitlichkeit und Nachhaltigkeit lösen eindimensionale Aufgabenerfüllung ab. Moderne Technologien wie das Internet beschleunigen den Prozess zu einer offenen, wettbewerbsorientierten und wissensbasierten Gesellschaft. Offenheit der Kommunikation und der Abbau von Grenzen verlangen nach mehr Toleranz gegenüber dem Andersdenkenden. CrossCulture erfordert auch von Staat und Kommunen eine neue Sichtweise.

Die Bürger möchten sich selbst verwalten und nicht durch anonyme Bürokratien verwaltet werden. Eigenverantwortung löst pauschale Betreuungen durch Dritte ab. Die Verwaltung wird es künftig mit selbstbewussten Mitbürgern zu tun haben. Haben die Städte und Gemeinden in Deutschland im 18. Jahrhundert Rechte vom Staat ertrotzt und ihre eigenen Angelegenheiten in eigener Verantwortung geregelt, so werden in Zukunft auch selbstbewusste Bürger eigenverantwortlich ihre Dinge selbst in die Hand nehmen.

Bürger und Verwaltung werden individuelle Verträge (Customer-Contracts) miteinander schließen, und Leistungen auf Zeit untereinander vereinbaren. Erste Beispiele in Deutschland finden wir in der Stadt Arnsberg. Die Bertelsmann-Stiftung hat dieses Thema international untersucht. Public Privat Partnerships werden durch Public Citizen Partnerships ergänzt.

Die Bürger betrachten sich auch als Shareholder. Sie verlangen, dass die Verwaltung nach wirtschaftlichen Prinzipien arbeitet und sich offensiv dem Wettbewerb stellt. Regieren und Verwalten im Informations- und Kommunikationszeitalter verlangt nach anderen Aufgaben, Entscheidungsstrukturen und Geschäftsprozessen. Der (schnelle) und für alle Bevölkerungsschichten erreichbare preiswerte Zugang zu Informationen und Wissen und damit zu neuen Diensten wird zur sozialen Frage des 21. Jahrhunderts.

eGovernment ist weit mehr, als Produkte und Dienstleistungen der Verwaltungen schneller und preiswerter den Bürgern und Unternehmen über Websites verfügbar zu machen und die Ressourcen der Behörden zu optimieren. Das Internet als Synonym für eGovernment verändert fundamental die Lebens- und Arbeitswelt der Menschen, schafft neue Möglichkeiten der Kommunikation und Partizipation, wirkt sich nachhaltig auf die Strukturen und Aufgaben der öffentlichen Verwaltung aus und gestaltet die New Economy u.a. mit Auswirkungen auf die Räume. Die digitale Prosperität breitet sich immer mehr über den Globus aus. Es geht um weit mehr, als nur um einen zusätzlichen Zugangskanal zur Verwaltung. eGovernment hat eine leistungsfähige Kommunikationsinfrastruktur sicherzustellen und den Austausch von Informationen und Transaktionen in der Stadt zu ermöglichen. Es geht also um eine umfassende elektronische Vernetzung aller am Wirtschaftleben Beteiligten, der Behörden, Schulen, privaten Haushalte und wissenschaftlichen Einrichtungen. Städte sind hier ein wichtiger Knoten in einem internationalen Netzwerk der Kommunikation.

Der Grad der Vernetzung wird den Standortwettbewerb der Unternehmen und der Städte und Gemeinden mit entscheiden. eGovernment muss auch dafür sorgen, dass Deutschland am globalen Internetwettbewerb teilhaben kann. Paramter der Bewertung für den Standort Deutschland sind auf der Zukunftsskala auch die Verfügbarkeit von Wirtschafts- und Unternehmensinformationen, die Anzahl von Internet-Hosts und eine hohe Attraktivität für hoch qualifzierte Experten aus aller Welt. Die Zukunft liegt in der Ideenwirtschaft. Städte und Gemeinden tragen künftig Verantwortung, die lokalen und kommunikativen Voraussetzungen dafür zu schaffen. Human Centered City Design wird den Menschen (Human) in den Mittelpunkt (Center) des technischen Fortschritts stellen. Stadt- und Gebäudestrukturen werden durch Sensoren die jeweilige (Arbeits)situation erfassen und die (Arbeits)umgebung in vielfältiger Weise optimieren. Dadurch entstehen nicht nur neue Formen der Kommunikation. Der Zeitgewinn schafft Freiräume für mehr Begegnungen.

eGovernment wirft völlig neue Fragen auf. Was heißt Regieren und Verwalten im Informationszeitalter? Welche neuen Dienste verlangen Bürger und Unternehmen künftig von der Verwaltung? Welche Rolle spielen die Städte und Gemeinden im Staatsaufbau? In welche Richtung entwickeln sich die Städte? Welche Ansprüche stellt die @Generation der heute 14 bis 18jährigen an den Staat von morgen? Vor welchen Herausforderungen gesellschaftspolitischer Art stehen die Kommunen angesichts zunehmender Globalisierung und Internationalisierung? Wer steuert die Gesellschaft? Braucht das Gemeinwesen quasi als Voraussetzung florierenden eCommerce und prosperierendes eBusiness oder ist es vielleicht genau umgekehrt? Sind nicht neben neuen Technikvisionen vielmehr soziale Visionen notwendig? Es gilt, durch moderne Technologien die kulturelle Vielfalt zu erhalten und auszubauen.

Künftig müssen die Dinge stärker vom Nutzen und nicht von den Verwaltungsstrukturen her gedacht werden. In einer immer mehr sich vernetzenden (Welt)Gesellschaft werden hierarchische Strukturen bedeutungsloser.

Das Internet verändert die Kommunikation zwischen den Menschen und damit auch zwischen Institutionen grundlegend. Wer mit wem wie kommuniziert wird auf der ganzen Welt kaum noch zu kontrollieren sein. Künftig wird es weltweit vernetzte selbstorganisierende Systeme und Prozesse geben, die allein durch das Engagement und das Interesse der Beteiligten entstehen und organisch wachsen. Sind sie nicht fruchtbar, werden sie „verkümmern" – sind sie „energievoll" werden sie wachsen und sich entfalten. Die damit einhergehenden Effekte werden weit über den „Global E-Business" hinaus, das politische, gesellschaftliche und soziale Miteinander in allen Teilen der Welt unwiderruflich verändern. Das gilt auch für öffentliche Institutionen.

eGovernment bedeutet einen Paradigmenwechsel in der Politik und Verwaltung. Neue Dienste rücken in den Vordergrund. Dies sind die Themen Qualifizierung, Gesundheit, Sicherheit, Arbeit und Wirtschaft. Mit ihnen verbunden sind die Sehnsüchte und Hoffnungen der Menschen, in der Gesellschaft von morgen sich zurecht zu finden, zu erkennen, für sich selbst Verantwortung zu tragen, Ziele selber zu formulieren und nicht auf den Staat oder die Gemeinde zu warten, die ihnen die Ziele und Möglichkeiten vorgeben. Nachbarschaftsnetzwerke übernehmen öffentliche Aufgaben in eigener Verantwortung. Staat und Kommunen werden lediglich den Rahmen setzen, werden die Plattform für Austausch und Kommunikation bieten. Sie werden nicht mehr die Bilder vorzeichnen, nach denen die Bürger sich auszurichten haben. Diese hohe Selbstverantwortung verlangt vom Staat eine angebotsorientierte Politik der Selbstentfaltungsmöglichkeiten. Notwendig hierfür sind umfassende Informationen, Offenheit, und Transparenz z.B. über Bildungsmöglichkeiten. Eine freundliche und zukunftsorientierte Verwaltung muss ihren Bürgern Angebote unterbreiten, in denen Präsenzlernen und Onlinelernen miteinander verbunden werden. Die Städte und Gemeinden werden künftig auch Verantwortung für die Bildung tragen. Gut ausgebildete und hoch qualifizierte Fachleute bilden das Standortkapital in der Informations- und Wissensgesellschaft. Ganzheitliche Gesundheitsservices verlangen über die Präsentation der Ärzte und Krankenhäuser im Netz hinaus, neue Dienste der Beratung, der Alternativ-Medizin, der Kontaktmöglichkeit zu Communities von Patienten und den Anschluss an sowohl praxis- als auch wissenschaftsorientierte Informationsdienste. Auf den städtischen Homepages der Zukunft werden sich Center of Competence präsentieren, die dieses Wissen und damit Zugänge zu Dienstleistungen den Bürgern präsentieren. Städte und Gemeinden werden diese Content-Services von zentralen Wissensagenturen abrufen und auf die Bedarfe vor Orten konfektionieren.

Staat und Kommunen müssen ihre neue Rolle als Mediator des menschlichen Lebens in einer offenen Gesellschaft annehmen.

Neue Dienste bedeutet auch, neue Formen der Organisation. Staat und Kommunen müssen nicht alle Aufgaben selbst wahrnehmen. Ihnen kommt eine Gewährleistungs- und Sicherstellungspflicht zu. Bei den neuen Diensten bieten sich partnerschaftliche Organisationsformen mit Unternehmen an.

Das Internet verändert die Stadt als Lebens- und Wirtschaftsraum. Standorte sind in der Internetindustrie virtuell. Das Phänomen der Standortstreuung macht die Runde. Städte und Gemeinden müssen globaler agieren und im weltweiten Netz ihre Potentiale anbieten. Die Standortkonkurrenz endet nicht mehr an der nationalen Grenze.

Bürger wollen ihre Daten selbst verwalten. Sie wollen am Wissen der Welt teilhaben und nicht nur einen Ausweis beantragen können. Sie wollen ständig Zugriff auf ihre Datenbestände in der Verwaltung haben. Neue Gemeinschaften entstehen, die Freiheitsgrade vergrößern sich durch mehr Informationsmöglichkeiten, Emotionen nehmen zu und stärken den Selbstfindungsprozess. Die Begegnung mit den Menschen, der personale Austausch, das Erlebnis, miteinander zu kommunizieren, wird an Bedeutung gewinnen. Um den Bürger herum sind (neue) Dienste aufzubauen. Die Verwaltung muss vom Bürger her gedacht werden, um den Bürger herumgebaut werden. Netzwerkprodukte ergänzen immer mehr die klassischen Produkte der Verwaltung. Ständige individuelle Services werden bereitgestellt. Der Bürger abonniert bzw. erhält durch seine „Mitgliedschaft" zur Gemeinde persönliche Dienste. Allen Bürgern ist der Zugang zu diesen neuen Diensten zu ermöglichen.

Die kommunikative Stadt ist das Ziel. Dies bedeutet, dass alle Informationen, die heute noch in Unternehmen, Verwaltungen und sonstigen Einrichtungen auf elektronischen Datenträgern gespeichert sind, kommunikativ gemacht werden und damit prinzipiell online gehen. Individuelle just-in-time Informationen aus den Bereichen Gesundheit, Kultur, Umwelt, Mobilität und Verwaltung stehen künftig dem Bürger jederzeit zur Verfügung. Mobile Government stellt zu jederzeit an jedem Ort „persönliche Begleiter" den Bürgern und der Wirtschaft bereit. Der Mobilfunk der dritten Generation (UMTS) wird auch zu neuen Informationsdiensten der Kommunen führen.

Die ganze Stadt ist das Internet. Alles kann mit allem ständig kommunizieren. Eine unvorstellbare Menge von Fakten und dennoch: So wie der Mensch die Atemluft an seinem Ort einsaugt und an der Menge nicht erstickt, wird er die Informationen „einsaugen" die für seine persönliche Lebenssituation am besten geeignet sind.

„Stadtluft macht frei", sagte man im Mittelalter auf dem europäischen Kontinent und beschrieb damit die Blüte der Städte. Bald wird es heißen „Informationen im Internet machen frei". Und die Stadt, die es am ehesten und umfangreichsten schafft, kommunikativ zu werden, wird für Bürger und Unternehmen eine hohe Attraktivität haben. Aufgabe der Städte wird es in der Zukunft sein, Verbindungen herzustellen.

18 Outsourcing in der Verwaltung

Coenraad van der Poel

EzGov Europe BV, Amsterdam

Thank you for the kind introduction. My name is Coenraad van der Poel. I am working with a company called EzGov Europe. We provide software solutions to the government. We provide e-government solutions that help governments deliver their services through the Internet. Today I will discuss electronic services delivery in general, what our experiences are and further define e-government.

What are the typical questions that governments face as they start dipping their toe into the ocean of e-government and how can they avoid getting bit by the sharks? Here's the agenda: I will go through several definitions of e-government. I would imagine that the last day and a half you have heard about 27 different definitions. I am going to add the EzGov one to it. I'll also talk to you about the benefits of e-government, short run as well as what governments can expect to get out of this kind of strategy in the long run. The third topic is the e-government spectrum. As governments get into the e-government spectrum, what are the typical implementation phases, what do they go through, where do they find themselves now, what technologies are available today and what technologies can be expected to be available tomorrow? As they walk down that path, I'm going to spend time talking about what the options are and what the decision criteria to get into this e-government space are.

Fourthly, I will discuss with you outsourcing, as it is the title of this speech. What are the best practices? How can governments make sure that as they are considering the outsourcing question, they ensure that they protect the demands and the rights of the citizens that they need to serve while at the same time take the most benefit from e-government as it is available today. Finally, I will have a bold slide indicating what we think you need to do as governments or as players in the e-government space. I will conclude this speech with a question and answer session. I would imagine that actually happening at the end of the proper talks.

So, what is e-government? The term is so often used that the exact meaning is not really clear to many people. A lot of people think that it is 'opening a portal', setting up some kind of government presence that puts your brochures on the Internet, lets you tell your citizens when they actually can have their garbage picked up, e.g., in their neighbourhood and use it as a form of 'information dissemination'. Many governments, of course, are at that stage or are trying to get to that stage at this point in time. E.g. Virtual Government, here some people think Internet will allow them to somehow become not a real government but a fake government and essentially eliminate some of their organisation. To some degree, of course, that is true. What we see a lot is that a better term of Virtual Government is really 'Transparent Government', where governments 'make their organisation transparent to the citizen'. The citizen, at some point in time, is not worrying about how the government is organized but where they need to go for certain things. There will be a single entry point, a single port that allows a one-stop shop, completion of transactions for citizens, etc. If somebody is lucky enough to be in the situation of the birth of a child, ideally they would just go to one place, announce that birth to the government and let the government worry about where exactly that needs to go within their organisation. Transparent government instead of virtual government. Transactions, interactivity, the ability to interact with the citizens and businesses - let's not forget that part of society can have a lot of gains from interacting with the governments this way - are very clear phases that governments can get into at that point of time. So you can see a lot of different definitions of e-government that might apply and that might bring governments benefits for moving into this space.

The way we define e-government is: The ability to bring the benefits of the Internet to the government. You can think of it as a wheel with at least five spokes. Take a look at the top one, the form information dissemination. That is the ability to put your information on the Internet and have your citizens and businesses retrieve that information. To get that information they no longer need to call in or go to a post office to retrieve the information there. The next phase is basic interactivity. Citizens and businesses can now retrieve online forms. They can retrieve specific types of information, e.g. ask certain questions over the Internet via an enhanced e-mail system. Both of those phases are very much an important issue today. This may not be applicable for all governments in those parts of the world I visit regularly - which, by the way, is mostly the United Kingdom, Ireland and the Netherlands, so I am not as familiar with the German situation - but from what I read it is very much a current issue within the countries we are more active in. It sounds like information dissemination and basic interactivity is where governments find themselves today. The next step, transactional services, is where you start adapting the organisation and the technical and computer infrastructure, making your services available to the citizens via the Internet. That can be as simple as paying a parking ticket online. Somebody gets a parking ticket stuck under their windshield wiper and now they can go to the Internet, fill in the parking ticket number and pay their parking ticket online. And, of course, that information as they key it in, is tied into the back office computer systems of the government which allows the transaction between initiated process and complete it all at the same time making it a truly one-stop-shop for the citizen. These transactional services have a tremendous potential impact on the organisation and the processes emplaced within the government organisational structure.

The next item, the next key concept within e-government as we see it, is Document Management. Of course, government today is still very much a paper machine. A lot of things have to happen on paper, which is either a form of data gathering - people need to fill out forms all the time – or the internal process of the government. A lot of documents are moved from desk to desk in order to get a certain process completed or to legalize a certain transaction. Today everybody still needs to sign a document. Of course, with the availability of electronic signatures and the legislation around it that is implemented in most of the countries in Europe, the facility to now start moving to truly electronic document processing and never actually have to print a document offers tremendous capabilities for e-government to start providing a lot more benefits to the governments and its organisation. The process reengineering associated with electronic documents is quite tremendous.

For the purchase of goods and services that the government does on a daily basis, of course, the Internet provides a lot of opportunities. Through the use of exchanges and auctions - I bet everybody here knows companies like freemarkets.com and verticalnet.com that truly create electronic exchanges and where things are being bought and sold by combining a lot of suppliers and buyers in the same place - the government is going to be able to take advantage of that same type of facility.

And the layers below it, if you talk about local government, if you talk about central government agencies, there is a lot of confusion as to actually what is possible today. Are certain technologies proven? Are certain companies that are selling these kinds of technologies reliable? The existing providers to the e-government market, the large companies like IBM, EDS and the big five, get a lot of questions from the governments, e.g. can you do this and that and then they realize that somebody's technology is brand new and not easy to put together. As a result of that there is not a whole lot of market leaders, there is not a whole lot of companies to look for, to do like EzGov does it or do like IBM does it. Even we feel that we are setting quite an example. There is still a lot of work to be done and there are still a lot of people saying they will follow in this space. There is a lot of fragmentation. There is a limited knowledge by what the preferred solutions are and what some of the best practices are out there, even though the value seems clear to everybody. When I talked to potential customers and I explained value as what an e-government solution, transaction by solution, might bring to them. That intends to be two minutes long and everybody says:" Oh yes, that's great, we want that." However what the customers really want that's typically a bigger question. The government tends to be not very customer orientated. They do not really understand exactly what it is that drives the customer to use their services.

The current e-government market place

Within Europe there are several strong high-level visions. In the UK, Tony Blair has indicated that all government services need to be online by 2005. This is less than five years away. Two years from now he has indicated that 35% of all service will be online. The UK government is just as widespread and multi-layered as other European governments. So you can understand that that is quite a tremendous task but the government is pushing that through quite rapidly. The Prime Minister of Spain has similar visions. On the high level there is a lot of big parts going. In the layers below it, if you talk about local government, if you talk about central government agencies, there is a lot of confusion as to what is actually possible today. Are certain technologies proven? Are certain companies that are selling these kinds of technologies reliable? The existing providers to the e-government market, the large companies like IBM and EDS and the big five, they all get a lot of questions from the government. Can you do this and can you do that? They realise that somebody's technology is brand new and not easy to put together.

As a result, there are not a whole lot of market leaders. There are not a whole lot of companies to look for and say: "Just do like EzGov does, like IBM does it!" Even we feel that we are setting an example. There is still a lot of work to be done. There are still a lot of people saying: "Who to follow in this place?" There is a lot of fragmentation. There is free limited knowledge. But what preferred solutions are there? What are some of the best practises out there? Question marks, question marks.... even though the value seems clear to everybody. When I talk to potential customers and I explain the value as, what an e-government-solution, a transaction-based-solution might bring to them - that sell speech tends to be 2 minutes long- then everybody is saying: "That's great, we want that." But what do the end-customers really want? That is a bigger question. The governments tend to be not very customer orientated. They don't really understand exactly what it is that drives their customers to use their services. "Law enforcement of course". They don't understand what the customer wants and how to get them to that place. Here is a different question altogether.

If you don't look into the future, there are a couple of points that seem clear. I think a lot of people around this room would agree with that. Fast open technology is going eventually to deliver solutions really quickly. Players, whether that's solutions providers, technology provider, government agencies or private government agencies that have key components or key channels to the process, will start to deliver scalable solutions. As a result public private partnerships, the partnerships between the government and private entities are really going to define how fast these solutions are going to be able to come to market. Governments all have to face budget constraints and they tend to get lower as supposed to higher. So the ability to realise that the Dollar or the Deutsch Mark go further in the e-government space is a critical issue. Companies like ours, like EzGov, but also

IBM or others realise that getting into risk sharing models, models where a provider of software doesn't necessarily sell their software but just accepts a sort of entrance fee and make the success of the endeavour, i.e. the volume of transactions over the next 2 or 3 years the revenue defining variable. Let that success be the driver of how a provider or how a partnership is actually going to generate the revenues. Of course you can understand as those risk sharing models are becoming more common, they are going to lower the barriers quite a bit for local governments actually getting into the space. It is going to be cheaper and it is going to get easier to do business with the private industry and get access to this type of technology.

The benefits of e-government

I am sure you have heard this in varieties of details so I am not going to spend too much time on it. Business benefits are benefits specifically to the government: The ability to improve their services and the ability to provide services 24 by 7, 24 hours, 7 days a week in a non-stop environment. Just as citizens are getting used to i.e. buying books online or conducting their banking services online, that is being expected of the government as well. So that improved service level is a big benefit. A positive cost benefit trade of this technology is really not very expensive. It is easy to make and it can be made quickly. Getting a positive return on this type of investment tends to be achieved quickly. Of course the opportunity to read a resource but the processes that can be re-engineered within an organisation. What that concretely means is that certain people no longer have to be around to sit behind the counter. Or instead of three people now only two people are actually necessary to manage the lines of people that come in for certain services.

Economic development opportunities

It seems that people really want this. This is something that governments market in their constituency. Do you want this? Do you want that? The obvious response is that the demand from the constituents is very much there. We had some research done in the United States and in the United Kingdom as to what people think about doing business with their government and how they would like to see it changed. On the right side here the question is asked, how likely would you be to use a website to handle transactions with your government? You can see that about three quarters of the people said: " I am definitely going to do that if it is available." On the left side you see the also straightforward question: How easy is dealing with your local government related relative to the average business? It is somewhat to much more difficult. This is not going to be surprising to anybody. But the fact that 60% of the people saying that it is a lot more difficult to do business with my local government shows that there is a tremendous opportunity for a government to actually improve their service level.

I am moving to the implementations spectrum. From my prospective the most powerful element of e-government is that benefits are available today. If you look at the average implementation time to get an enhanced portal in place or to get transactional service in place: Those projects are measured in weeks. The development times are measured in hundreds of hours. That is a far cry from the old implementation time frames that were measured in months, sometimes in years. Governments can start anywhere really and build towards a full solution. If you look at the implementation spectrum the first phase that is indicated was a basic website, a static website. You are familiar with this, containing contact names, phone numbers, directions and agency links. The enhanced website then, the interactive website, starts providing some document management features; the ability to process e-forms and print them out, typically in PDF-format on your home printer. Providing frequently asked questions, DFA is a typical service that people infrequently make use of. E-services request, discussion groups, calendars, those are a lot of things that are easy to put in place, typical objects that are available and can truly start generating some traffic where governments get a lot more communication with their citizens.

Transactional services: the next face spectrum. This phase implies the 24/7 availability and the ability to automatically process payments, because that of course is a major component, of being able to conduct a transaction. A lot of government services are not free. So you need to be able to process an electronic payment, whether that's a direct debit, an electronic debit or a credit card transaction. You need to be able to provide that feature. Security is of course a major requirement that needs to be answered.

The next face is e-procurement, the business to government online procurement. And as those phases are happening you start getting into a cross agency phase, where interconnected agencies become transparent. An entry point into multiple agencies is reality. The virtual re-engineering that goes on with the process re-engineering, that drives really the reorganisation of government, is being facilitated by that phase.

Some examples of websites that we like, even though these are not ones that we have put up. We are that honest, these sites are becoming increasingly more activity-based as supposed to department-based. As you look at most government's websites today, whether they are static or whether they are somewhat interactive or even if they have transactional services, they still are very much focused around the departments of the governments. They focus on the activities that citizens or businesses might be conducting. Of course if you want to register a

18 Outsourcing in der Verwaltung

car you bought, you need to inform the government of that. That is an activity that is easily put online even though the organisation behind it tends to be in certain cases more complicated.

Here are some examples with the EzGov name on it. These are simple transaction facilities that allow several of our customers in the United States to pay property taxes online. Some of the optional alternatives are associated with the question of what we do. What is the first step that the government needs to make? What are the first ways to get into this kind of thing? Two main requirements, you see them on the left here. Is it development and ownership of that development or is it going through what is typically called an ASP. Do you essentially outsource the development of the software and the maintenance of the software? Do you want to have a customs solution or do you want to have a turnkey solution? Some of the basic requirements associated with that kind of option are the fact that you need hardware. There is software required and there is development required. You got to address the hosting question: Where is the stuff going to run? Who is going to maintain it? Who is going to provide the operational support? Who is going to make sure that 24 by 7 is actually running? And who is going to make sure that it is usable? That people actually come to this site and make use of it?

Some considerations that agree of course benefit trade of. What most governments find, is that actually the cost of developing the wrong sites, even though this technology is relatively quickly to build and even though most cities and most communities have local website, companies that will put up a website for them quickly, if you put of the cost of ownership of such a site and the cost of enhancing it as requirements of the constituency growth, it is obvious, that the costs tend to be higher than the costs associated with an ASP-model. The time to market is another major advantage. The ability to quickly deliver results is another question. Would you start building your own systems and build your own customs solution, your time to market will go up. Also your ability to deliver is potentially a question mark. Since you do not know exactly what it is that is going to be built and when it is going to be completed.

Security: many governments ask questions associated with this topic. Typically most outsourcing vendors have a secure site that is already executing a lot of transactions or operating websites for existing customers. So the ability to add additional customers to that government is relatively easy and it allows you to answer the security question quickly because the other customers already have assured security.

Payment processing, having to build that your own and having to link up i.e. with banks and insurance companies, is a major endeavour and will slow you down tremendously.

The privacy issue, a major requirement for the transaction system and the location for portal operations, also makes the balance in favour of the turnkey and ASP-solution.

Some of the best practices in outsourcing that we see. The security and the privacy issues are the two main issues that every government or every player in the e-government space will bring forward as being the two questions that need to be addressed first and foremost. Of course critical factors are the security and privacy but another important thing is scalability. Everybody is considering getting into this business with a small application. You have to consider, as a lot of governments are doing in the UK, the fact that all the services that you provide eventually have to be brought online and in some countries or local governments that number can get up to about 150 different types of services. The ability to scale a solution is a critical factor. Dependability of course 24 by 7 means 24 by 7 is critical as well.

Another major component of e-government success, the input-output-implication, really the interaction, interfaces with the back office systems are critical. Owning that and providing a solid solution for that is a critical component in an outsourcing question. You have to consider such a thing as portal outsourcing. Do we want to outsource the operation of a website or just outsource the operation of a transaction where you still own your back office systems, which lowers that empty barrier of getting online as a government tremendously? Back office outsourcing contracts tend to be difficult to put together.

To sum it all up: what do we think governments should do? First governments need to understand where they stand on the e-government implementation spectrum. Do they have a site? Is it basic? Is it interactive? Are they ready for transactional services? Are their constituents ready for transactional services? What is the demand in their citizen basis as far as this goes? To understand the different options that they have and associate the pros and cons, - You know the development ownership for this ASP-model - there are really a lot of different options out there for governments to consider. It is very smart to scan the market and also take advantage of others people's experiences. Believe it or not, in every country we are operating there are a lot of very good examples of governments that somehow have found the way onto the web and are providing a lot of very innovative ways of doing business or providing information on the Internet. It is key to learn from that.

Last point: You have got to do something! Governments got to get on the ball, how ever small that is, however small the first step is. We believe that the only way to actually get into the e-government space is critical for governments and some of our government agencies do actually do something and make that for a small step. The Internet process of learning and getting feedback from that first step will actually allow them to get smarter and to improve their presence on the Internet.

19 E-government: Rethinking Government

Bart Steukers

IBM, Global Government Industry

Introduction

E-government is more than just building web-sites and executing transactions. E-government is about transforming government processes to become citizen-centric. A typical example of an e-government process is changing an address through the Internet. For most governments this simple transaction requires a great deal of re-engineering or rather, transforming the very essence of government processes.

✓ Improving service to citizens and businesses

✓ Driving operational efficiencies/reducing costs

✓ Enhancing economic development

✓ Redefining community and governance

- Enable citizen and business virtual communities
- Contributor to economic development activity
- Information sharing and opinion gathering
- e-mediated exchanges of value in the democratic process

Fig. 1: The value of implementing an e-government framework

The e-government projects that succeed are typically found in regions, cities and countries where there has been industrial decline. Economic development is a main benefit and motivator for governments undertaking e-government projects. A government's basic task is make sure that its territory stays ahead of the others, that its citizens are educated and employed, and that its regions attract business. This may explain why regions in economic decline have often been the first to adopt new technology. Established economies in Europe have been slower to adopt, mainly due to a lack of pressing need but also because of the difficulty of changing old and established processes.

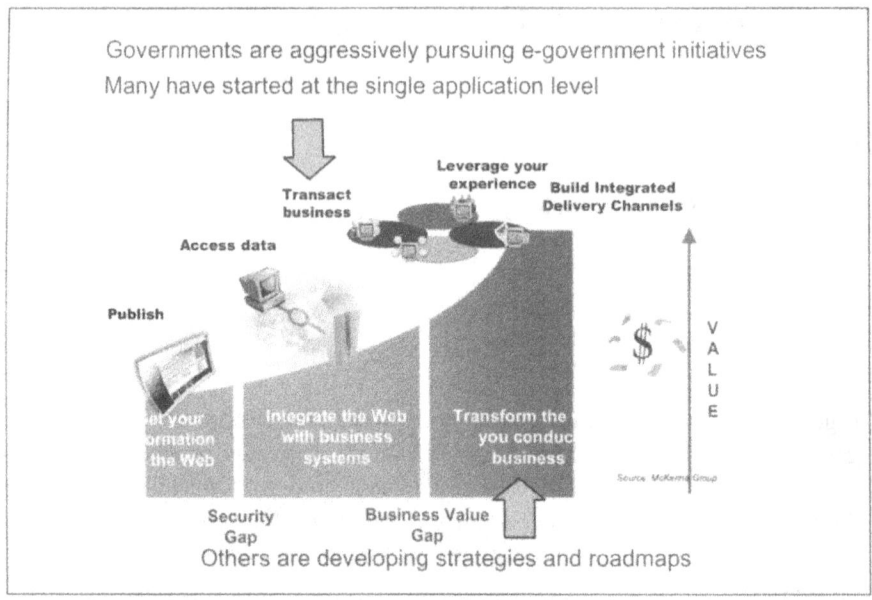

Fig. 2: e-Government

Where Does Government in Europe Stand Today?

Today, most European government information is made available through individual web sites. Many governments have also started putting transactions, such as the payment of parking fines, online but these are single-agency transactions, providing only one function of government. Governments still retain the need for users to understand the organizational complexity of government, and to work within. There has been little or no process reengineering (and integration of transactions between multiple agencies) behind the portal to enable a better way of accessing governments.

European administrations are now starting to draft and define strategy papers to expand these services. At its Lisbon Summit in 2000, the European Commission defined a European e-government strategy and outlined specific targets that each country needs to achieve. Currently in Europe, the gap between where we are today and the final goal of fully integrated and accessible government online is great. Across the globe, countries are struggling to bridge the technology gap.

Europe

European development has been consistent in creating great pilot schemes. These have been driven by private considerations and direct funding from the European Commission and regional administrations. However, the main problem with these pilot schemes is the failure to translate them into fully integrated, large-scale projects. Should Europe solve this problem, it would place itself, very much ahead of the rest of the world.

IBM

IBM has been working and collaborating with many pilot schemes and from the beginning has tried to be at the forefront of thought leadership in e-government development.

Fig. 3: The Institute for Electronic Government

In Washington DC, IBM has set up the Institute for Electronic Government (IEG) a physical and virtual centre where academics, private companies and the public sector can work together on research projects. The IEG can also be used as a drop in centre to meet and discuss with project staff, who are implementing on-site real e-government projects, matters of e-government development.

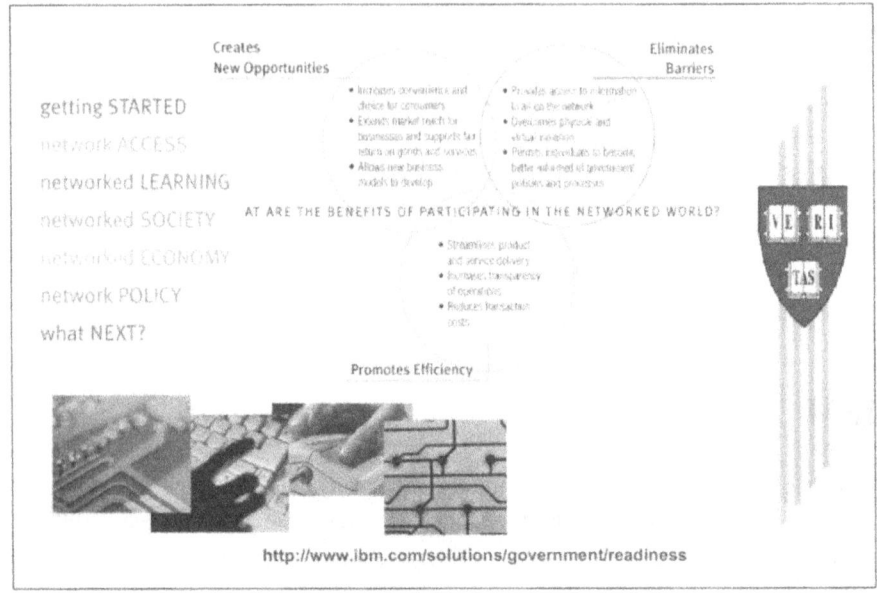

Fig. 4: Readiness for the Networked World

An example of the type of work that IEG is currently undertaking is 'The readiness of the networked world'. This research with Harvard University is designed for emerging and developing countries and aims to provide a practical means for assessing where they stand in the development of e-government technology, and the steps they can take to implement e-government in their own countries.

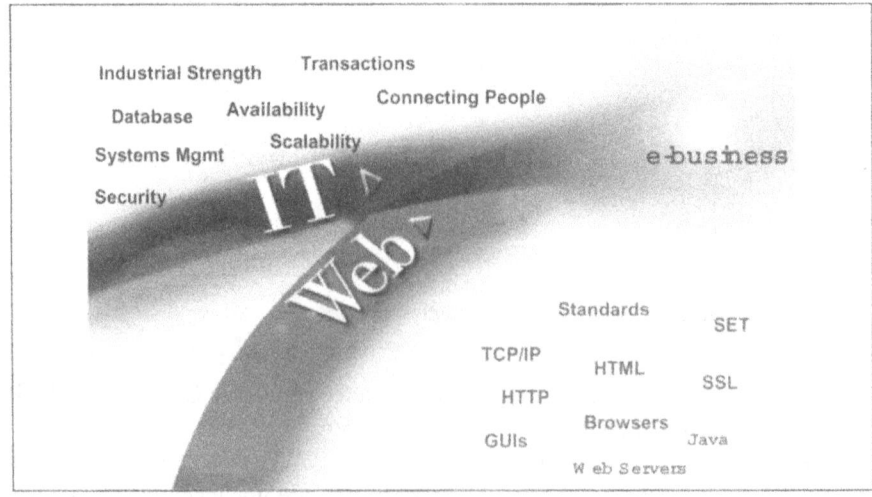

Fig. 5: Building the right technology infrastructure

Examples / Comments on E-Governments Projects

Australia

Australia, known for its innovation, has produced an interesting working model for modern government at State level. The Australians have created a discipline of implementation whereby they not only identify goals - current standing and future targets - but also identify and publish key milestones for every project. By continuous publishing results against given targets and milestones, the administration keeps the electorate informed about its e-government developments. It also puts pressure on the government but it is a good example of how a government can undertake the process of transformation.

Canada

Canada can also help us understand how governments transform their relationship with citizens and local businesses. IBM is sponsoring a project with the Alliance for Converting Technology, which is working with Donald Tapscott, a recognised global leader on the digital economy. The idea is to create a community of central governments that works together to better understand how e-government affects the way they work, from service delivery through to digital democracy.

USA

Some of the more visible, but not necessarily the most technically innovative examples of e-government development, have come out of the USA. One of the major challenges faced by different US administrations is service provision.

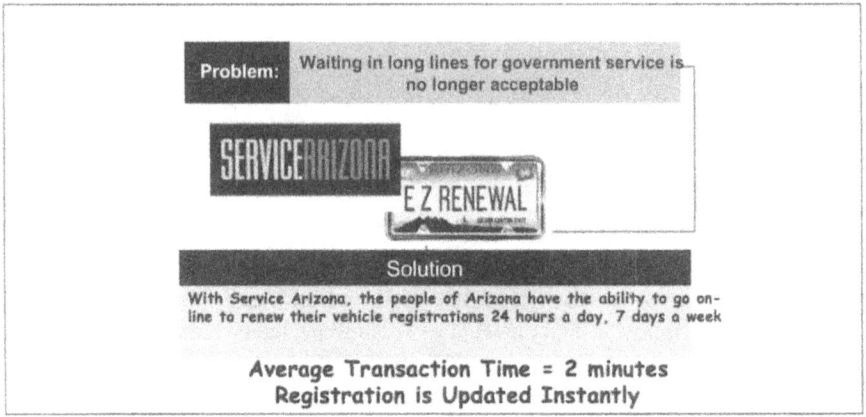

Fig. 6: Improved Services to Citizens

The State of Arizona has provided leadership with a project aimed at getting citizens to renew their motor vehicle licensing over the net and by telephone. The main aim was to garner information on the cost effectiveness of e-government. Now into its third year, the project has yielded huge cost reductions for the State of Arizona, reducing the cost of renewing a motor vehicle license from $7 to $2.

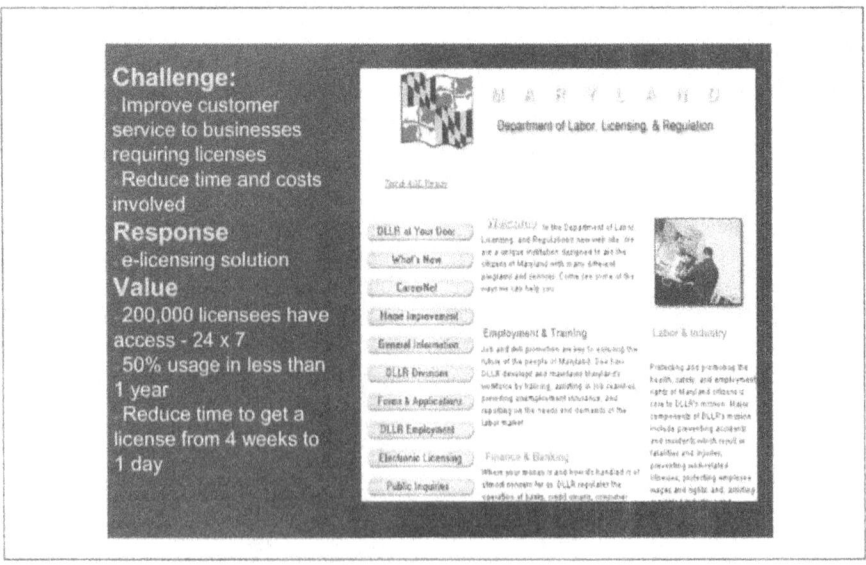

Fig. 7: Improving Services to Businesses

Turkey

Turkey is a country not normally associated with advanced Internet projects. Emekli Sandigi, a social security and social services organisation, is responsible for paying health expenses for government employees and the retired, was handling individuals' prescription expenses manually. This meant that the pharmacist would take the barcode from the product, and send the details back to Emekli Sandigi for entry in to the database. It took over 6 weeks before the individuals were reimbursed and in a country with a relatively high inflation rate this had a great impact on both the government office and individual.

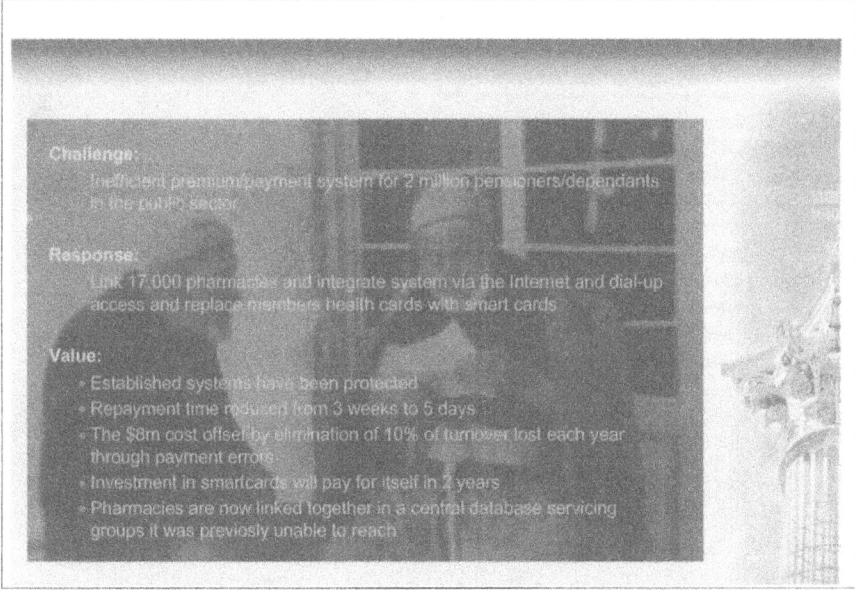

Fig. 8: The Emekli Sandigi Social Security experience

IBM helped connect all of the pharmacies in Turkey over the Internet, and also gave them the option to work through the phone. Using this system the reimbursement process became fully automated with all the advantages of speedy reimbursement and reductions in fraud and errors. A side product of the new solution is that it also connected the pharmacies to a wealth of government information. They can now compare different medicines, look up alternative medication and check that the customers are not renewing their prescriptions excessively. This project is currently being rolled-out to opticians and hospitals and eventually there will be an introduction of smart cards.

Italy

An interesting example of e-government in Italy, is IBM's collaboration with Sogei, an Italian government IT company and the Ministry of Finance. While filing taxes online is nothing new, this project is different because it is one of the first ones in Europe that uses digital signature legislation and technology.

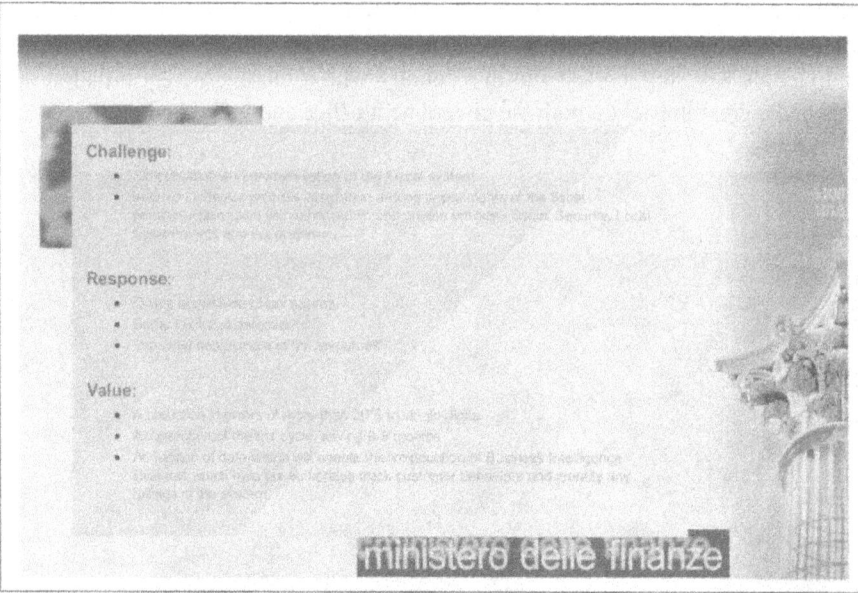

Fig. 9: The SOGEI Electronic Tax Filing experience

Not only were they able to create the ability to file a tax declaration online - a good example of the transformation process – they also realised that most people submit more than one tax declaration. A company owner would file privately as an individual and also as a company - e.g. filing a VAT return. The opportunity was used to bring all the declarations together, under one entry in one online form. Ministry of Finance cut costs and reduced annual tax declarations from 42 million to 23 million. The new system has also enabled better forecasting and fraud-detection, as it is now possible to see how declarations fit together. IBM is helping to develop a similar system in Spain.

19 E-government: Rethinking Government 193

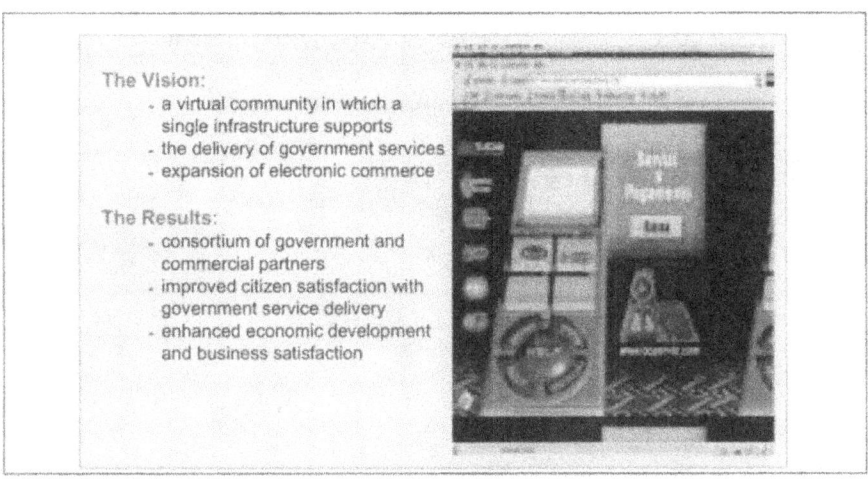

Fig. 10: The City of Bologna e-community experience

An example of how government can work in partnership on e-commerce is the city of Bologna. The municipal government decided to share a delivery channel with the financial industry and a major supermarket chain. A citizen of Bologna can now visit one web site to pay fines, visit the bank, or do weekly shopping online. This shows how a portal can evolve in to the creation of e-communities, where the citizen has one entry point to all government, and local private sector services. IBM is currently using this model to develop a framework for other local governments across Europe.

Germany

The Deutsche Post project in Germany demonstrates how the role of Post Offices is transforming. Post Offices globally are taking an active role in the e-government process because no other organisation has better access to, and the trust of, citizens.

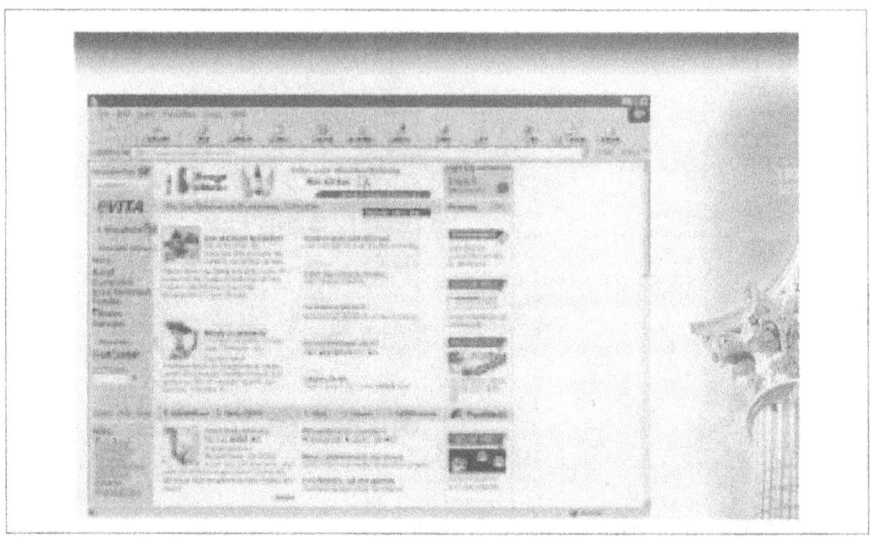

Fig. 11: *e*VITA - The Deutsche Post

Postal organisations also realise that they need to evolve and differentiate themselves in the market place if they are to survive and prosper. Deutsche Post has been working with the government to provide online facilities, including web sites, to small and medium-sized businesses, where it has sole responsibility for delivery.

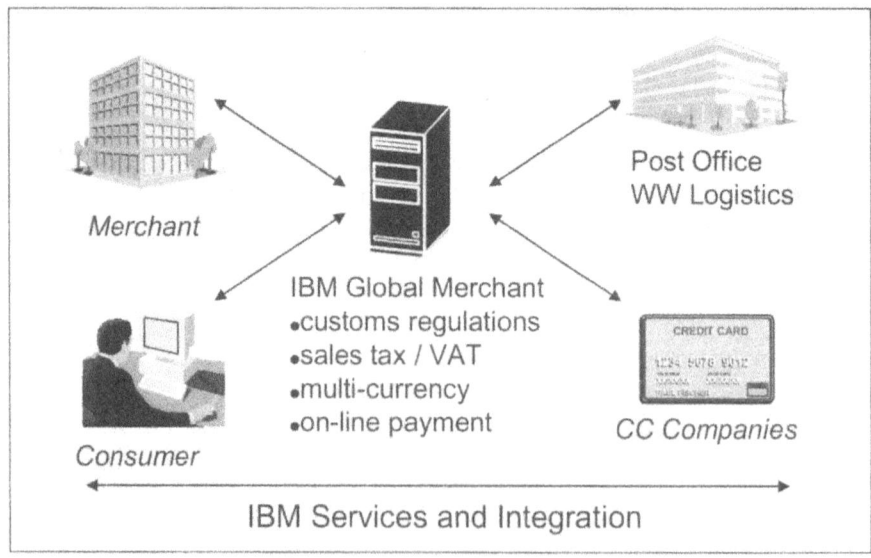

Fig. 12: Danish Post e-commerce

Commercial Awareness

Governments in their development of online facilities often assume that by simply bringing a service online they will attract users. Now they are beginning to realise that they have to include marketing activities to promote them and education for employees so that they continue building onto these projects. An example of a government function that has to act like a commercial venture is the US Treasury Bonds online operation. The government promotes this to the general public through major advertising and marketing campaigns, and follows the private sector's lead in providing customer helpdesks.

Digital Democracy

Last year, IBM conducted a major survey into how politicians and elected officials use online communications and e-government technology. The results were encouraging and suggest that elected officials understand that they need to use IT-technology.

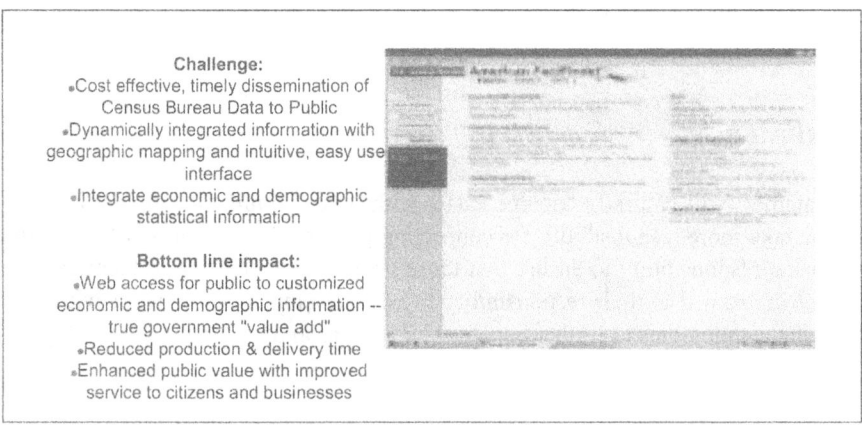

Fig. 13: American FactFinder - US. Bureau of the Census

A case in point is the Mayor of a mid-sized American city who received over 3,500 e-mails after an interview on local television. Certainly this created a major problem for him in terms of replying but it also gives us an insight in to how everyday citizens will use technology to reach those in power. The underlying message is that elected officials have to understand the technology and learn to use it effectively. Above all they need to lead by example.

Fig. 14: Enhancing the democratic process

Conclusion

The Internet will naturally become easier with time. Communication companies have to take more responsibility for connecting people. Governments will have an increasing responsibility to ensure that those people are connected to them and to each other. And it is their responsibility to educate employees to work with the emerging technologies to further benefit their citizens and regions.

20 Schlusswort

Prof. Dr. Dr. h.c. Arnold Picot
Universität München

Nach den inspirierenden und interessanten Ausführungen der letzten beiden Tage möchte ich keine Zusammenfassung versuchen. Vielmehr möchte ich betonen, dass sich nach meinem Eindruck auf dem Feld von Verwaltung, Regierung, den Beziehungen zum Bürger und der Beziehung zur Wirtschaft etwas bewegt. Die Rolle, die Deutschland zugesprochen wurde, dass es sich eher im Nachzüglerfeld befinde, scheint sich zu wandeln. Es gibt interessante Initiativen, die darauf hinweisen, dass man aufschließt und sich vielleicht schon bald dem Spitzenfeld anschließen kann. Dies ist sehr erfreulich. Die Ansatzpunkte hierfür sind zahlreich, aber es muss noch sehr viel getan werden: ob es um die Arbeitsteilung zwischen öffentlichem und privatem Bereich geht – bis hin zur neuen Form der Public Private Partnership – ob es die rechtlichen Anpassungen sind oder ob es die persönliche Annahme dieser Herausforderung durch die Führungskräfte in der öffentlichen Verwaltung selbst ist. Hier ist noch eine beträchtliche Wegstrecke zu gehen. Wir haben auf diesem Kongress jedoch viel gelernt sowie viele neue Anstöße und auch Ermutigung erfahren, um diesen Weg weiter zu verfolgen. Jeder hat seinen Beitrag zu leisten, ob das Wirtschaft, Wissenschaft, Verwaltung oder Politik ist. Nicht zuletzt ist dies ja eine wichtige Aufgabe des Münchner Kreises, diese verschiedenen Rollen zusammenzuführen.

Meine Damen und Herren, lassen Sie mich an dieser Stelle die Veranstaltung mit einem ganz herzlichen Dank abschließen, zunächst an Herrn Dr. Quadt und seinen Vorbereitungsausschuss, der diese schöne Tagung so erfolgreich vorbereitet und durchgeführt hat. Dann möchte ich allen Referentinnen und Referenten, Diskutanten und Sitzungsleitern danken, die hier engagiert mitgewirkt haben. Ich danke auch der Geschäftsstelle des Münchner Kreises und der Geschäftsführung, die in bewährter Weise diese Tagung vorbereitet, organisiert und abgewickelt haben.

21 Anhang

Liste der Autoren und Diskussionsleiter / List of Authors and Chairmen

Dr. Ralf Ehrhardt
Geschäftsführer
Curiavant Internet GmbH
Hauptmarkt 17
90403 Nürnberg

Dr. Dr. Gerhard van der Giet
Deutscher Bundestag
Referat ZI 1
Platz der Republik 1
11011 Berlin

Franz-Reinhard Habbel
Deutscher Städte- und Gemeindebund
Marienstr. 6
12207 Berlin

Hans-Olaf Henkel
Präsident des Bundesverbandes
der deutschen Industrie e.V.
Breite Str. 29
10178 Berlin

Dr. Bernd Höddinghaus
R+V Versicherung AG
John-F.-Kennedy-Str. 1
65189 Wiesbaden

Udo Karlsberg
Bundesanstalt für Arbeit
Referatsleiter für IT-bezogene Fachaufgaben
Regensburger Str. 104
90478 Nürnberg

Dr. Dieter Klumpp
Geschäftsführer
Alcatel SEL Stiftung
Lorenzstr. 10
70435 Stuttgart

Andreas Kraft
Stadt Esslingen
Küferstr. 13/1
73728 Esslingen

Prof. Dr. Herbert Kubicek
Universität Bremen
Forschungsgruppe
Telekommunikation
Postfach 33 04 40
28334 Bremen

Dr. Rolf Kunkel
Siemens Business Services GmbH
Otto-Hahn-Ring 6
81739 München

Prof. Dr. Dr. h.c. Arnold Picot
Universität München
IS für Organisation
Ludwigstr. 28
80539 München

Coenraad van der Poel
ezgov Europe BV
Wibautstraat 3-5, 8th Floor
NL-1091 GH Amsterdam

Dr. Marga Pröhl
Bertelsmann-Stiftung
Leiterin des Bereichs "Staat und Verwaltung"
Carl-Bertelsmann-Str. 256
33311 Gütersloh

Dr. Hans-Peter Quadt
Deutsche Telekom AG
Zentralbereich
Innovationsmanagement
Friedrich-Ebert-Allee 140
53113 Bonn

Staatssekretär
Hermann Regensburger
Bayerisches Staatsministerium des Innern
Odeonsplatz 3
80539 München

Prof. Dr. Alexander Roßnagel
Universität GH Kassel
Fachbereich 10
Nora-Platiel-Str. 5
34127 Kassel

Bart Steukers
IBM
HQ 22.1
Square Victoria Regina 1
B-1210 Brüssel

Staatssekretär Dr. Ernst Theilen
Ministerium des Innern
Rheinland-Pfalz
Schillerplatz 3-5
55116 Mainz

Prof. Dr.-Ing. Heinz Thielmann
GMD-Forschungszentrum
Informationstechnik GmbH
Institut für Sichere Telekooperation
Rheinstr. 75
64295 Darmstadt

Hans-Joachim Vanscheidt
Präsidium des Bundes der Steuer-
zahler
Steuerrecht und Steuerpolitik
Adolfsallee 22
65185 Wiesbaden

Dr. Reinhard Wieczorek
Landeshauptstadt München
Referat für Arbeit und Wirtschaft
Herzog-Heinrich-Str. 20
80336 München

Landrat Theo Zellner
Landratsamt Cham
Postfach
93404 Cham

Staatssekretärin Brigitte Zypries
Bundesministerium des Innern
Alt-Moabit 101 d
10559 Berlin

Programmausschuss / Programme Committee

Gert E. Bielefeld
Siemens Business Services GmbH
Otto-Hahn-Ring 6
81739 München

Dr. Arnulf Brandstetter
Vorstandsvorsitzender a.D.
Personalberatung
Oskar-Coester-Weg 10
81479 München

Stefan Doeblin
network economy AG
Taubenstr. 7-9
60313 Frankfurt

Dipl.-Inf. Tony Gargya
IBM Deutschland Entwicklung GmbH
Schönaicher Str. 220
71032 Böblingen

Andreas Kindt
T-Nova Deutsche Telekom Innovationsgesellschaft mbH Berkom
Goslarer Ufer 35
10589 Berlin

Dr. Hans-Peter Quadt
Deutsche Telekom AG
Zentralbereich
Innovationsmanagement
Friedrich-Ebert-Allee 140
53113 Bonn

Dr. Thomas Sikora
Heinrich-Hertz-Institut für Nachrichtentechnik Berlin GmbH
Einsteinufer 37
10587 Berlin

Dipl.-Math. Axel Stöhr
TÜV IT GmbH
Postfach 13 01 11
45291 Essen

Prof. Dr.-Ing. Heinz Thielmann
GMD-Forschungszentrum
Informationstechnik GmbH
Institut für Sichere Telekooperation
Rheinstr. 75
64295 Darmstadt

Stefan Uckert
T-Nova Deutsche Telekom Innovationsgesellschaft mbH Berkom
Goslarer Ufer 35
10589 Berlin

Erfolgreich im Wettbewerb

J. Becker, M. Kugeler, M. Rosemann (Hrsg.)

Prozessmanagement

Ein Leitfaden zur prozessorientierten Organisationsgestaltung

„...Nach dem Motto 'So viel Praxisrelevanz wie möglich, so viel Theorie wie nötig' geben die Verfasser in dem Leitfaden Empfehlungen zur Gestaltung des Prozessmanagements. Die einzelnen Schritte werden an einem realen Projekt bei DeTeImmobilien erläutert. Checklisten fassen die abgeleiteten Handlungsempfehlungen für jede Projektphase zusammen."

Handelsblatt

3., verb. Aufl. 2001. XX, 376 S. 83 Abb., 34 Tab. Geb. **DM 99,90**; sFr 88,- ab 1. Jan. 2002: € 49,95 ISBN 3-540-41325-1

J. Fischer, R. Hluchy (Hrsg.)

Prozessteams als eigenständige Akteure im Unternehmen

Die kundenorientierte Prozessorganisation mit Mitarbeiterteams ist das Leitbild dieses Buches. Mit einer entsprechenden Reorganisation können sich mittelständische Unternehmen auch in turbulenten Märkten behaupten. Gezeigt wird, wie in drei Unternehmen Teams aus Mitarbeitern gebildet werden, die Geschäftsprozesse eigenverantwortlich steuern und ihren Erfolg mit verständlichen, PC-basierten Controlling- und Kostenrechnungsinstrumenten ermitteln.

2001. XII, 232 S. 120 Abb. Brosch. **DM 75,–**; sFr 66,–; ab 1. Jan. 2002: € 44,95
ISBN 3-7908-1354-0

J. Staud

Geschäftsprozessanalyse

Ereignisgesteuerte Prozessketten und objektorientierte Geschäftsprozessmodellierung für Betriebswirtschaftliche Standardsoftware

„Ein Buch, ... das keine theoretische Abhandlung darstellt, sondern auf Praxiserfahrungen aufbaut, sehr viele und teilweise ausführliche Beispiele enthält...Sehr ausführlich werden hierbei Konzept, Modellierungs-Syntax und konkrete Beispiele für SAP R/3 beschrieben..."

inform intern

2., überarb. u. erw. Aufl. 2001. XIV, 379 S. 210 Abb. Geb. **DM 79,90**; sFr 70,50; ab 1. Jan. 2002: € 49,95
ISBN 3-540-41461-4

Springer · Kundenservice
Haberstr. 7 · 69126 Heidelberg
Tel.: (0 62 21) 345 - 217/-218 · Fax: (0 62 21) 345 - 229
e-mail: orders@springer.de

Preisänderungen und Irrtümer vorbehalten. d&p · 7641.MNT/SF

Springer

Top-Themen im Unternehmen

W. Jammernegg, Wirtschaftsuniversität Wien;
P. Kischka, Universität Jena (Hrsg.)

Kundenorientierte Prozessverbesserungen

Konzepte und Fallstudien

Das vorliegende Buch zeigt auf, wie kundenorientierte Prozessverbesserungen durchgeführt werden, um die Wettbewerbsfähigkeit zu stärken. Dabei gehen die Autoren besonders auf die Erhebung von Kundeninformationen, die Bestimmung von Schlüsselprozessen und die Prozessbewertung ein. Der zweite Teil des Buches enthält Fallstudien mit kleinen und mittleren Unternehmen der Eisen- und Stahlverarbeitenden Industrie, der Elektro-, Konsumgüter- und der Textilindustrie, die praxisnah dargestellt werden.

2001. VIII, 262 S. 73 Abb., 29 Tab. Geb. **DM 89,90**; sFr 79,50; Ab 1.1. 2002: € 44,95
ISBN 3-540-41838-5

W. Smidt, Garbsen; **S.H. Marzian**, Krefeld

Brennpunkt Kundenwert

Mit dem Customer Equity Kundenpotenziale erhellen, erweitern und ausschöpfen

Das Buch zeigt auf, welche Voraussetzungen notwendig sind, um das Marktmanagement erfolgreich in die unternehmensinternen Veränderungsprozesse zu integrieren. Die Autoren stellen ein System für ein neuartiges, ganzheitliches Marktmanagementmodell vor. Es beinhaltet die Anforderungen der Balanced Scorecard, des Risikomanagements, des Value Based Managements und der ISO 9000 und ermöglicht so deren erfolgreiche Einführung. Anhand von typischen Problemsituationen aus der Unternehmenspraxis zeigt das Buch anschaulich praktische Umsetzungshilfen auf und führt den Nachweis, daß richtig betriebenes Marktmanagement nicht mehr länger Stiefkind, sondern sogar Motor der Unternehmensentwicklung sein kann.

2001. X, 261 S. 103 Abb. Geb. **DM 89,90**; sFr 79,50; Ab 1.1. 2002: € 44,95
ISBN 3-540-41230-1

A. Muther, Feldkirch, Österreich

Electronic Customer Care 3. Auflage

Die Anbieter-Kunden-Beziehung im Informationszeitalter

Electronic Customer Care (ECC) ist ein Bestseller für Softwareanbieter geworden. Unter dem Begriff Customer Relationship Management (CRM) bieten boomende Firmen Lösungen zur Optimierung der Kundenprozesse an. Sie werben mit hoher Kundenzufriedenheit und reduzierten Kosten. Auch traditionelle Softwaregiganten beginnen, Lösungen im Bereich Marketing, Sales und Service zu vermarkten. Für viele Unternehmen allerdings ist die Reorganisation der sogenannten Front-Office-Prozesse Neuland. Es ist wichtig vom Kundenbedürfnis auszugehen und die Kundenbeziehung ganzheitlich zu betrachten. Das Buch abstrahiert die Kundenbeziehung anhand des Customer Buying Cycles und schafft so einen neutralen Orientierungsrahmen für CRM-Projekte. Die dritte Auflage nimmt neue Themen wie e-Marktplätze in die Betrachtungen auf und bietet einen aktuellen Überblick über führende CRM-Anbieter.

3., überarb. Aufl. 2001. XIII, 155 S. 51 Abb., 13 Tab.
Geb. **DM 79,90**; sFr 70,50; Ab 1.1. 2002: € 39,95
ISBN 3-540-41332-4

Springer · Kundenservice
Haberstr. 7
69126 Heidelberg
Tel.: (0 62 21) 345 - 217/-218
Fax: (0 62 21) 345 - 229
e-mail: orders@springer.de

Die €-Preise für Bücher sind gültig in
Deutschland und enthalten 7% MwSt.
Preisänderungen und Irrtümer
vorbehalten. d&p - 007777/SF

Springer

GPSR Compliance

The European Union's (EU) General Product Safety Regulation (GPSR) is a set of rules that requires consumer products to be safe and our obligations to ensure this.

If you have any concerns about our products, you can contact us on

ProductSafety@springernature.com

In case Publisher is established outside the EU, the EU authorized representative is:

Springer Nature Customer Service Center GmbH
Europaplatz 3
69115 Heidelberg, Germany

www.ingramcontent.com/pod-product-compliance
Lightning Source LLC
Chambersburg PA
CBHW071720100426
42873CB00016B/343